中國學術思想

研究輯刊

三七編

林慶彰 主編

第 11 冊

《東方文明根本考》——
從中印比較文化學視域重新認識儒釋道（上）

徐達斯 著

花木蘭文化事業有限公司

國家圖書館出版品預行編目資料

《東方文明根本考》——從中印比較文化學視域重新認識儒釋
道（上）／徐達斯 著 -- 初版 -- 新北市：花木蘭文化事業有
限公司，2023〔民112〕
序10+ 目 2+182 面；19×26 公分
（中國學術思想研究輯刊 三七編；第 11 冊）
ISBN 978-626-344-179-8（精裝）
1.CST：文化研究 2.CST：比較研究
030.8   111021701

ISBN-978-626-344-179-8

中國學術思想研究輯刊
三七編　第十一冊　　　　　　ISBN：978-626-344-179-8

《東方文明根本考》——
從中印比較文化學視域重新認識儒釋道（上）

作　　者　徐達斯
主　　編　林慶彰
總 編 輯　杜潔祥
副總編輯　楊嘉樂
編輯主任　許郁翎
編　　輯　張雅淋、潘玟靜　美術編輯　陳逸婷
出　　版　花木蘭文化事業有限公司
發 行 人　高小娟
聯絡地址　235 新北市中和區中安街七二號十三樓
　　　　　電話：02-2923-1455／傳真：02-2923-1452
網　　址　http://www.huamulan.tw 信箱 service@huamulans.com
印　　刷　普羅文化出版廣告事業
封面設計　劉開工作室
初　　版　2023 年 3 月
定　　價　三七編 17 冊（精裝）新台幣 46,000 元

《東方文明根本考》——
從中印比較文化學視域重新認識儒釋道（上）

徐達斯　著

作者簡介

徐達斯，北京三智書院世界文明 究院執行院長，獨立學者。師從劍橋大學比較宗教系古道華先生。在東方學、考古學、神話學、中國文化史領域孜孜不倦研究二十餘年，尤其對古印度文化和瑜伽哲學有獨到而深入的見解。2016 年與劍橋大學克萊爾學院研究員伊薩馬·泰奧多博士合作出版《薄伽梵歌》通解。近五年來與牛津大學印度學研究中心肯尼斯·瓦爾培博士合作，在中國各大院校講學，致力於在中國傳播真正的吠陀文化與吠檀多哲學。已出版《世界文明孤獨史》《〈薄伽梵歌〉如是說》《薄伽梵往世書》等系列研究專著、譯著。

提　要

　　華夏學術濫觴於三代，鼎盛於東周諸子百家，至晉唐佛教傳入而有一大轉折，此後千餘年之學術重點皆在儒、釋、道之互相發明、吸收、融合，乃至互相成就；至清末又有一大轉折，即西學與耶教之傳入，而中西文化之摩蕩、雜糅乃成為現當代學術之重點，但兩者之分歧與差異亦愈來愈突出，至二十一世紀文明衝突之時代乃漸有分道揚鑣之勢。除此之外，還有一股潛流，即從十九世紀西方興起的印度學，經過二十世紀初的傳播，雖然沒有西學的浩大聲勢，卻漸漸對華夏學術產生了持久而深刻的影響。這次重新發起的中印學術交流興起於日本，學者如高楠順次郎、白川靜、藤田豐八等開始將印度學以及吠陀經典引入對華夏文化的研究，其風氣影響民國學術界，於是先後有丁山、衛聚賢諸學者開闢中印比較文化研究新領域，至湯用彤、徐梵澄、饒宗頤諸先生乃逐漸擴深，其勢有不可阻遏者。當今瑜伽修煉風靡世界及於中國，而中西印文化之交流、融通亦進入了一個新的時代。本書在此千年未遇之全球文化、學術變遷之大背景下撰成，全書分為六個部分，其中包涵四篇中印經學比較研究論文，然後是作為華梵經典對讀互勘案例的《中庸》注疏，以及最能體現中庸精神的《伊莎奧義書》的古印度四家譯注，以及體大思精的古印度經典《薄伽梵歌》的古詩體譯本。本書試圖接著上述民國諸學者講下去，繼續拓展、深入華梵經典的會通和互證，以吠陀諸經及其衍生學派全面對接、闡釋儒、釋、道乃至諸子百家學術，故於中印經學多所發明，儼然有根本既立、枝葉扶疏之妙，或為未來華夏學術之返本開新、走向世界獨闢一蹊徑。

《東方文明根本考》序

白　鋼

　　近二十年餘年來，世界體系的演化，令亨廷頓的文明衝突論日益受到重視，有關文明問題的思考，往往受到亨氏討論框架的影響。亨廷頓的文明衝突論，其重要價值在於，坦白地承認西方文明及其所對應的價值觀並非真正的「普世主義」，西方文明只是世界諸多文明中的一種，不可能依照自己的形象重塑其他文明，並始終面臨著其他文明的挑戰與衝突，從而部分地預見了此後世界形勢的演化（特別是伊斯蘭力量的崛起）。其根本悖論則在於，雖然反對將西方文明標識為「普世主義」，卻試圖將各種主要文明類型均歸於特定的宗教，把同屬亞伯拉罕一神論體系的基督教和伊斯蘭教的衝突當作世界文明關係的普遍規律，在事實上回到了他自己所反對的將西方經驗當作普世價值的立場上。

　　這導致其在考察文明、宗教、國家、人群的關係時往往落入過於簡化的還原論模式，既嚴重低估了文明與宗教之間的複雜張力關係，也忽略了各種文明傳統與宗教傳統在漫長歷史過程中伴生的諸多異質性元素及其相互影響。這種過分簡化的模式即便解釋作為其立論基礎的西方文明也有重大侷限（希臘—羅馬傳統、基督教傳統與異教傳統始終是交織在一起的，每一個大傳統又包含著眾多的子傳統與變體），更不必說處於亞伯拉罕一神論傳統之外的世界其他文明形態。

　　亨氏認識到鬥爭是一切事物作為差異—矛盾的存在所不可避免的狀態，卻將作為哲學範疇的鬥爭與現實中的鬥爭等同起來，從而將現實中的鬥爭歸結於哲學意義上的差異，因哲學意義上差異的絕對性導出現實中鬥爭的絕對

性。這固然比無視差異的絕對性、幻想各種矛盾在「民主政治」與「自由市場經濟」中會自然消解的認識要深刻得多，卻從對事物統一性的妄想執著轉向作為其對立面的差異性。故其著作，真知灼見與澹妄偏見相交雜，半似輓歌半似預言，融學術研究、先知書、啟示錄乃至亡靈書文體於一爐，蓋有見文明之斷、異，而未識其常、一；有見於天下之殊途、百慮，而未知其同歸、一致也。

　　達斯兄的新著《東方文明根本考》（以下簡稱《根本考》），其最大特色，正在於試圖超越斷、異，追尋作為東方文明根本的常、一之道。若就雅斯貝爾斯意義上的「軸心文明」而言，東方文明最重要之代表有三：中國，印度，伊朗。《根本考》所著力者在於中國與印度，包含著作者對中印兩大文明傳統的理性認同、感情投入、身心體證，富含學理又無尋常學院作品那種謹慎拘束，從而得以深入討論了許多很難被納入不斷細分中的學科話語體系的重大問題。

　　《根本考》最重要的努力，在於將中國的經子體系與印度的吠陀體系進行系統性的對比，從而進行勾連、貫通、融匯。由於這兩大體系皆通徹天人、內外、體用，各自包含著諸多脈絡、具有極大張力，故而這種對照匯通的嘗試，實繫於作者的見地、學養、自證。《根本考》參以《莊子・天下篇》：「古之人其備乎！配神明，醇天地，育萬物，和天下，澤及百姓，明於本數，繫於末度，六通四辟。小大精粗，其運無乎不在」，以為此兩大體繫於規模、格局、宗旨、範圍及本體、工夫，境界、應用，皆極為契近，可謂深造而自得。至於書中以《詩》之「頌」對應於《梨俱》（Rigveda），「風」、「雅」部分對應於《阿達婆》（Atharveda），《樂》對應於《三曼》（Sāmaveda），《禮》對應於《夜柔》（Yajurveda），《尚書》、《春秋》對應於《往世書》（Puranas），《易》對應於數論（sāṃkhya），吠陀之教的業分（Karma kanda）對應於儒家，智分（Jñana kanda）對應於道家，教分（Upayana kanda）對應於墨家，法家對應於功利（Artha）派，道家修法比之瑜伽（Yoga），道家哲學比之韋檀多（Vedānta），乃至以荀子比之前彌曼差派（purva-mimansa），雖不無見地，亦有所據，然未免失於寬泛，宜乎「仁者見之謂之仁，知者見之謂之知」。

　　《根本考》列舉詮釋了吠陀體系提出「法」（dharma）、欲（kāma）、利（artha）、解脫（moksha）四大人生目標，以之與《尚書・大禹謨》所言「正德」、「利用」、「厚生」、「正德」四大原則相匹配：「正德」對應於「法」，「利用」對應於「利」，「厚生」對應於「欲」，「惟和」對應於「解脫」。「正德」、

「利生」與「法」、「利」之對應，大體允當。而「厚生」之於「欲」，雖皆涉及生命，然關注之重點實大有不同。厚生所重，在民之生計，其主體在於為政者（孔穎達疏：「厚生，謂薄征徭，輕賦稅，不奪農時，令民生計溫厚，衣食豐足，故所以養民也」），「欲」所重則肉體性的情慾—愛欲，極類古希臘傳統之 ἔρος【《梨俱吠陀》10.129.4 以愛欲（kāma）為世界源初時心意（manas）的第一個種子（reta），赫西俄德《神譜》120～122 以愛欲（Ἔρος）為世界最初的神靈之一，能降服一切神與人的心智（νοῦς）與籌謀（βουλή）】，此人類之本能而非政治家之事業。至於「解脫」，乃奧義書傳統以降最核心的概念之一，為印度各思想流派所共許，其根本在於個體從業力（karma）支配的輪迴（samsāra）中出離，擺脫輪迴不息之命運，此則出世間法事，與《尚書》所言「惟和」的世間法特色根本不同。世出世間之法，於究竟處圓融無礙，然不可謂世間法與出世間法全無差別而邃然混同。

至於中印傳統之異，本書以為其大者則在於「韋陀體系向來以教分統攝智分、業分，而華夏經子體系擅長以業分上達智分、教分併收攝之。故中國儒家盛而墨家衰，印度宗教繁而國勢消」，並引徐梵澄論印度教與儒教之語，「若求其異，必不得已勉強立一義曰：極人理之圜中，由是以推之象外者，儒宗；超以象外而反得人理之圜中者，彼教。孰得孰失，何後何先，非所敢議矣」，誠為善論。唯儒家之教，取諸《中庸》「修道之謂教」之義，而印度教之教，則近於《易·觀》彖言「神道設教」之義。儒家不絕「神道設教」之想，印度教多有修證之士，然究其實，印度教為宗教，而儒家非宗教。教分、智分、業分之說，源自印度，於印度傳統多有可合，於中國傳統則雖能察其跡而不免有隔。以之見中印傳統之分殊差異，良有以也；以之為二者差異之大者，或有未安。

中印傳統於世界諸文明中，特卓然不群者，實在於對生命本質之體認。死為自然之道，而各種文明對於生命本質的思考，其大體理路無非三者：曰創生，曰生生，曰無生。

1. 創生者，以世界及世界上的生命如同器物，有著某種特定的製造者，此製造者為世界與生命的真正主宰。生命依其意願而創造，也因其意願而消亡。這種主宰生命的創造者，可被命名為神。因其將創造—製作的原則置於生命之上，故可稱為「創生」。各種帶有創世論性質的宗教都可歸入此類。

2. 生生者，以生命為天地之大德顯化，後生次於前生而化轉不息、生長不已，生命之原則在自身而不在外，以生繼生，以生成生，故曰「生生」。生

生之道，為中國文明之根本（《繫辭》曰：「生生之謂易」）。在此生生之道下，儒道之取徑又有所不同，其大體亦有三：

儒家則樂天知命，象天之行而自強不息，「知周乎萬物，而道濟天下，故不過；樂天知命，故不憂；安土敦乎仁，故能愛」（《繫辭上》），「其為人也，發憤忘食，樂以忘憂，不知老之將至」（《論語・述爾》），敦守人倫，慎終追遠，以子孫之繁衍生育為個體生命之延續，以立德、立功、立言求超越有限生命之不朽；

道家清虛之宗則順天安命，莊子著作尤多此類表述，如「死生，命也；其有夜旦之常，天也。人之有所不得與，皆物之情也」，「大塊載我以形，勞我以生，佚我以老，息我以死。故善吾生者，乃所以善吾死也」（《大宗師》），「適來，夫子時也；適去，夫子順也。安時而處順，哀樂不能入也」（《養生主》），更有「不知悅生，不知惡死。其出不訢，其入不距。脩然而往，脩然而來而已矣」（《大宗師》）之真人境界；

道家丹道之宗則逆天改命，故於清虛之宗超逸無為之旨外，慨然興有為之法，欲與自然之生老病死規律鬥爭並克服超越之，以「盜天地、奪造化、攢五行、會八卦」（《入藥鏡》）之氣魄與工夫，爭取在「與天爭衡」中自主命運，所謂「順則凡，逆則仙」（《無根樹》），「我命在我不在天」（《抱朴子》），「改形免世厄，號之為真人」（《參同契》）。

3. 無生者，非死亡枯寂，而以生—滅、成—壞之相待互轉為幻相，眾生因無明妄想而執著因緣假和者為實有，但自性實本無生滅，故名為「無生」。《道德》言「天地所以長且久者，以其不自生，故能長生」，《南華》言「殺生者不死，生生者不生」，《沖虛》言「不生者能生生，不化者能化化」，皆盡「生生」之旨而趣向「無生」。唯此「無生」義，於中國隱乎「生生」之道中，可謂「藏諸用」；於印度則諸家共許，蔚然大觀，可謂「顯諸仁」。

在《梨俱吠陀》第十卷中富於玄思意味的詩歌中，原初之水所懷的胚胎（garbha），集聚一切眾生乃至諸神，置身於「無生的肚臍上」（ajasya nābha）（《梨俱吠陀》10，82，5～6）；世界的本源狀態被描繪為「（那時）既非『是』，亦非『不是』（nāsad āsīn no sad āsīt），「既非死，亦非不死」（na mrtyur āsīd amrta）（《梨俱吠陀》10，129，1～4）。在奧義書傳統中，梵—我被描繪為「不生亦不滅。不從任何東西中產生，任何東西亦不從他那裡產生。（我）是不生的，常住的，恒久的，原初的。當身體毀滅時，他不毀滅」（《伽陀奧義書》1.2.18）。

在大史詩《摩訶婆羅多》中，「無生者」（aja）是濕婆神區別於其他諸神的專有稱謂名號。而最深刻高明的論述則體現於大乘佛教中觀派的經典著作《中論》的開篇：「諸法不自生，亦不從他生。不共不無因，是故知無生」（《中論‧觀因緣品第一》）：一切事物現象於因緣和合中，既非由自我所生，也非由他者所生，也非由自己和他者共同所生，也非無因而生，故知究竟無生。

創生論，為大多數世界宗教—文明所秉持。生生論與無生論，分別為中國文明與印度文明之根本。其他文明，於「生生」與「無生」，亦非全無體會，各種宗教的神秘主義派別，更頗與此二論有關，然終非主流，雖有痕跡，其氣象與影響皆不足與中印相較。故欲明中印文明之異同，必於此二論有所認知體證。

蓋「無生」者，「生生」之本體，「生生」者，「無生」之大用。於究竟言，體用不二，即體即用，即用即體：「生生」起於「無生」，及其至也，亦歸於「無生」；「無生」顯乎「生生」，及其至也，則化成「生生」。於方便論，體用自有差別，體性空寂，力用宛然，故中印傳統亦各有特色：中國以「生生」為本，其人心性極活潑生動，重起用，重現世，重享樂，梁漱溟所謂「意欲自為調和、持中」者，故常融出世間之追求於世間法中；印度以「無生」為本，其人心性多淡泊質樸，重返本，重解脫，重苦行（tapas），梁漱溟所謂「意欲反身向後要求」者，故常置出世間之追求於世間法之上。大乘佛教於中國流播而大興盛，其影響遠超印度本土，正在於中國人之宏大心量、活潑心性，堪為「大乘根器」；中國傳統之「生生」義，為大乘佛教之「無生」義所激發，砥礪融合，高明更進，遂顯極深宏瑰偉之「大乘氣象」。佛教經數百年中國化之歷程而為中國化之佛教（以六祖所傳之禪宗「頓悟法門」為標誌），此中印傳統根底處之相契所成就之世界文明一「大事因緣」也。

《根本論》於印度文明之演述，重點在吠陀以降的印度教傳統，而略於佛教，其用意或在於佛教於中國流播久遠，已融入中國文明之血脈而渾成一體，無待多言，而國人對於印度文明之瞭解，千載以下，多通過佛教之中介，故特欲不假佛教之視野而發皇印度傳統。唯印度自古以來，重師生口傳而不重文字，輪迴概念深入人心而歷史觀念淡漠，亦無歷史記述之傳統（《往事書》之屬，乃宗教著作而非史書），故傳世文獻，其具體時代頗不可考。若以四部吠陀本集為印度文明之「六經」，則作為其詮釋闡發的梵書、森林書、奧義書傳統，可視作印度之「經學」。梵書可視作是各派婆羅門傳授吠陀與祭祀之相關

知識的講義，而森林書、奧義書雖最初作為梵書之附錄出現，卻由梵書所主的「祭祀之路」轉向探究宇宙大本大用、追求實現「梵我合一」（brahmātmaikyam）的「知識之路」，此為吠陀以降印度思想一大變也。奧義書所開啟的通過認識「梵我合一」達至終極解脫的「知識之路」，在數論傳統中進一步深化與激進化，數論襲取奧義書之形而上玄思為解脫之要，而欲斬斷與強調祭祀之吠陀傳統的關聯，呈現出具有高度思辨性的無神論特徵；瑜伽派則以數論為理論基礎，以八支行法實修為達至解脫的路徑，而加入了對大神自在天的信仰，以調和數論與吠陀，此又為一變。至《薄伽梵歌》，提出達到人生究竟解脫的三種道路：業瑜伽（karmayoga），智瑜伽（jñānayoga），信瑜伽（bhaktiyoga），綜合吠陀傳統之儀式行為（情）、奧義書與數論之形而上思辨（理）、瑜伽之修行實踐（事），可謂印度教諸傳統之集大成。

佛教較之吠陀—梵書—奧義書傳統後起，以「緣起性空」為核心演繹諸法。奧義書啟「知識之路」而未廢與吠陀之關聯，數論欲擺脫吠陀之影響而猶未竟，佛教則根本超乎吠陀體系，確為印度思想一大異類，大轉折。

唯佛教之起源，大致可確定在公元前五世紀，而奧義書傳統雖興起較其為早，但傳世之文獻多為後世託名之作，屬於吠陀以降之經學時代者不過十餘種，其中早於佛教者僅《大森林奧義書》（Brhadāranyaka Upanisad）、《歌者奧義書》（Chāndoga Upanisad）、《泰帝利耶奧義書》（Taittirīya Upanisad）、《愛多雷耶奧義書》（Aitareya Upanisad）、《喬屍多基奧義書》（Kausītaki Upanisad）五種，後世影響極大的《蛙氏奧義書》（Māndūkya Upanisad）、《彌勒奧義書》（Maitrī Upanisad）皆明顯晚於佛教，故論及奧義書傳統時，實需重視佛教之影響。自在黑（Iśvarakrishna）作《數論頌》（Sāmkhya-kārika）至早不過在公元前四世紀。觀數論二元二十五諦之名相（神我 purusha，自性 prakrti，覺 buddhi，我慢 ahankāra，意 manas，五作根 pañca-buddhīndriyā，五知根 pañca-karmendriyā，五唯 pañca-tanmatra，五大 pañca-mahābhūta），其以世界之存續、眾生之輪迴源於神我因無明（avidyā）而與自性結合，以世界—輪迴為苦，乃至其無神論特徵，皆頗似佛教之風格；波顛闍利（Patañjali）之《瑜伽經》（Yogasūtra）成於公元 2～5 世紀，以「抑制心的狀態（cittavrtti nirodha）」為修行根本（1.2），以培養慈、悲、喜、捨到達心的清淨（1.33），以無明為苦惱之本（2.3～5），以證入法雲三昧（dharmameghasamādhi）為最高成就（4.29），宜乎其於佛教有所借鑒，而毗耶娑（Vyasa）為《瑜伽經》所作注釋《瑜伽論》（Yogaśāstra）中，

更是多處以佛教為論辯對手（4.15，16，21，23）。《薄伽梵歌》以世界由幻力（māya）所成，一切行動後果無非空幻，故智者當「捨棄行動的後果」，行動而不執著（asakta），此已非數論之見地（數論以世界為實有），或源自吠檀多，而吠檀多之幻有見，亦可能與佛教有關。故後吠陀時代印度教一系思想之演化，即不直接引述佛教，佛教之影響亦極深遠，此學者不可不察也。

數論以自性為事物未展現出來前的精微實體，此一實體內具有善、憂、暗三種特性（triguna，「三德」）：善性（sattva，音譯薩埵）具有喜的本質和照明作用，又可稱明態；憂性（rajas，音譯羅闍）具有憂的本質和衝動作用，又可稱活態；暗性（tamas，音譯多摩）具有迷暗的本質和抑制的作用，又可稱靜態。當此三者失去平衡，則原質發生轉變而演化覺、我慢、意以下之世界種種。早期的數論尚未引入神我概念，以世界為自性因三德之失衡（通過覺、我慢、意、五作根、五知根、五唯、五大）所演化的產物，若擬之以《道德》，則「一生三，三生萬物」矣。

自在黑作《數論頌》，引入神我概念（即吠陀第十卷《原人歌》中之原人）。神我是與自性並列的獨立精神體，是不變的、永恆的、始終作為被動之旁觀者的自我，雖不變，卻出於對本性的無明，在迷失中和自性結合，遂使自性之三德失衡而演化出宇宙間種種現象。《數論頌》改早期數論之自性一元為自性、神我二元，則「二生三，三生萬物」矣。

《瑜伽經》在數論二元二十五諦的基礎上，又引入大神自在天（Īśvara）為第二十六諦，稱其為不受煩惱、業、果報影響之「特殊的神我」（1.24）。但在《瑜伽經》的體系中，自在天尚未發揮核心作用，僅為瑜伽行者藉以沉思入定之助緣。《薄伽梵歌》以黑天（Krishna）為「超越可滅者，也高於不滅者」（kṣaram atīto 'ham akṣarād api cottama）的「至上神我」（puruṣottama）（15.18），此「至上神我」既超越由自性構成的世界萬物（可滅者），也超越作為純粹旁觀者的神我（不滅者）；既永恆、自在、絕對自由，又並非超然物外與世間諸事不相關涉；既通過原質和幻力呈現宇宙萬象，生成眾生，維持眾生，又可以化身世間之人，以此化身之形參與人間活動，教化人類，建立功業。黑天本人正是毗濕奴化身下界的神聖顯現（vibhūti）。至此，「一生二，二生三，三生萬物」之義成矣。

《道德》於「一生二，二生三，三生萬物」之上更立「道生一」，又云「天下萬物生於有，有生於無」。此生一之道，與所生之一，是一焉？是異焉？是

亦一亦異焉？是非一非異焉？生一之道，是有焉？是無焉？是亦有亦無焉？是非有非無焉？「同出而異名，玄之又玄」者乎？《莊子‧天下》以關尹、老聃之學為「建之以常無有，主之以太一」。然則「太一」即道乎？「太一」是「一」焉？非「一」焉？

以「一」出乎「太一」，則新柏拉圖主義「流溢」（ἀπόρροια，ἀπορρόη）說之精義也。而數論以自性與神我為二元，非不知「一」也，乃以二者各為其所主之「一」，不必歸於「太一」。故數論之神我（原人）與自性（原質）二元，實與中國傳統之陰陽（乾坤）兩儀不同：陰陽者，互待而不可分，互轉以相成（《莊子‧在宥》：「天地有官，陰陽有藏」，《黃帝內經‧素問》：「陽中有陰，陰中有陽」，），故可和合以歸「一」，迭運以示「一」（《繫辭》：「一陰一陽之謂道」，「與天地合其德」）。神我與自性，則彼此分離，各有根本，別無起源，可合可不合。神我以無明而與自性結合，無明消除，則神我與自性之結合亦消散，神我返乎自身，即數論─瑜伽所求之解脫也。

數論於此，實通於柏拉圖學說最精微處之「不定的二」（ἄπειρον δυάδα）。柏拉圖之論「一」（τὸ ἕν），則世人共曉，其論「不定的二」，據亞里士多德《形而上學》記述（987b20～988a15），則以無限為二而非一（ἀντὶ τοῦ ἀπείρου ὡς ἑνὸς δυάδα ποιῆσαι），而用「大與小」（ἐκ μεγάλου καὶ μικροῦ）示其構成。柏拉圖論「一」，蔚然大觀，其學說之顯者；論「不定的二」，僅以口傳，其學說之密者。丁耘所著《道體學引論》，陳意極高，於中西道體論之甚精，以為「二本之說，雖大哲不免，中外皆然，何耶？蓋二本實植根天命之性者」，「一切二本之學，至高明者，即一與不定的二也」（頁 250～252）。數論舊學之一元二十四諦，數論新學之二元二十五諦，正合於「一與不定的二」。毗耶娑釋《瑜伽經》「次序與剎那相關，在變化停止時確定」（4.33）句云：「次序也見於永恆中。有兩種永恆性：常住的永恆性和變化的永恆性。其中，常住的永恆性屬於原人，變化的永恆性屬於三性」。若以「永恆」對應「無限」，則「常住」與「變化」於「永恆」構成「不定的二」（類似柏拉圖意義上的「大與小」於「無限」構成「不定的二」）。數論─瑜伽與柏拉圖，同為二本之學的極高明代表。

亞里士多德以「努斯」（νοῦς）為思想與被思考者的統一（ταὐτὸν νοῦς καὶ νοητόν），為第一存在（πρώτη οὐσία），為動力因（ποιητής）與目的因（τέλος），以之統攝「四因說」及「潛能」（δύναμις）─「實現」（ἐνέργεια）說，命名其為「隱德萊希」（ἐντελέχεια，本義：於自身擁有目的者）而賦以圓滿實現之義，

以努斯為即思即善，即始即終，即生即成，即人心即天心，即「一」即「太一」。西學一切破二本之見，造極於亞里士多德。中世紀基督教神學之倚重亞里士多德，實在於以上帝為「太一」，以耶穌為「一」，以襲自新柏拉圖主義的「三位一體」表「一」之出於「太一」而作用於「世界」。亞里士多德之後，能真繼其精神而光大者，黑格爾也。黑格爾以絕對精神演化世界，最根本者在於「實體即主體」：實體（Substanz），「太一」也；「主體」（Subjekt），「一」也，「努斯」也。西學源流，於「創生」論主流外，真得「生生」之妙者，此二氏矣。

亞氏破二本之說雖極高明，然猶不能無憾：努斯，為思與所思之統一，則思與所思皆已發生者，已發則落於運動時空矣。以努斯為時空之源、時空之全，可也；以其為無待於時空之絕對者，猶有未安。參之以《繫辭》：「易無思也，無為也。寂然不動，感而遂通」，《中庸》：「喜怒哀樂之未發，謂之中。發而皆中節，謂之和」，則亞氏之努斯，可謂有思、有為、感通、已發之和，於無思、無為、寂然、未發之中尚有隔焉。參之以《道德》，則有見於「有物混成」之「有物」，尚昧於「混成」，而未及「先天地生」。參之以《南華》，則能「見獨」，而未能「無古今」，知死生之大，生生不息，而未「入於不死不生」。參之以《薄伽梵歌》，當黑天向阿周那作神聖現身展示完整世界之相後，阿周那讚云：「你是不滅者，既存在，又不存在，以至超越存在不存在」（tvam akṣaraṃ sad asat tatparaṃ yat 11.37），則努斯堪為第一存在（第一推動力），而未能「超越存在不存在」。

二本之學與破二本之學，關乎古今東西諸文明之根本，而文明之根本，在於道體。文明繫於時空人群，故有古今東西之對待差別，道體則絕待獨立，無封無對，平等周遍。《根本論》以「東方文明」為題，然既及文明根本，實為道體論也。中印文明於根本處，實超越時空區隔而與天下一切文明同為道體之顯現，亦同歸於道體，故借序言略示西方思想之犖犖大者以作參鑒。

《南華》云：「道通為一。其分也，成也；其成也，毀也。凡物無成與毀，復通為一」，「既已為一矣，且得有言乎？既已謂之一矣，且得無言乎？」《根本論》厚積薄發，淹博群書，暢論玄旨，洋洋數十萬言，不可謂無言；然其論道體，亦不可謂有言。深識讀者於此，拈花指月得意忘言可矣！

復旦大學教授　白鋼謹記
2020 年 11 月 17 日於杭州

《玄理參同》解讀：
中西印哲學之根本會通

印度現代「三聖」之一，「哲聖」室利奧羅頻多於去世前三年，1947 年 8 月 15 日，印度第一次「獨立建國日」，向全體印度人民獻辭，宣告其偉大的「印度夢」：

> 第一個夢便是以一大革命運動，締造一自由統一的印度。
>
> 另一個夢便是亞洲諸民族的復興和解放，以及她之回到她在人類文明進化上的偉大任務。
>
> 第三個夢便是一世界聯合，為全人類組成一更公平、光明、正大地生活之外在基礎。
>
> 另一個夢，印度向世界的精神貢獻已經開始了。
>
> 最後一夢是進化上的一步，將提高人類到更遠大的知覺性。
>
> （室利奧羅頻多《周天集》續集，徐梵澄譯）

這幾乎是印度版的「構建人類命運共同體」了。但「印度夢」顯然更注重精神的回歸與提升，在室利奧羅頻多看來，無論印度的自由統一、亞洲諸民族的復興和解放，還是革命運動、人類文明的進化、世界的聯合，實際最後都依賴、落實、歸結於人類精神的進化或「提高人類到更遠大的知覺性」，而不僅僅是科技的發達、軍力的強盛、經濟的繁榮、制度的先進。由此，人類的精神被抬升到了前所未有的高度。

室利奧羅頻多之大同夢想，實際皆建基於其傾畢生之力實踐、弘揚的一系純粹精神哲學。作為室利奧羅頻多的學術繼承人，徐梵澄先生於《玄理參同》

之譯者序中以涵蓋乾坤式的句法揭示，純粹精神哲學乃一切文明之內核與底蘊，也是一切文明之歸宿與極頂，其言曰：

> 世界古代五大文明系統今餘其三；三者各自有深厚底精神哲學。
> ——通常說精神哲學，總是與物質科學對舉；但從純粹精神哲學立場說，不是精神與物質為二元；而是精神將物質包舉，以成其一元之多元。主旨是探討宇宙和人生的真理，蒐求至一切知識和學術的根源，其主體甚且超出思智以上。那麼，可謂凡哲學皆攝，即一切哲學之哲學，它立於各個文明系統之極頂。其盛、衰、起、伏，實與各國家、民族之盛、衰、起、伏息息相關。

《玄理參同》乃室利奧羅頻多的印希哲學比較專著，原名 Heraclitus，即古希臘哲人赫拉克利特。在這本小書裏，室利奧羅頻多以韋檀多精神哲學分析、解讀、參會赫拉克利特一脈西方哲學，徐梵澄先生譯之而又附以疏釋，並以中國之「玄理」對其中的印西精神哲學加以注解、疏通，遂改書名為《玄理參同》。故此書雖小，卻涵攝了中西印哲學會通之宏綱大旨，實有芥子納須彌之萬千氣象。徐梵澄先生盛讚奧氏此書：「撰者非有意為文，亦非專事述學，主旨在闡明精神真理。而其文有如天馬行空，若析其理路，亦絲絲入扣，半字不易。篇幅雖小，不礙其為巨製。可謂一非常之文，近代英語著作中頗罕有其比。」梵澄先生認為，此非常之文，自不能附以尋常之疏，除了疏解奧氏書中的學理、名詞、概念，尤須以華夏「玄理」與之相比勘，梵澄先生自言：「赫拉克利特是西方言變易哲學的第一人，恰好我國有最古一部著作《易經》，屹然猶在，許多處所正可互相比勘。更推下至老、莊哲學，亦可發現若干同、似之處，宜於參會而觀」。

憑著久參玄理的法眼，室利奧羅頻多一開始就穿透了赫拉克利特的「永遠活著的火」。他認為，跟大多數古代神秘主義哲人的作風一樣，赫拉克利特在表達其思想時，不但運用了幽奧的謎一樣的短言簡語，而且使用了隱語。在赫拉克利特——這位最讓人捉摸不透的、謎一般的希臘哲人看來，「邏各斯」與「存在」本是同一的。「邏各斯」的原初意義並非像今人說的「理性」，也不是「言說」，而是荷馬史詩「奧德賽」中的「集聚」。因此，所謂「存在」，就是從自身出發向著自身的集聚，猶如一團日新月異，永遠燃燒著的大火。在這團大火中，生與死、光與暗、上升與下降達到同一；在這團大火中，「從一切產生一，從一產生一切」。這裡，「火」不僅是一發出光與熱的物質力量，或「存

在」之一喻相，它還包括與之相聯繫的一切，其所蘊含的整體性理念可與《韋陀經》中的「火」互為參證。韋陀詩篇裏充斥了對「火」的禮讚：諸世界的創造者，在人和物中的秘密的「永生者」，諸神的周匝之表；阿祇尼（Agni），周圓「轉變」為其他諸永生者，他自體變化而包含一切神；火屬於「太陽」即真的「光明者」，為神聖的開路者彌陀羅（Mitra）與筏樓那（Varuna）的神奇的武器。室利奧羅頻多在對《伊莎奧義書》的疏釋中揭曉了太陽和火的寓意：太陽代表神聖知覺性、「真理」及其光明；火對於古代韋陀仙人，則代表神聖「力量」、「權能」或「知覺性中之意志」、「神聖意志」，揚舉、淨化，且圓成人類行為者。向火神禱祝，遂完成向太陽之祈禱（《徐梵澄文集》，P599）。二者之關係喻示了知與行的相互作用，其目標乃引領生命達於「大全」、「太一」、「唯一存在者」：

> 雖然，盡吾人物質心思與理智之一切虛偽，其內中與後方，固有一「光明」在焉，準備以此熹微之光，成作人中「真理」之全曙；同然者，在吾人一切錯誤、罪惡、顛躓內中與其後，有一秘密「意志」在焉，傾向「仁愛」與「和諧」，則自知其所往，準備且歸納吾人之支離漫衍以就正途，將必為其勞索尋求之結果者。此「意志」與彼「光明」，乃永生之條件。

> 此「意志」即火神也。《梨俱韋陀》，此末一頌所從出者，以火神為工作於諸界之「神聖意志」或「知覺性力量」之光焰。說為生死中之不死者，旅途之嚮導，神聖之「馬」，載吾人以就途，「曲性之子」，則自知且即是直道與「真理」也。彼固隱藏於此世界之工事中，難以把捉，徒以世事皆為欲望與自私所虛偽化，彼利用之以超上之，出現為「人」中之遍是者，或宇宙「權能」，稱曰「宇宙火神」（Agni Vaishvanara），自體包含一切天神與一切世界，支持一切宇宙工事，終且成就此神道即永生。彼為神聖「工作」之工作者。（《徐梵澄文集》，P601）

> 如是，由「太陽」之作用，吾人乃達彼無上超心知之光明，其間雖事物真理之直覺知識，基於大全視見者，亦進而化入此唯一存在者之自體光明之自見，居自我經驗一切無限複雜性中而為一，永不失其一體性或自體光明者。此即「太陽」至神聖之形相也。蓋此即無上「光明」，無上「意志」，無上生存之「悅樂」也。

　　「光明」與「火」為「大全」、「太一」、「唯一存在者」之神聖知覺性及相伴而生的神聖意志，「唯一存在者」創生一切，進入一切，又攝持、提升一切，也是一切之究極和歸宿。按神聖意志即《中庸》所謂「誠」，神聖知覺性即《中庸》所謂「明」，《中庸》曰：「自誠明，謂之性；自明誠，謂之教。誠則明矣，明則誠矣」，「唯天下至誠，為能盡其性；能盡其性，則能盡人之性；能盡人之性，則能盡物之性；能盡物之性，則可以贊天地之化育；可以贊天地之化育，則可以與天地參矣」。此誠與明貫注於人性中，至誠至明則與天地參，也就是在「太陽」與「火」之作用下，「吾人乃達彼無上超心知之光明」，「居自我經驗一切無限複雜性中而為一，永不失其一體性或自體光明者」，進而參與「支持一切宇宙工事」之「宇宙火神」之神聖「工作」。

　　事實上，古希臘哲學也使用這種「神秘派」的隱秘書寫，比如赫拉克利特：「未嘗有人或神創造了這宇宙。從來只有，而且今有，而且將有永遠燃燒著的火」。室利奧羅頻多甚至認為，忽視神秘思想及其特有的書寫手法對希臘思想家從畢達哥拉斯到柏拉圖的智識思維上的影響，便是乖誤人類心思的歷史進程。赫拉克利特屬於「神秘派」向理智的過渡時代，不屬於理智的午潮，故無法將其全盤理性化。室利奧羅頻多斷言：「忽略了神秘派，我們的遠祖，是我們的思想進化近代敘述的最大缺點」（《徐梵澄文集》，P100）。

　　跟印度哲學一樣，在希臘哲學中，思維的第一事，便是「一」與「多」的問題。赫拉克利特在此與安那璽曼德不同，他否定「多」之實有真實性；又與恩佩朵克列斯不同，那位哲人以為「大全」交互為一與為多，信仰一體性與多體性皆為真實而且同在。在赫拉克利特看來，存在，永恆是一又永恆是多。室利奧羅頻多一錘定音：「在這永恆的一性與永恆的多性之真理上，赫拉克利特固定且止泊他自己了；由他對此之堅定接受，不是將其以推理排除掉，而是接受其一切後果，乃流出了他其餘的全部哲學。」（《徐梵澄文集》，P116）赫拉克利特在他永遠活著的火一概念中，明確是有一理念，不止是一物理本質或能力。火，在他彷彿是一偉大的燃燒著的能創造、能形成、能毀滅的能力之物理方面，凡以一恆常不息的變易為進程者之總和。「一」永恆變易為「多」，「多」永恆變易為「一」，然則那「一」不怎樣為一安定的本質或真元，而是活動著的「力量」，一種本質的「變是之意志」，這理念乃赫拉克利特哲學的基礎。柏拉圖嘗云：「真實雙是一與多，且其在分別中常是被合併的」，正是用了不同的語言說出了同一理念。

一多相即，正與「即一即異」（bhedabheda vada）之韋檀多古義相契合。據此派哲學，宇宙最高實體（parama-tattva），始為未顯示之大梵（parabrahma），先於天地萬物，猶易之「太極」，老子之「道」。當其欲顯示自身時，便分化出能力，梵文稱 shakti，也即是華夏哲學所謂「元氣」、「氣」。此時一味遍在之大梵亦內在化為獨一之超靈、宇宙大我（paramatma），能力受宇宙大我之主宰操縱，表現為宇宙大我之流行顯化，故宇宙大我也稱為 shaktiman，意思是有能者。有能者與能力本為一體不可分，而又分而為二，猶如太陽與陽光之關係，太陽以陽光乃遍照，而陽光亦緣太陽而生起，然陽光與太陽又實為一體而不可分者。《韋檀多經》（Vedanta-sutra）云：

Shakti-shaktimatayor abhedah

有能者與其能力不二。

又《白淨識奧義書》（Svetasvatara Upanisad）4.1 曰：

彼亦本無形，多方以能力，如其秘密用，賦予眾形色，

萬物為始終，終於彼消逝。惟願彼真宰，賜我以明智。

韋檀多所謂有能者與能力，相當於希臘哲學中一與多的關係，華夏哲學中體與用、乾與坤、無與有、理與氣、主宰與流行的關係，體現為從體起用，攝用歸體，體用一源的體用圓融特徵。有能者與能力原本同出大梵或太一之體，一旦太一「虛己」，有能者乃入於「無」位，由此流衍出能力，也即是「有」，用西方哲學的術語來說，即是存在自身與存在物分開，如是存在進入一無任何規定性之「非存在」或曰「無」的位置。此即老子所謂：

無名天地之始，有名萬物之母。故常無，欲以觀其妙；常有，欲以觀其徼。此兩者，同出而異名，同謂之玄。玄之又玄，眾妙之門。

有物混成，先天地生。寂兮寥兮，獨立而不改，周行而不殆，可以為天下母。

莊子《天下篇》綜括老子之學說云：「主之以太一，建之以常無有」。太一行於常、無、有三位，常位融攝有無，為中庸之建中境。由建中而立皇極，乃上達太一，《中庸》所謂「發育萬物，峻極於天」。一切太一所生，一切太一所攝，一切無非太一。太一的體用變化，既超越又內在，實與大梵「即一即異」之理一脈相通。郭店楚簡《道德經》後附有軼文《太一生水》一篇，其中有對太一的頌讚：

> 是故太一藏於水，行於時。周而又〔始，以己為〕萬物母；一
> 缺一盈，以己為萬物經。此天之所不能殺，地之所不能埋，陰陽之
> 所不能成。君子知此之謂〔聖人〕。

太一是獨一的，是「萬物母」；太一是內在的，是「萬物經」；太一又是超越的，故天不能殺，地不能埋，陰陽不能成。唯其既超越又內在，故「獨立而不改，周行而不殆」，《中庸》謂之「不見而章，不動而變，無為而成」，「周行」故「不見而章」，「獨立」故「不動而變」，「無為」故「不殆」、「不改」。

作為韋檀多哲學根本經典之一，《薄伽梵歌》於第九章4～10頌闡說對無上者的洞見，其辭曰：

> 為物窈冥兮，我周行而不殆；萬有在我兮，我獨立而不改。
> 我生萬物而不有兮，玄通廣大爾其識乎！彌綸天地而不改兮，
> 我獨立以為天下母！
> 若飄風遍吹，未嘗出天穹，萬有寓於我，不離與此同。
> 貢蒂之子！萬有歸於我一氣兮，劫波將盡；然則我其復生萬有
> 兮，於劫初始。
> 萬物出入乎我一氣兮，屢變易而不窮；天地順化於我一氣兮，
> 莫之命而自然。
> 檀南遮耶！我為無為而不受繫縛，守虛靜以淡泊。
> 氣唯我命以形萬物，是故天地生生而不窮。

無上者既內在又超越；因為內在，他近在咫尺；他以無形之身周流遍在，透過他所監控的物質自性的力量，攝持一切有情眾生。宇宙被收攝在他之內，猶如風被收納於天空，但與此同時，一切受造之物並未直接息止於他之上，而是無可奈何地受到物質自性的操控。無論如何，無上者保有超然而獨立的存在；僅僅卓立於他的本性之上，對陰陽氣性（guna）制約之下的一切作為皆超脫而無所執著，他無法接近，以其幻力隱身於世界背後，同時又憑藉其物質自性無所不在，猶如赫拉克利特的另外一句名言所說：「一出自一切，一切出自一」。「無上者」妙契「太一」，徐梵澄先生謂之不二「本體」，其中消除一切二元對待乃至一切名相界分：

> 大易哲學是「通乎晝夜之道而知」。因其「原始反終，故知死生
> 之說」。後儒釋此為「本體」。「本體」既明，則一切皆通。大易於晝、
> 夜、幽、明、剛、柔、生、死等，皆統之以陰陽，陰陽則歸於「太

極」，所謂「易有太極，是生兩儀」。後儒釋此「太極」即此「本體」，
「本體」是一，莊子所謂：「通於一，萬事畢」者，謂此。此之謂「道」。
（《徐梵澄文集》，P78）

在赫拉克利特，這「不二」之境被表述為：「我們是而又不是入乎同一流
水，我們是而又不是我們」。在一切存在中，在一切眾生中，有一恒常的變易，
也有一不變的「本體」，由此我們有一永恆的和真實的存在，亦如有一暫時的
和現似的存在，皆不徒然是一恒常的變易，而是一恒常為同一的存在。室利奧
羅頻多由此上通「太一」，鎔鑄東西：

宙斯存在，一永遠燃著的「火」，一永恆之「言」，一「太一」，
萬物皆以之一統，一切律則和結果皆永遠決定了，一切度量皆不可
移易地保持了。晝與夜為一，死與生為一，少與老為一，善與惡為
一，因為那是「太一」，凡此皆只是其各種形式和相狀。

故此，赫拉克利特又說：「承認萬事萬物為一是明智的」，「赫西阿德未知
晝夜，因為這是一」。希臘文曰：esti gar hen，梵文曰：asti hi ekam，即唯「是」
或「有」此「一」而已。徐梵澄先生在疏釋中援引《莊子》以為參證，比如：

非彼無我，非我無所取。是亦近矣，而不知其所為使。若有真
宰，而特不得其朕。可行己信，而不見其形，有情而無形。

道行之而成，物謂之而然。有自也而可，有自也而不可；有自
也而然，有自也而不然。惡乎然？然於然。惡乎不然？不然於不然。
物固有所然，物固有所可。無物不然，無物不可。故為是舉莛與楹，
厲與西施，恢詭譎怪，道通為一。

他還指出老子書中說「一」之處亦多，如「天得一以清」，「聖人抱一以為
天下式」。於此段釋文之末，徐梵澄先生歎曰：

觀《莊子》所謂「真宰」多麼與「伊莎」相合！（《徐梵澄文集》，
P176）

「伊莎」即梵語 Isha，意為自在主、上主，源出《伊莎奧義書》。室利奧
羅頻多認為，《伊莎奧義書》亦敘述宇宙為一遍是的動與變；是此一切在動性
中為動者（jagatyam jagat）。宇宙，梵語 jagat，有「動」的基本義，由是整個
世界乃一浩大的運動原則。凡存在皆「全為變是」。自體存在之「自我」（Atman）
或「自生者」（Svayambhu）變成了一切變是者（atma eva abhut sarvani bhutani）。
唯一「有體」化為一切名色，可是仍其為一。「易」是變易，也是不易。《奧義

書》以火為喻:「有如一火已入於世間,一隨世間各種形式而成其形」。上帝和世界的關係,總括於這一句話裏:「是他出動於遍處」(sa paryagat)。「他」是「上主」、「見者」和「思想者」,變為遍是;「他」即赫拉克利特的「理」(logos),他的「宙斯」,他的「太一」,萬物所從出者。《伊莎奧義書》第八頌末節云:「將萬事萬物各依其性格從邃古以來正當安排了」,即赫拉克利特的「萬事萬物皆已固定而且決定了」。室利奧羅頻多總結道:

用他的「火」代替韋檀多的「自我」,則《奧義書》中之語,沒有什麼為這希臘思想家所不會認作自己的思想之另一說法者。

正是從「一」永恆變易為「多」、「多」永恆變易為「一」的運動中,赫拉克利特提出了向上和向下的路這一概念,以為下降與回轉是同一條路。這也沒有逃出室利奧羅頻多的法眼,他指出,這相應於古印度哲學的「流轉」(pravrtti)與「還轉」(Nivritti),「心靈」與「自性」的雙重運動。「流轉」,即發出而向前,「還轉」即退後和內斂。「印度思想家專從事於這雙重原則,只要其觸到個人心靈之入乎『自然』的進程及從之退轉。」按所謂「流轉」(pravrtti)與「還轉」,實即中國哲人所謂的「入世」與「出世」。「出世」是向宇宙根本逆轉,從而掙脫一切世諦之桎梏、超越一切名相之束縛;「入世」是「禮本於太一」,是從宇宙根本出發,「將萬事萬物各依其性格從邃古以來正當安排了」。「出世」是「喜怒哀樂之所未發」之「中」,為「天下之大本」,為「內聖」之道;「入世」是「發而皆中節」之「和」,為「天下之達道」,為「外王」之道,致中和,天地位,萬物育。故儒家偏於「流轉」,道家偏於「還轉」。用赫拉克利特的崇拜者——尼采的話來說,「流轉」是個體化原理之生成,「還轉」是個體化原理之破除,前者為「日神精神」,後者為「酒神精神」,二者構成了自然與生命本身所具有的形而上二元衝動。尼采如是說:「在我看來,日神是美化個體化原理的守護神,唯有通過它才能真正在外觀中獲得解脫;相反,在酒神神秘的歡呼下,個體化的魅力煙消雲散,通向存在之母、萬物核心的道路敞開了」。日神精神對個體化原理及世界的現象形式是完全肯定的,相反,在酒神狀態中,個體化原理被徹底打破,人向世界的本質回歸。日神精神是個體的人借外觀的幻覺自我肯定的衝動,酒神精神是個體的人自我否定而復歸世界本體的衝動。在希臘悲劇身上,此二元衝動達到了完美的結合,或者說,它體現出「流轉」與「還轉」的交融、「出世」與「入世」的互補,這正是老子之「無為而無不為」與《薄伽梵歌》之「捨離心妙用」所揚舉的生命境界。在尼采的後期哲學

裏，這兩種精神被演繹成了「永恆復返」和「權力意志」，其結合就是從駱駝蛻變為獅子、從獅子蛻變為孩童的過程，由是觸及極樂「遊戲」之門。赫拉克利特關於「兒童的王國」的簡語，也幾乎達到了這秘密的核心，室利奧羅頻多解說道：

> 這王國明顯是精神的，這是完善化了的人所臻至的極詣、絕頂；
> 而完善的人是一神聖孩子！他是一個心靈，醒覺到神聖遊戲（lila），
> 無畏懼亦無保留而接受它，在精神的一純潔性中，將自體奉獻於「神
> 聖者」，讓人的充滿顧慮和煩惱的力量脫去顧慮和煩惱，化為神聖意
> 志的愉快的遊戲……「因為天國是他們的」，超上飛鴻（paramhansa），
> 得了解脫的人，在他的心靈上甚至是兒童似的，balavat。

老子曰：「知其雄，守其雌，為天下溪。為天下溪，常德不離，復歸於嬰兒」。「為天下溪，常德不離」豈非就是「在精神的一純潔性中，將自體奉獻於「神聖者」？那「復歸於嬰兒」的豈非就是「超上飛鴻」？

通於「一」，萬事畢，不齊的不過是名相，只不過各人隨自己所好而稱呼「他」。希臘哲人赫拉克利特說，「他」接受一切名稱，卻又不接受任何一個名稱，雖最高的宙斯之名亦不接受，「他同意又不同意被稱為宙斯」。印度古代的狄迦答摩（Dirghatamas），在其「神秘道」頌詩中，也曾如此說道：「一存在者，聖人以多個名字稱呼之」。《奧義書》說，「他」雖擅有凡此形色，「他」卻沒有眼視可得見之形色，「他」的名是一強大的榮光。對此，老子自當掀髯一笑，云：「道可道，非常道；名可名，非常名」。

透過禪觀——
《瑜伽經》《壇經》互證

概要：

　　從瑜伽體系的角度來看，禪宗很可能是婆羅門出身的達摩結合禪瑜伽（Dyana Yoga）的修煉方法和理論，對大乘佛教進行了一場路德式改革的產物，而六祖《壇經》又進一步，將其發展為發用於平常日用的業瑜伽（Karma Yoga）。

　　印度素以靈性文化著稱於世，追溯其淵源，不能不談到瑜伽。印度河谷哈拉帕遺址出土的陶土印章上，就有瑜伽士結趺冥思的造型，其年代可以上推到五千多年以前。從傳世的文獻來看，瑜伽一字早已數見於《梨俱韋陀》，至《奧義書》《薄伽梵歌》則大闡其義。作為一種鍛鍊心智，進而認識自我、宇宙的修煉方法，瑜伽可以說是遠古雅利安文明的核心技術。

　　瑜伽，梵文 Yoga，原意為牛馬之軛，引申為聯繫、連接、合一之意，佛典舊譯為相應。《攝一切見集》謂個人之我與勝義之我相合，即為瑜伽。雖然其中也蘊涵了深密的義理，但瑜伽特指修煉之方法，實行之工夫。其注重實修實證的風格，與韋陀文化的另一支，即專重名相辨析、義理推衍的僧佉（sankya）或數論，截然不同。瑜伽一派簡明務實的作略，與不拘文字、見自本心的禪宗倒是極為相近。事實上，禪，梵文 dyana，也即禪定，本就是瑜伽修持的一個特定階段。在《薄伽梵歌》裏，則專門有一章論述禪瑜伽的修煉，為《瑜伽經》所繼承。

　　瑜伽與早期佛教的關係相當密切。原始佛教風格和宗趣的形成，無疑跟瑜

伽修煉有關。這一點，湯用彤先生在《印度哲學史略》中已有論述，其言曰：

> 瑜伽一字如指修行方法，原有二義：一為苦行法，塔波斯（作者按：即 tapas）；一為持心法，禪定是也。釋迦牟尼佛祖曾修此二法，先曾練苦行無效，後乃修禪定。佛陀並曾學道於阿羅邏仙人。據《佛所行贊》（梵文及中文本），此仙人之學說，本屬僧佉瑜伽，而佛教早期經典中盛言定法，如巴利中部之《念處（意止）經》，其中專門名辭多見於《瑜伽經》中。瑜伽之學固與佛教有密切之關係。例如一，佛經（如中部一之十六）言信、精進、思維、定、慧，為通瑜伽之路。《瑜伽經》（一之三三）。二，二者均注重慈悲喜捨之四無量，而此說頗不見於印度他宗。三，《瑜伽經》悲觀意味甚重，亦有似佛教。而經中並有四聖諦（二之十五十六十七）。瑜伽敘人生緣起，有似十二因緣，而無明特居首位。凡此諸例，均可見《瑜伽經》與早期佛教關係之密切。

> 釋迦的學說並不注重體系的建立，對當時學術界共同討論的一些本體論的問題，一概避而不談，故有「十四無記」之說。理由是這些問題與人生實際的體驗無關，即使討論，也無法得到最終的解決。所以釋迦學說始終採取分析的、注重實際證會的中道態度。這種態度，被後來的禪宗磨礪張揚，演變成不重文字學理，講求真參實悟的直指法門。可以說是對禪宗以前的思辨佛學即所謂「義學」的一種反動。

就瑜伽一系的發展歷史來說，從《奧義書》的繁雜綜博以及《薄伽梵歌》的體大思精，也漸漸演變為《瑜伽經》的簡練務實，洗淨鉛華。在缽顛闍利的《瑜伽經》裏，瑜伽不再是信仰，也不再是義理，而是洞見自我心性的修證之道。現代瑜伽大師奧修對《瑜伽經》中的瑜伽概念進行了一番闡述，值得我們深思：

> 瑜伽是存在性的、經驗的、實驗的、不需要信念、不需要信條，只要有去經驗的勇氣。

> 瑜伽不是信仰，而是一種存在性的趨近方法，這就是為什麼它是困難的、艱巨的，有時看來似乎是不可能的。要達到真理不是藉由信念，而是透過你的親身體驗和領悟，那表示你必須完全的改變，你的觀點、生活方式、頭腦和心靈狀況，都必須徹底粉碎；新的必

須被創造出來，只有帶著新的你才能夠觸及實相。

瑜伽是一個往內的轉折點，是一個全然的逆轉，當你不再邁向未來、不再走入過去，你就開始往內在移動，因為你的本性是在此時此地，並非在未來。你存在此時此地，你能夠進入實相，可是頭腦也必須在這裡。缽顛闍利的經文指出了這個片刻。（作者注：指《瑜伽經》的第一偈）

這簡直就是六祖《壇經》所謂直指人心，即心是佛；諸佛妙理，非關文字；不立一法，凡聖情忘；行住坐臥、不離當下的禪悟境界了。

中國禪宗融會佛教大乘的唯識、佛性、般若、華嚴思想，卻又有「不著文字，盡得風流」之妙，其精神血脈，皆憑六祖《壇經》傳承。而《瑜伽經》上承《奧義書》《薄伽梵歌》的韋檀多傳統，直接以調伏人心、頓見真我為宗旨，為以後印度文化數千年的演變，包括佛教的興起，打開了通路。就《瑜伽經》的體例來說，「輸多羅」（Sutra）是印度哲學一種特定的文體，sutra 這個梵文詞的直譯是「線」或「線索」，是一種極其濃縮的寫作或紀錄文體，與其說它是格言、箴言或警句，不如說是學者之間交流的密碼，在每一句的背後，都隱藏著極其豐富的附屬的、關聯的哲學內容，其言簡意賅，以白計黑的敘述方式，與《壇經》所採用的隨機施設式的開示和機鋒隱語流動的禪偈，亦有異曲同工之妙。

因此，對這兩部千古深經的比較研究，可以使瑜伽和禪宗相互發明，各見短長。更重要的是，這兩部經典似乎都有將各自傳承的文化歸至「零點」，欲在「赤裸裸、淨灑灑」的本來心性上重建一切價值的意圖。這種破除一切成見習氣，停止大腦遊戲，進行「理性裁軍」（雷蒙‧潘尼卡語）的勇氣和洞見，對於在新世紀深陷「文明衝突」的人類來說，不啻為當頭棒喝，醍醐灌頂。

下面，我們試圖從心性論、迷悟論、工夫論、境界論的角度來對《瑜伽經》和《壇經》的義理及其證入方法進行比較和論述。這樣的研究，從禪宗的態度來看，或者不免有「佛頭著糞」之譏。但瑜珈的精準客觀，次第清晰，卻也未始不是對禪宗式的大而化之的一種校正，能對治禪宗修證中常見的打啞謎、逞話頭的弊端。瑜伽的風格，更接近科學，而不是禪宗的詩歌，就像奧修所說的：

瑜伽與你的整個存在、與你的根源有關，它不是哲學。我們並非要隨著缽顛闍利去思考、推測，而是隨著他去知道本性的最終法則——蛻變的法則、死與重生的法則、一個建立本性新秩序的法則。

那就是為什麼我稱它作科學。

缽顛闍利就像諸佛世界裏的愛因斯坦，他是不尋常的，他可以輕鬆地像愛因斯坦、包爾、麥克斯·浦朗克或海森伯格一樣成為諾貝爾獎得主，他具有同樣的態度及嚴謹、科學的方法。他不是詩人，克利須那是詩人；他不是道德家，馬哈維亞是個道德家。他是思索著法則的科學家，他已經洞見人類本性的絕對法則，人類頭腦最終的運作架構和真相。

一、心性論

《瑜伽經》劈頭就從心性說起，把瑜伽定義為對心性的修證。經首第2、3、4句云：

　　　　瑜伽即止息心之波動。（yogas citta-vrtti-nirodhah）

　　　　彼時，看者便安住於本來真性。（tada drastuh svarupe vasthanam）

　　　　否則，仍將認同於心之波動。（vrtti-sarupyam itaratra）

這裡的「心」，梵文為 Citta，指的是整體上的生命知覺、意識、思維、情緒和意欲，也包括更高級的心智活動，判斷力等等。Citta 一般分為三個層次，mana（mind）、buddhi（intelligence）、ahamkara（ego），即心意、智性、我慢。Vrtti 即意識上的波動、變化、活動、運行；nirodhah 意謂停止、抑制、結束、消除、控制，轉化。

心意的作用是透過感官獲取經驗和印象，並產生好惡、取捨等情緒、意欲。心意就像猿猴，在各種情緒、意欲之間跳動不息，遵循著一個單純而本能的程序，即「重複快樂、逃避痛苦」。因此，即時滿足的誘惑對心意極難抵禦。智性具有觀察、判斷、選擇的功能，但自私、僵化的心智模式卻使智性受到污染和束縛，無法作出合乎實相的觀察、判斷和選擇。

我慢與外界的接觸通過意識和感官。這種接觸將所有記憶、欲望、經驗、情結、意見、偏見都附著在「我」之上。於是自我肆行擴張，變得粗糙而厚重。每當外界的某個事件或對象被感官記錄下來時，心便會產生波動，我慢就將自身認同於這一波動。如果這一意識波動是令心意愉悅的，我慢就感覺到「我是快樂的」；如果令心意不悅，它就感覺到「我不快樂」。這種虛假的認同是所有無明、煩惱的根源。因為這使自我受制於短暫易變的意識波動，而意識波動則源於不斷矛盾衝突的氣性（guna）。

在缽顛闍利看來，心並不是認知者，而只是認知的工具，真正的認知者是

真我、阿特曼（梵文 atma），即「觀者」（梵文 drastuh）。將認知者與認知工具認同，便使自我認同於心之波動，從而迷失本性，認賊作父。《瑜伽經》2.20 偈云：「觀者清淨無染，有觀的能力，但卻要透過心來觀。」而心卻被習氣所淹沒，受到種種分別計較的折磨。就如《瑜伽經》2.15 所說：「對於有分別心的人，所有的經驗都將是痛苦的。即使是當前的快樂也是痛苦的，因為我們已在擔心會失去它。過去的快樂是痛苦的，因為它留在我們心中的印跡會讓我們再度渴求它。如果快樂僅僅依賴於我們的心情，它怎麼能持久？心情總在不斷變化，因為相互衝突、不斷推擠的物質自然三種氣性總會輪流操控我們的心。」結論是，「煩惱來自將觀者錯誤地認同於所觀，那是可以避免的」（2.17）。於是，觀者被分離孤立出來，與所觀（梵文 drisya）劃開了界限。觀者不復認同於所觀以及由此而來的苦樂、善惡等二元對立觀念，無明被徹底擊碎，此時此刻，真我呈露，解脫飄然而至，「無明一消除，這種認同也就停止。不再有束縛，觀者於是恢復了獨立和自由」（2.25）。

只要觀者也即經驗者還被錯誤地認同於經驗的工具以及由此經驗到的經驗對象，我們就不能覺證真我、阿特曼的本來真性（梵文 svarupa），我們就仍然被束縛著，相信自己是經驗的奴隸。真我不是認識的工具，他不去認識，他就是認識本身；真我不是經驗中的存在，他就是存在本身；真我不是表達愛的工具，他不去愛，他就是愛本身。說真我存在或去愛、去認識都是錯誤的，因為愛、認識和存在不是真我的屬性，而是其本質。因此，真我即非作為者，也非主宰者和受用者，他只是「觀者」。《薄伽梵歌》5.8～9 頌云：

> 知真者自思：
>
> 余惟妙用，了無所作。觸嗅聽視，言行食息；
>
> 排泄攝持，目開目閉；諸根觸塵，我則遠離。

意思是，在無染覺性中的人，雖然視、聽、觸、嗅、食、走動、睡覺、呼吸，其內心卻總是知道，實際上真我並沒有做什麼。他非常清楚，說話、排泄、攝食、開眼、閉眼的時候，只是物質感官在接觸感官對象，而真我並未參與。故真我寂然不動，而又獨為知者。一切知作非即彼體而從彼生，彼為能見而非所見，彼為能聽而非所聽，彼為能思而非所思，故為獨存之主體，絕對之主觀，深密不可言說。《薄伽梵歌》第 2 章進一步闡述了阿特曼的本性：

> 遍漫軀體者不可滅；不滅者人無能滅。
>
> 彼不朽者，身內居停，不生不滅，不減不增；

身有生滅，旋滅旋生，婆羅多兮，何惜一命！

或以此為能殺，或以此為所殺；二者皆入無明，魂非能亦非所。

未嘗或生，亦未嘗死，既非已是，又非將是，

無生不死，長存泰始，身雖被戮，魂不可弒！

菩瑞陀之子！

孰知神魂，不滅不生，永無變易，

不壞常存；彼焉能殺，抑或被殺？

無法分割，不能溶解，無法燒毀，不會萎敗，

不變不動，永恆如一，魂神不朽，無乎不在。

玄妙難測，無形無相，魂神永在，

不變恒常，如是了然，何故憂傷！

　　這裡的魂、魂神即阿特曼，其本來真性純粹無染，不變不動，永恆如一。但是，另一方面，阿特曼並非抽象的形而上本體，其知覺遍漫軀體，妙用無窮，《薄伽梵歌》第 13 章論道：

靈遍身田，知覺出入，猶日一輪，照徹天地。

無始兮無盡，無為兮無染，真我兮超乎象外，有身兮不為身礙。

雖遍在於四體，魂不與身為一；若空性之微妙，彌漫萬有而獨立。

　　真我即遍在於四體，卻又不與軀體為一，寂然不動；其知覺即出入於六根，卻又無為無染，了了虛明。從真我的體用出發，《由誰奧義書》問道：

由誰促進，飛越遠出之心靈？由誰令行，逸出最初之氣息？由誰促進，此諸語言始經人道？眼乎耳乎何神令行？

他乃耳官之耳，心官之心，語言之聲，氣息之氣，視官之目——經此解脫，智者當此世時，遂得不死。

彼處目不見，語不達，心亦不至。吾人不知，吾人不識，應如何解說他。實則渠出已知之外，且直超乎不知。

非語言之能言，而語言因之而言——此真為梵，非如人之所拜禮者。

非心之所思，而心之所以思——此真為梵，非如人之所拜禮者。

非目之所見，而目因之以見——此真為梵，非如人之所拜禮者。

非耳之所聞，而耳因之以聞——此真為梵，非如人之所拜禮者。

非氣息之所呼吸，而實氣息之所以通——此真為梵，非如人之所拜禮者。

是誰在命令心思考？是誰讓軀體存活？是誰讓舌頭說話？是何種光輝的存在將我們的視線引向形狀和色彩，將我們的耳引向聲音？阿特曼就是耳之耳，心之心，眼之眼，言語之言語，呼吸之呼吸。一旦不再將阿特曼錯誤地認同於感官和心，而證悟到阿特曼即梵，智者就變得不朽了。

同樣，禪宗也認為，在肉身的物質之「我」裏面，還有一個靈性的「本心」、「自性」，這就是「父母未生時」就存在的「主人公」，其本體不受生死、無有成壞：「攏不聚、拔不散、風吹不入、水灑不著、火燒不得、刀斫不斷。」（《五燈會元》卷 16《廣昭》）「萬法歸一，生也猶如著衫。一歸何處，死也還同脫褲。生死脫著不相干，一道神光常獨露。」（《如淨語錄》卷下）；卻又出入作用，靈知了了：「有時呼為自己，眾生本性故；有時名為正眼，鑒諸有相故；有時號曰妙心，虛靈寂照故；有時名曰主人翁，從來負荷故；有時呼為無底缽，隨處生涯故；有時喚作沒弦琴，韻出今時故。」（《真心直說》）《壇經》如是論述心性的體用關係：

真如即是念之體，念即是真如之用。真如自性起念，非眼耳鼻舌能念。真如有性，所以起念；真如若無，眼耳聲色當時即壞。善知識！真如自性起念，六根雖有見聞覺知，不染萬境，而真性常自在。故經云「能善分別諸法相者，於第一義而不動」。

所謂的「善分別諸法相」，即是對體用、心性，也即是《瑜伽經》對認知者、認知工具和被認知對象的分辨了覺。所以《壇經》的作略便是破除自我對妄心幻用的認同，進而直指自性本體，猶如《瑜伽經》2.25 偈所說：「摧毀無明的方法是喚醒對阿特曼的覺知，直到沒有幻相殘留。」六祖惠能最著名的付法偈就體現出這種開悟路徑：

菩提本無樹，明鏡亦非臺，佛性常清淨，何處惹塵埃？

此偈第三句通行本為「本來無一物」，但最古的敦煌本作「佛性常清淨」，其義顯然更為通透明了，符合六祖直指自性的作風。通行本的第三句看似一空到底，深妙莫測，其實容易引學人落入斷見，有故弄玄虛之態。

此句警醒學人不要迷失於身心作用，當直探佛性本體，超然相外，「於第一義而不動」。這種「頂門工夫」，跟神秀之執著於在身心上用力，自然有雲泥

之別。按禪宗的理解，心物俱為緣生，虛幻而不可得，我人一旦夢醒，了得身心本空，此即為明心。於本空處，非如木石不知不覺，而是虛明瞭了；雖虛明瞭了，而又寂然不動，一念不生，這奇偉而又平淡的「本來人」，就是不生不滅，亙古長存的真如佛性。當此佛性豁然顯露時，一把擒來，自然「靈光獨耀，迥脫根塵」，是為親證本來面目，亦謂之見性。明心見性，唯在「各自觀心，自見本性」，「若識自性，一悟即至佛地」（《壇經》語）。故六祖總結東山禪法云：

> 此門坐禪，元不著心，亦不著淨，亦不是不動。若言著心，心元是妄，知心如幻，故無所著也。若言著淨，人性本淨，由妄念故，蓋覆真如，但無妄想，性自清淨。起心著淨，卻生淨妄，妄無處所，著者是妄。淨無形相，卻立淨相，言是工夫；作此見者，障自本性，卻被淨縛。

打破妄念，狂心息處，身心消殞，立時徹見真如自性。這豈非《瑜伽經》開篇所設定的瑜伽的目標？——「瑜伽即止息心之波動。彼時，看者便安住於本來真性。」《壇經》載六祖為前來奪衣的惠明說法，只是說：「不思善，不思惡、正與麼時，那個是明上座本來面目？」，拶逼提示，即令惠明言下頓悟。

又如禪宗二祖神光，初見達摩祖師曰：「學人心不安，乞師安心。」祖曰：「將心來，與汝安」。師良久曰：「覓心了不可得」祖乃順水推舟曰：「與汝安心竟！」師於言下大悟。此即於覓心了不可得處（前念斷，後念未起時），徹見這不落斷滅（當時念雖斷，但非如木石無知），了了虛明的真如自性。這則公案的妙處，即在心念是因緣而起，旋生旋滅的，並無真實來處，一經追問，即便化為烏有。但念雖息而觀者不滅，會者即於此際，猛著精彩，回光薦取，即為見性。

既然心之妙用，皆依性體而起，因此明心見性的路徑也可以是自用見體，從流得源。此法南朝傅大士既已拈出，其《心王頌》第一頌有曰：

> 水中鹽味，色裏膠青，決定是有，不見其形，心王亦爾，身內居停；面門出入，應物隨情，自在無礙，所作皆成，了本識心，識心見佛。

又第二頌云：

> 夜夜抱佛眠，朝朝還共起。起坐鎮相隨，語默同居止。
> 纖毫不相離，如身影相似。欲識佛去處，只這語聲是。

　　於動靜語默，揚眉瞬目之間，迴光返照，從知覺作用轉迴心王本體，如此體用不二，理事交融。這種參禪體驗，表現在《壇經》裏，就是強調修道不離日用，在日常生活的見聞覺知、聲色語言中，會取本來真性。如六祖有偈曰：

> 心平何勞持戒？行直何用修禪？
>
> 恩則親養父母，義則上下相憐。
>
> 讓則尊卑和睦，忍則眾惡無喧。
>
> 若能鑽木出火，淤泥定生紅蓮。
>
> 苦口的是良藥，逆耳必是忠言。
>
> 改過必生智慧，護短心內非賢。
>
> 日用常行饒益，成道非由施錢。
>
> 菩提只向心見，何勞向外求玄？
>
> 聽說依此修行，天堂只在目前。

　　於日用倫常之間，便可體悟真常，其道猶如鑽木取火。在六祖所作的禪偈裏，體用之間的相生相應，被比喻為「劫火燒海底，風鼓山相擊」，與此偈中的「若能鑽木出火，淤泥定生紅蓮」合看，其意更為了然。惟六祖之所指示，強調於日用倫常間參悟，已經接近業瑜伽（KarmaYoga）之路數。

　　《壇經》中還有一則著名的公案，與此有關：

> 有僧舉臥輪禪師偈云：「臥輪有伎倆，能斷百思想，對境心不起，
>
> 菩提日日長。」師聞之曰：「此偈未明心地，若依而行之，是加繫縛。」
>
> 因示一偈曰：「惠能沒伎倆，不斷百思想，對境心數起，菩提作麼長。」

　　臥輪只是固執一個寂然不動，卻不見自性之虛明作用，本即遍周法界，來去自由。如古德云：「體無形相，非用不顯；性無狀貌，非心不明」。寶誌《大乘贊》：「大道之在目前，要且目前難睹，欲識大道真體，不離聲色語言」。點破起用正以顯體，明心方可見性，心思波湧，不離性海。故六祖隨機破執，顯示大道，不落有無兩邊。這種參禪的路數，發展到後來，就有了「平常心是道」的說法。於是破竹擊石，喝茶吃棒，乃至聞香聽音，築腳傷指，也都成了入道契機、頓悟法門。

　　按傅大士《心王頌》第一頌有「水中鹽味」之喻，實源出自《唱贊奧義書》第六篇之十三節。其文言烏德拉克仙人使其子施偉塔克圖研習諸韋陀典籍，進而告以梵之密義：

> 其父曰：「置此鹽於水中，明晨再來見我。」彼為之。則謂之曰：

「取汝昨夜置水中之鹽來。」彼探之（於水中）不得，蓋全已溶解矣。父曰：「於水面嘗之若何？」子曰「鹹」。父曰：「於中間嘗之，若何？」子曰：「鹹」。父曰：「於水底嘗之，若何？」子曰：「鹹」。父曰：「棄之，爾來此坐。」彼坐已，曰：「此固常在也。」

父乃謂之曰：「誠哉！吾兒！於此身中，汝固不能見彼「有者」，然彼固在其中也。彼為神秘之原體，世界以之為精魂，彼乃真實，彼乃自我，彼是汝」。

「彼是汝」一語，謂真我是梵，是此後韋檀多哲學極有名的格言。與《瑜珈經》第三句「彼時，看者便安住於本來真性」，同出一義。「於此身中，汝固不能見彼『有者』，然彼固在其中也」，實即《心王頌》所謂「決定是有，不見其形，心王亦爾，身內居停」。故此《奧義書》寓言亦為自用見體，從流得源之案例，而為禪宗所沿用。

《壇經》論述自性，也與《薄伽梵歌》言阿特曼、真我相近。如六祖自五祖處聞法，呈偈曰：

何期自性，本自清淨；何期自性，本不生滅；何期自性，本自
具足；何期自性，本無動搖；何期自性，能生萬法。

所謂自性，與「不生不滅」、「無始無盡」，「無為無染」之阿特曼，又有什麼分別？

「雖遍在於四體兮，神魂不與身為一；若空性之微妙兮，彌漫萬有而獨存」，與《心王頌》的面門出入，應物隨情，自在無礙，所作皆成」，豈非異曲而同工？對此，六祖亦有言曰：

師言：「大眾！世人自色身是城，眼耳鼻舌是門；外有五門，內
有意門；心是地，性是王；王居心地上。性在，王在；性去，王無。
性在，身心存；性去，身心壞。佛向性中作，莫向身外求。自性迷，
即是眾生；自性覺，即是佛。……」

用城喻身，五根喻門，心喻地，性喻王。而《薄伽梵歌》亦言：「自為城主，彼有身者」，「自勝者安居九關之城」。「性在，身心存；性去，身心壞」實即《薄伽梵歌》所謂「真我兮超乎象外，有身兮不為身礙」，「彼不朽者，身內居停，不生不滅，不減不增；身有成壞，旋滅旋生」，「身雖被戮，魂不可弒」，意謂身心賴阿特曼而得生命，而阿特曼卻超越身心，無有生滅。傅大士有偈揭示性體，最是明瞭：

有物先天地，無形本寂寥，能為萬象主，不逐四時凋。

持之與《唱贊奧義書》所謂「彼為神秘之原體，世界以之為精魂，彼乃真實，彼乃自我，彼是汝」相較，若合符契。在《瑜伽經》4.18～19 句裏，心性的關係被如此表述出來：

真我是永恆不變的，總能知覺心的波動。因此，真我是心的主宰。

心並不是自明的，因為它是被真我知覺的對象。

因此，那些有分別力的人不再把心視為阿特曼。《瑜伽經》（4.26）進而斷言：「當心善能分別時，便開始向解脫邁進」。這豈非六祖所謂的「自性迷，即是眾生；自性覺，即是佛」，「能善分別諸法相者，於第一義而不動。」？

作為存在自身的自性本體，一方面，寂然不動，超乎萬象，不落言詮，不具任何存在之物的規定性。故六祖云：

何名摩訶？摩訶是大。心量廣大，猶如虛空，無有邊畔，亦無方圓大小，亦非青黃赤白，亦無上下長短，亦無嗔無喜，無是無非，無善無惡，無有頭尾。諸佛剎土，盡同虛空。世人妙性本空，無有一法可得；自性真空，亦復如是。

但真空絕非頑空，性空異於無記，故另一方面，又了了虛明，能生起無量無邊妙用：

善知識，莫聞吾說空，便即著空。第一莫著空，若空心靜坐，即著無記空。善知識，世界虛空，能含萬物色像。日月星宿，山河大地、泉源溪澗、草木叢林、惡人善人、惡法善法、天堂地獄、一切大海、須彌諸山、總在空中；世人性空，亦復如是。

《唱贊奧義書》第三篇之十四節則稱這真如本體為梵、性靈，其言曰：

凡此，皆大梵也。人當靜定止觀，此為群有從之而生，往焉而滅，依之而呼吸者。

而人者，心志所成也。如人在斯世之心志為何，則其蛻此身後為如何。故當定其心志。

（而彼者），以意而成，以生氣為身，以光明為形，以真理為念慮，以無極（譯者注：字義為「空」）為自我，涵括一切業、一切欲、一切香、一切味，涵括萬事萬物而無言，靜然以定。

斯則吾內心之性靈也。

其小也，小於穀顆，小於麥粒，小於芥子，小於一黍，小於一黍中之實。

是吾內心之性靈，其大，則大於地、大於空，大於天、大於凡此一切世界。

是涵括一切業、一切欲、一切香、一切味，涵括萬事萬物而無言，靜然以定者，是吾內心之性靈者，大梵是也。而吾身蛻之後，將歸於彼焉。

此內心之性靈，其大無外，其小無內，涵蓋一切萬有，即是「妙性本空」，乃從作用言，「涵括萬事萬物而無言，靜然以定」，故照而常寂；此內心之性靈，「群有從之而生，往焉而滅，依之而呼吸者」，即六祖所謂「真如有性，所以起念；真如若無，眼耳聲色當時即壞」，「性在，身心存；性去，身心壞。佛向性中作，莫向身外求」，是從本體言，則寂而常照。覺證心量廣大、體用不二，即成就般若智慧，到達解脫彼岸。六祖曰：

心量廣大，遍周法界；用即了了分明，應用便知一切。一切即一，一即一切；來去自由，心體無滯，即是般若。

是謂「摩訶般若波羅蜜多」，即《唱贊奧義書》所說的「而吾身蛻之後，將歸於彼焉」，「身蛻」不過是剝離真我、幻身的另外一種說法。《瑜伽經》第4篇第29～31句也簡潔有力地表述了這條由般若而達解脫的修證路徑：

因為獲得了完美的分別力，即使善果在前，亦不動心，依然持續明辨。這種境界，稱為「法雲三昧」。

從此，一切煩惱、業力盡皆斷除。

隨後，遮蔽心性之染污盡被清除，無盡理諦呈現無餘，再也沒有需要被認知的事物了。

第一句是般若。第二句是波羅蜜多，到達解脫彼岸。第三即是摩訶，證得心量廣大，遍周法界，一切即一，一即一切。

般若來自持續的分別，而這取決於堅定明達的心志。故《唱贊奧義書》強調欲求解脫之人，當定其心志。《壇經》亦云：

何名般若？般若者，唐言智慧也。一切處所，一切時中，念念不愚，常行智慧，即是般若行。一念愚，即般若絕；一念智，即般若生。

「一切處所，一切時中，念念不愚，常行智慧」，無異於《唱贊奧義書》

所謂的「當定其心志」。如果把「般若」理解為對真我、幻身的剝離，則「般若」亦為「蛻身」之道，如此，「一念愚，即般若絕；一念智，即般若生」，豈非即是《唱贊奧義書》所說的「而人者，心志所成也。如人在斯世之心志為何，則其蛻此身後為如何。」？蓋心志若定於般若，則幻身蛻去，真我獨存。

要之，禪宗修法一向以覺知體用為根本。達摩講「理入」（體）、「行入」（用），以「安心」為修道的第一著；道信《入道安心要方便法門》提出五種方便法門，也以「知心體」、「知心用」為明見佛性的首要路徑。甚至北宗神秀也說：「我之道法總回歸體用兩字」（《楞伽師資記》神秀語錄）。這種思路，跟《瑜伽經》把瑜伽歸結為對「心之波動」（用）與「阿特曼」（體）的體認，是一致的。

二、迷悟論

既然對心和阿特曼的分別帶來解脫，那麼相應地，失去這種分別力，就是迷失的根源──《瑜伽經》稱之為無明。《瑜伽經》第2篇第5句曰：

把無常、苦、不淨、我相認作常、樂、淨、我，此即無明。

無明就是由於不善分別，遂產生錯誤的認同。出於無明，個我失去了與永恆本體的接觸，忘記了不朽、清淨、喜樂的本性，被物質自然之力驅使，試圖在現象世界中尋求快樂，而得到的卻是無常、染污和煩惱。

按《瑜伽經》的闡述，無明的主要作用就是產生我見，將自我認同於心之波動。於是，自我便受制於各種快樂和痛苦的經驗，執著、厭憎隨之而來，通過身、口、意的行為，在心中植下業因，招致將來的快樂和痛苦。《瑜伽經》第2.17句云：

煩惱來自將看者錯誤地認同於所看，那是可以避免的。

看者認同於所看，即產生我相、我執。知外物、身心（所看）與真我（看者）不同，煩惱即除。

心的波動以及經驗對象被物質自然（prakrti）的三種能力或屬性（梵語guna，即習氣、氣稟、氣性，舊譯「三德」）所操縱。《瑜伽經》第2.18句曰：

物質自然由三德──薩埵（Sattva）、羅闍（Rajas），多磨（Tamas）構成。通過它們，整個宇宙、認知的工具（心、感官）以及經驗對象一起變化。物質自然的存在是為了讓經驗者能經驗到它，並由此獲得解脫。

氣性之所以作用於人，還是因為人執著我見，錯誤地認同於心之波動，於是反而被氣性操控下的心意、智性、我慢所束縛，把認知工具即心、感官視為自我，把與此虛幻之我相聯繫的經驗對象視為我所，深陷於貪、嗔、我執之中，不能自拔。

禪家把這種錯認自我的意識狀態形象地譬喻為「迷頭認影」、「棄珠乞食」、「認賊作子」，而執著這種意識狀態的心就是「妄心」、「邪心」；執著我相，受三極操縱，就是「背覺合塵」，為客塵、習氣所染。

按照佛教的哲學，一切眾生本俱如來藏性，乃不生不滅、不垢不淨、不來不去的靈知本體。只因眾生不覺，不知妙體本明，而生一念認明，遂以本有之妙覺智光，錯認為心識明覺，也就是把自性本體（覺）發起的作用（明），認作由心自身發起。於是將原為一體之覺明，分為覺明相對，也即把本體與其作用對立起來。這就是《楞嚴經》所謂的「性覺必明，妄為明覺」。

如此眾生迷失本性，認妄心及妄心所攀緣的外物為己，執著於根境以及六塵落謝於心中的影子，追逐貪愛不捨。由是自蔽光明，造業受報，輪迴不息。六祖在《壇經》裏說：

> 小根之人，亦復如是。元有般若之智，與大智人更無差別。因何聞法不自開悟？緣邪見障重，煩惱根深。猶如大雲覆蓋於日，不得風吹，日光不現。般若之智亦無大小，為一切眾生自心迷悟不同。迷心外見，修行覓佛，未悟自性，即是小根；若開悟頓教，不執外修，但於自心常起正見，煩惱塵勞，常不能染，即是見性。善知識，內外不住，去來自由，能除執心，通達無礙，能修此行，與《般若經》本無差別。

> 世人性常浮游，如彼天雲。善知識！智如日，慧如月；智慧常明，於外著境，被妄念浮雲蓋覆，自性不得明朗。

自性本具之般若為妄心所覆蓋，如雲蔽日。眾生執著妄心，向外馳求；小根之人，迷心外見，欲以妄心情計覓佛，皆為外迷著相。或者欲斷除妄心，百物不思，反成內迷著空。凡此內外迷著，皆由不識體用而來。《壇經》載僧智常，見落頑空，經六祖點撥，乃作偈曰：

> 無端起知見，著相求菩提，情存一念悟，寧越昔時迷；
> 自性覺源體，隨照枉遷流，不入祖師室，茫然趣兩頭。

所謂「趣兩頭」，就是不識體用一如。這樣，我們又回到了《瑜伽經》的

開示：

> 否則，仍將認同於心之波動。

將心之波動錯認為真我，體用不分，豈不就是「自性覺源體，隨照枉遷流」？如此執著妄心知見，或墮假有，或入頑空，著相著空，煩惱不已——「茫然趣兩頭」。反之，若善分別諸相，認取真我，便不再將自我認同於心之波動，進而跳出氣稟之拘制。故迷誤之在一念之間，一念錯認，便生執著；一念覺悟，不生執著，便能分別，證入真我本性，進而從體起用，打通能所，轉身心為妙用。《薄伽梵歌》第三章於此尤加發揮，其頌曰：

> 心制諸根，以為始基，
>
> 業根發用，行乎瑜伽，
>
> 人而無著，可謂超逸。
>
> 棄執著而動乎根身心智，
>
> 瑜伽士所作皆以淨心為務。

六根發用，要在無著，即在日用、應緣、接物時不生沾著，而以潔淨身心、安住真我為目標。如此，妄心之波動轉化為真我之妙用，身心靈合為一體，這就是瑜伽。《瑜伽經》第 2 句：「瑜伽即止息心之波動」，「止息」的梵文是 nirodhah，又有「轉化」、「控制」的意思。所以，這一偈涵蓋了瑜伽的三個層次，即從控制、止息到轉化心的波動，可說是一部《瑜伽經》的總綱。與此相應，《壇經》提出「立無念為宗」：

> 我此法門，從上以來，先立無念為宗，無相為體，無住為本。
> 無相者，於相而離相；無念者，於念而無念；無住者，人之本性，
> 於世間善惡好醜，乃至冤之與親，言語觸刺欺爭之時，並將為空，
> 不思酬害，念念之中，不思前境。若前念、今念、後念，念念相續
> 不斷，名為繫縛。於諸法上，念念不住，即無縛也。此是以無住為
> 本。善知識，外離一切相，名為無相；能離於相，即法體清淨；此
> 是以無相為體。善知識，於諸境上心不染，曰無念；於自念上常離
> 諸境，不於境上生心。若只百物不思，念盡除卻，一念絕即死，別
> 處受生，是為大錯。

所謂「無念」，亦有三義。第一層是不思前境，即控制妄心的波動；第二層是心念不起，即止息妄心的波動；第三層是常離諸境，通用無滯，即轉識成智，化妄念為妙用。修煉以無念為主，由無念生出無相、無住，也即三昧不二

之境。

「無念為宗」與《瑜伽經》第 2 句為瑜伽設定的方法和目標可謂契合無間。實際上，「無念」不過是「止息心之波動」的另一種表述方式而已。

三、工夫論

從瑜伽的這個目標出發，在修煉方面，《瑜伽經》特別提出了不執（vairagya）和不斷修煉（abhyasa）。《瑜伽經》1.12 句曰：

　　透過不斷修煉和不執，可調伏心之波動。

《瑜伽經》1.13 句闡修煉義：

　　修煉即不斷地努力，以永久控制住心的波動。

《瑜伽經》1.15～16 句闡不執義：

　　能自我掌控，對所見所聞之物不起欲念，就是不執。

覺證真我，擺脫了物質自然屬性的束縛，無欲無求，此乃不執之最高境界。

按不執即六祖所謂「無念」、「無住」，前文已有論述。但要擺脫物質自然的束縛，也就是不受客塵習氣染污，卻絕非易事。所以在不執之外，《瑜伽經》還強調不斷修煉。

瑜伽修煉的目的是為了清除阻礙自我覺悟的障礙。《瑜伽經》開列出五大障礙，即無明、我見、執著、厭棄和對塵世生命的貪戀，其中又以無明為一切障礙之根源。《瑜伽經》2.10 句指出了破除障礙的根本方法：

　　在深細的觀照中，這些障礙都可以透過返回至最初的源頭處（本來真性）而清除。

這種「深細的觀照」，在禪宗那裡被提煉為一套「頓悟」工夫。《壇經》云：

　　若起真正般若觀照，一剎那間，妄念俱滅。若識自性，一悟即至佛地。

參禪者修至人法俱忘之時，一念醒覺，猝地折、爆地斷，內而身心，外而世界，乃至虛空，一時脫落淨盡，即所謂「大地平沉、虛空粉碎」。當此之際，雖一無所有，但虛明凝寂、一靈不昧，了了常知，非如木石。證到此心性本原之後，再回過頭來，方才識得這個「靈知」不在別處，鎮日就在六根門頭上放光，與我人無絲毫離異、無些許間隔。一切言語動作，無不是「這個」的妙用。從前為「這個」千辛萬苦，百般追求探索，原來只在目前不識。禪家所謂「聲前一句，千聖不傳，面前一絲，亙古無間」，「踏破鐵鞋無覓處，得來全不費工

夫」，即是指此。《壇經》目之為「破執」、見性工夫，破執所以見性，見性
則無執可破，其歸一也。六祖曰：

> 善知識！常行十善，天堂便至。除人我，須彌倒；去邪心，海
> 水竭；煩惱無，波浪滅；毒害忘，魚龍絕。自心地上覺性如來，放
> 大光明，外照六門，清淨能破六欲諸天。自性內照，三毒即除；地
> 獄等罪，一時消滅。內外明徹，不異西方。不作此修，如何到彼？

所說「除人我」、「去邪心」為破執，實即指障礙之破除，而後世禪家譬
之為「大地平沉、虛空粉碎」。「自心地上覺性如來，放大光明，外照六門」為
見性，即「返回至最初的源頭處」，進而打通體用，泯合能所。

六祖出山，於法性寺初轉法輪，就向印宗揭示此「不二法門」，謂：「指授
既無，惟論見性，不論禪定解脫」，足可見其工夫之所在。不過，在禪家看來，
頓悟見性，尤未到家，悟後還須漸修，綿密保任，才能清除習氣污染，妄盡證
真。圭峰禪師云：

> 識冰池而全水，籍陽氣以消融。悟凡夫而即佛，資法力以薰修。
> 冰消則水流潤，方顯漑滌之功；妄盡則心虛通，始發通光之用。事
> 上神通變化，非一日之功可成，乃漸薰而發現也。

《壇經》以「念念見性」為保任漸修的工夫，六祖曰：

> 吾亦勸一切人，於自心中常開佛知見。世人心邪，愚迷造罪，
> 口善心惡，貪嗔嫉妒，諂佞我慢，侵人害物，自開眾生知見；若能
> 正心，常生智慧，觀照自心，止惡行善，是自開佛之知見。汝須念
> 念開佛之知見，觀照自心，止惡行善，是自開佛之知見。汝須念念
> 開佛知見，勿開眾生知見！

「念念見性」，就是能以般若智慧之力，善作分別，念念相繼，直至一心
不亂，常住本來真性。《瑜伽經》也是把明辨作為去除障礙的首要方法，第2.26
句云：

> 不斷地明辨，就是去除無明的方法。

這個過程，相當於禪宗的「破執見性」。明辨即般若智慧，《瑜伽經》2.27
句將般若分為由低到高的七個層次：

第一層次，向外尋覓，但往往無法獲得真諦。

第二層次，認識到所有快樂與痛苦的經驗，不是來自外境，而是來自內心
的詮釋。

第三層次，在完全瞭解心之後，以中道認知、了悟世界。

第四層次，覺證本來真性及其作用。

第五層次，打破我相，心靈從二元相對觀念中解脫出來，達到無欲無求的自由狀態。

第六層次，心消融於真我本體，體用一如，能所俱泯。

第七層次，最後只有真我被留下來，安住於其本來真性。

《壇經》叫人於自心中開「佛知見」，「佛知見者，只汝自心，更無別佛。蓋為一切眾生，自蔽光明，貪愛塵境，外緣內擾，甘受驅馳；便勞他世尊，從三昧起，種種苦口，勸令寢息；莫向外求，與佛無二」。這個「佛知見」，即「般若觀照」。從返身內求開始，到觀照自心，清除邪心妄念，直至「與佛無二」，實際已涵蓋了《瑜伽經》中般若生成的七個層次。

緊接著，在第 2.28 句中，《瑜伽經》講到如何才能生起、提升般若之智：

透過瑜伽八支的修煉，不淨就會被智慧之光去除，引嚮明辨之境。

這裡所說的「不淨」，自認就是由無明帶來的染污障礙，也即前面六祖所說的「世人心邪，愚迷造罪，口善心惡，貪嗔嫉妒，諂佞我慢，侵人害物，自開眾生知見」。去除這些污染障礙，就能引嚮明辨之境，於自心中開「佛知見」。而方法即是瑜伽八支。

瑜伽八支分別為：

（1）持戒（yama）：為消極之律條，總共有五：不殺、不欺、不盜、不淫、不貪。

（2）精進（niyama）：為極積之律條，總共有五：清淨、知足、苦行、誦經，敬天

（3）坐法（asana）：意識以及諸感官皆附於身體，身不堅定，心不能調。故修心之前，必須修煉身軀。坐法原指坐的姿勢，如《瑜伽經》所謂「坐者堅定而愉快」，以使全身自在、輕安、醒覺、凝定，直至望卻身體的存在。

（4）調息，梵語 Pranayama，prana 意思是氣息、呼吸、生命力，也暗指靈魂；ayama 意為長度、延伸、伸展或抑制。調息之術包括吸氣、吐氣、懸息、乃至顛倒呼吸等，其中還涉及輪脈中生命力的提升和釋放。調息能產生種種不可思議的神通，但其目的卻不在此，而在調伏感官，消除欲念、淨潔心靈。

（5）制感，梵文 pratyahara，即收攝控制感官。感官（諸根）不為感官對

象（塵）及外境所紛擾，修持者對於世間誘惑失去興味。

（6）執持，梵文 dharana，即心注一處，控制、停止了心的波動，真我本體與意識之流分開，自我不復認同於心想意識與感官衝動，與假我隔離而獨存。此時身、心、智皆在自我的控制之下，和諧而為一體。

（7）禪定，梵文 dhyana，即靜慮。心念不動，持續專注就能體認真我，證得本來，融入梵性。

（8）禪定的圓滿境界就是三昧，梵文 samadhi，即三摩地。此時行者證得般若一切智，盡拋「我」與「我所」，及一切執著，進入梵我合一的極樂狀態。

八支，梵語 Ashtanga，既有八個步驟，也有八個肢體的意思。瑜伽八支既是瑜伽功法的八個步驟，也是具有內部一致性的八個分支，各分支之間相互支持、補充，合為有機的整體。例如，持戒和精進雖然是瑜伽修煉的初階，但一個達到三昧的瑜伽行者會將其發揮到極致，從中顯化出神通妙用，而非棄之不顧。例如，《瑜伽經》論持戒：

> 若人不殺，所有生物都不會對他產生敵意。
> 若人不欺，便獲得為自己和他人帶來福報的能力。
> 若人不盜，一切財富都會接近他。
> 若人不淫，便會獲得靈性力量。
> 若人不貪，就會認識其生存的過去、現在、未來。

這裡所說的不殺、不盜，顯然不是針對初學者的層面，而是從覺悟生起的妙用。

禪宗雖然沒有像《瑜伽經》一樣提出整套系統精密的功法，但禪家的工夫，卻也涵蓋了瑜伽修煉的各個階段和分支。即如前引六祖所謂「止惡行善」，實際已收攝瑜伽的持戒、精進二支。在《壇經》裏，六祖提出了「無相三歸依戒」：

> 自心歸依覺，邪迷不生，少欲知足，能離財色，名兩足尊。自心歸依正，念念無邪見，以無邪見故，即無人我貢高貪愛執著，名離欲尊；自心歸依淨，一切塵勞愛欲境界，自性皆不染著，名眾中尊。若修此行，是自歸依。

與瑜伽八支中首二支所要求的不淫、不貪、清淨、知足、苦行等律條如出一轍。「自心歸依」的說法，尤其與瑜伽自律自證的精神吻合。

至於坐法、調息、制感，即禪家的「坐禪」。雖然六祖對此提出新說，以「外於一切善惡境界心念不起」為坐，「內見自性不動」為禪，其實乃破相之

論。坐禪畢竟是禪門日課，其要在於不可著相，以為「禪只在坐，坐就是禪」，當於坐禪中觀照心性，從「心念不起」、「內見自性」上下工夫。

《瑜伽經》對坐法、調息、制感也有同樣的教示。在這三支針對身體的修煉中，醒覺被不斷強調。而所謂醒覺，不外是對心和真我的觀照，即以「止息心之波動」（心念不起）、「安住本來真性」（內見自性）為目的的持續練習。《瑜伽經》第 2.47 句論坐法：

> 控制身體的自然習性，對無限進行冥思，坐法便安穩自如。
>
> 這樣，修煉者便不再受二元相對性觀念的打擾。

瑜伽是從身體開始，體悟生命存在的本質。坐法是一種體悟的手段，而身體就是道場。練習坐法時，必須隨時激發心智的醒覺狀態，保持意念的凝聚、專注、延展、擴充，體悟身體與遍漫身體的覺性的關係。經過這樣的修煉，好惡、苦樂等來自感官經驗的二元性相對觀念不再生起，心之波動止息了，進入「無障無礙，外於一切善惡境界心念不起」的意識狀態。

待坐法圓熟，就進入調息。《瑜伽經》2.52 句在論述四種調息術之後，總結了調息所要達到的目標：

> 這樣，內在光輝的遮蔽物就被除去。
>
> 心獲得了執持的能力。

執持，梵文 Dharana，按照《薄伽梵歌》的說法，就是「獨存真我，無思無慮」的階段，也即六祖所說「內見自性不動」的境界。

瑜伽八支的後三支，即執持、禪定、三昧，合在一起被總稱為奢亞摩（samyama）。與前五支相比，奢亞摩是完全內在的修煉，表現為對心之波動的持續控制，此時心潮平息，專注於真我本性。到此境界，就是六祖所說的「念念見性」、「念念開佛知見」了，而「保任」之功，已在其中。

又禪宗特重證體起用，講求在平常日用上下工夫，磨礪心行，如六祖偈曰「佛法在世間，不離世間覺，離世覓菩提，恰如求兔角」，又曰：「若於轉處不留情，繁興永處那伽定」。對於在家居士，乃教其於孝義忍讓中，將理事打成一片，甚至有：「心平何勞持戒？行直何用修禪？」之高論。按此種作略，相應於瑜伽從更高層次上回返到對八支中首二支的修煉。作為瑜伽修煉的基礎，持戒、精進中蘊含的倫理道德精神，此時成為瑜伽的至高表現以及最終證明。當代瑜伽界的「米開朗基羅」──艾楊格在《光耀生命》中對此有極精闢的闡釋：

我迄今所講的都是關於徹底投入生命、享受並超越自然、發現我們內心的神性。而所有這一切都存在於倫理道德的基礎之上，存在於倫理之中，而倫理道德之完善是人生一切真正成就之唯一、真實的證明。一個人的心性成長只能體現在他在世界上的行為之中。

這種既超世又普世，以出世精神入世的情懷，與禪宗的作略何其相近！而其精神脈絡，可以一直追溯到《薄伽梵歌》的業瑜伽（karma yoga）。《薄伽梵歌》第二章闡業瑜伽之道：

> 為戰而戰，不計休咎，
> 等視苦樂，得失不執，
> 如是而戰，何罪之有？
>
> 穩處瑜伽，踐禮守義，
> 斷除執著，成敗等視，
> 如是平等，謂之瑜伽。
>
> 但盡爾分，無執其果，
> 勿以果自許，勿不盡爾分。
> ……
> 為所當為，心常不執，
> 人而無著，參乎天地。

盡心盡性，不計成敗得失，既有道家「無為而無不為」的超然，也有儒家「正其誼不謀其利，明其道不計其功」的氣節，體現出瑜伽的至高境界。

憨山大師釋六祖「若於轉處不留情，繁興永處那伽定」句云：

> 所言轉識成智者，別無妙術。但於日用念念流轉處，若留情繫著，即智成識；若念念轉處，心無繫著，不結情根，即識成智。則一切時中行那伽大定矣！

其說通乎《薄伽梵歌》業瑜伽之無著義。按禪宗與業瑜伽之道暗合，而儒、道又通乎業瑜伽，這似乎解釋了何以禪宗能夠與儒、道兩家能有如此深刻的交融會通，而最終成就儒、釋、道三位一體的中國文化。

四、境界論

瑜伽修煉的最高境界就是三昧。《瑜伽經》1.41 句對三昧下了一個定義：

> 純淨的水晶會接受離它最近的物體的色彩，心也一樣，當心不

再波動時，能知者、所知之物與知識三者的差別消失了。這種與專
注對象的同一被稱作三昧。

在三昧之境裏，心之波動徹底止息，心變得純淨如水晶，虛明瞭了之中，
便能對物作直接的觀照，不復生起名稱、性質和知識的意識，映現出萬物的本
來面目。這被稱為無伺（nirvicara）三昧。

按此即《金剛經》無住生心之義。禪者明心見性，工夫純熟，達於能所俱
泯、物我無間之境。性水澄明，心珠朗耀，映現出諸法實相。《金剛經》云：
「應無所住而生其心」「無住」並不是對外物毫無感應，而是在「無住」的同
時，必須「生心」，發起觀照現量境的妙用。「無住」是「生心」的基礎，生心
的同時必須「無住」，這才有事來心現，事去心空之空性境界。《楞嚴經》也大
力提倡澄明觀照，《楞嚴經》卷十說，悟者「觀諸世間山河大地，如鏡鑒明，
來無所黏，過無蹤跡、虛受照應，了罔陳習，唯一精真」，所謂「虛受照應」，
正可與《瑜伽經》水晶之喻對勘。而在《壇經》裏，六祖明確標示其禪法是「立
無念為宗，無相為體，無住為本」，直承《金剛經》之心髓。

接著，這種「應物現形，如水中月」的現量禪觀，又被後世禪家進一步表
現為「水月兩忘」的詩意之境：「寶月流輝，澄潭布影。水無蘸月之意，月無
分照之心。水月兩忘，方可稱斷」（《五燈》卷 14《子淳》）。《瑜伽經》第 1.47
～48 句說：

在無伺三昧中，心會變得純粹。

在這種三昧中，知識可以說是「充滿真理」

正是描述無住生心的現量境禪觀。在無伺三昧之中，由於不受情見妄執的
染污，虛明澄澈之心便能如實映現出萬物的本來面目，獲得「充滿真理」的現
量境知識。故第 1.49 句作出結論，為無伺三昧觀照下的「真理」定性：

這種現量境真理，與通過比量和聖言量獲得的知識全然不同。

比量是邏輯推理，聖言量來自研習經典，而從三昧觀照下獲得的直接經驗
卻超越了二者。禪家千辛萬苦，咬金嚼鐵，就是要悟入這個截斷意路，不落言
詮的現量境。六祖有偈曰：

心迷法華轉，心悟轉法華，誦經久不明，與義作仇家；

無念念即正，有念念成邪，有無俱不計，長御白牛車。

只有自證心性，以無念之念，見入現量，才能不繫妄執，徹見本來。否則，
落入情想思慮，便為文字名相所惑。禪家棒喝機鋒，無非要學人劖絕情識，自

悟自肯，直下承當。《碧巖錄》第 67 則記「大士講經」公案：

> 梁武帝請傅大士講《金剛經》，大士便於座上，揮案一下，便下
> 座。武帝愕然，志公問：「陛下還會麼？」帝云：「不會」。志公云：
> 「大士講經竟。」

正是「心迷法華轉，心悟轉法華」的絕好演繹。

不過，按照《瑜伽經》，悟入現量的無伺三昧猶未達到最高境界。無伺三昧還屬於有種三昧，而無種三昧才是徹底的涅槃。《瑜伽經》1.50～51 句云：

> 由三昧加於人心的銘印，將抹掉過去所有其他的銘印。

當由三昧加於人心的銘印也被清除時，一切都歸於止息，這樣就進入了無種三昧。

所謂「銘印」，梵文 samskara，意思是「留在我們意識中的印象或痕跡」。此生或前世積累造下的這些「銘印」，組成了潛意識。就是這些潛意識影響著個體的品質、性格、心智模式以及現在所作出的選擇，並決定了將來的命運。因此，這些「銘印」就是業報的種子，將產生或善或惡的業果。但三昧產生的超越性印象能夠取代潛意識中的屬世印象，猶如注水於杯，杯中原有的空氣自然就被驅除。修煉者於三昧之際，心注一處，於是其他所有的意識波動、所有的潛在業力或「銘印」都被這一專注的巨浪所吞沒。但在無種三昧中，專注的對象和專注的主體都消融了，只剩下純粹的、無差別的覺性，與梵合為一體。八世紀的韋檀多大師商羯羅曾如是描述無分別三昧：

> 存在著阿特曼與梵同一的連續意識。不再將阿特曼認同於它的
> 遮蓋物。所有二元性感知都消除了。只有純粹的統一性意識。一個
> 人若確實獲得了這種意識，就可以說他覺悟了。
>
> 一個被證實為覺悟了的人，即使在此世也可以獲得解脫。他的
> 喜樂無窮無盡。他幾乎會忘記這個現象世界。

即使他的心會消融在梵之中，他仍然是完全清醒的，但脫離了清醒生活中的無明。他是完全有意識的，但脫離了任何渴望。這樣的人可以說甚至在此世就獲得了解脫。

對他而言，此世的痛苦被超越了。儘管他擁有有限的身體，可他仍然能與無限者合一。他的心不再焦慮。這樣的人可以說甚至在此世就獲得了解脫。

所謂「在此世就獲得了解脫」，梵文為 jivan-mukta，意為即世解脫，是進入無種三昧的表現。三昧之火徹底燒盡了一切存留在心中的業力種子，乃至最

根本的我相，使即世解脫者雖活在塵俗，卻了無罣礙，以無私無我之心，行慈悲喜捨，利益世間。如《薄伽梵歌》第 5.25 頌所說：

> 自得於內，妙樂自安，瑜伽修士，入梵涅槃。
>
> 罪業盡滅，斷除二見，則天去私，利樂世間，
>
> 真人自得，證入涅槃。

梵涅槃（Brahman-nirvan），即梵我合一，相當於禪宗所揭舉的圓融不二之境。到此地步，一切即一，一即一切，「小我融入大我，融入宇宙生命，個人生命在其深處和宇宙生命融為一體。於是，一朝風月涵攝了萬古長空，電光石火包容著亙古永恆。如此，對世間的焦慮遂得以克服……令人焦慮的時間之流被截斷、停止或超越了，時間被空間化，對時間的恐懼最終融於自然，消落於空間的純粹經驗世界中。人因此成為本體論意義上的『在』或『有』，主體因此成為『無意志』、『無痛苦』、『無時間的主體』（叔本華）」。而所謂「梵」，梵文 Brahman，字根 brmh，意為「長育」「生長」，正有宇宙生命，生生不息的意思。

於是，即煩惱是菩提，即世間是解脫，覺者進入了「饑餐困眠」，「隨緣任運」的即世而解脫的無差別境界。《壇經》稱之為「一行三昧」，六祖云：

> 善知識！一行三昧者，於一切處，行住坐臥，常行一直心是也。
>
> 如《淨名經》云：「直心是道場，直心是淨土。」莫心行諂曲，口但
>
> 說直，口說一行三昧，不行直心；但行直心，於一切法，勿有執著。

行住坐臥，不離三昧，豈非即世解脫？「直心」即除去了一切二元相對性感知的「純粹的統一性意識」。「直心」就是後來禪家所謂的「平常心」，表現為「憎愛不關心長伸兩腳臥」（六祖偈）、「隨緣消舊業，任運著衣裳，要行即行，要坐即坐，無一念心希求佛果」。對於「直心」而言，心之波動皆入止息，紅塵淨土，生死涅槃，圓融不二，皆無差別。

禪宗四祖道信《入道安心要方便法門》將成就「一行三昧」的方便法門歸結為五種：一知心體，二知心用，三常覺不停，四常觀身空寂，五守一不移、動靜常住，五種法門，修至純熟，即是一行三昧境界。按道信的闡釋比較具體，與商羯羅所描述的「無分別三昧」似乎更為接近。

五、源流論

從《壇經》和《瑜伽經》的比較來看，在修法和宗旨上，這兩者都極為接

近，甚至可以互相融通。但是，這兩部經典出自兩個針鋒相對的教派，時間、空間上又相隔懸殊，怎麼居然會「道通為一」呢？

這就要從中國佛教的特殊性講起了。按照呂澂先生《中國佛學源流略講》的看法，「所謂中國佛學，既不同於中國的傳統思想，也不同於印度的思想，而是吸取了印度學說所構成的一種新說」。至於禪宗，不拘文字，運用經教極其自由，強調自證自悟，反對機械的解釋，因此，「禪宗是佛學思想在中國的一種發展，同時是一種創作。在印度的純粹佛學裏固然沒有這種類型，而它的基本理論始終以《起信論》一類的『本覺』思想貫串著，又顯然是憑藉中國思想來豐富它的內容的。」

那麼，在禪宗的核心理念裏，究竟滲透了什麼中國思想呢？據呂先生的觀點，就是「《起信論》一類的『本覺』思想」。何以「本覺」思想何以又是中國思想呢？顯然因為「本覺」思想，與大乘佛教的「無我」論相左，而更接近中國傳統的神魂觀。實際上，中國佛學在吸收印度佛學之始，就已經把這種神魂觀有意無意地嫁接到他們所闡釋的佛學之中。這裡面最著名的是東晉慧遠的「不滅論」。

在早期的中國佛學論著《沙門不敬王者論·形盡神不滅論》裏，慧遠宣稱神非形體，具神妙之特性，說神這個東西，是「精妙而為靈者」，作用神妙，體質幽微，超越陰陽，非卦象所能圖，即使上智，也不能定其體狀，窮其幽致。「神也者，圓應無生，妙盡無名。感物而動，假數而行。感物而非物，故物化而不滅；假數而非數，故數盡而不窮。」神本來與無生（空）相應，超出了語言所能詮表的範圍，雖無形無名而作用神妙，雖然能感物而起心動念，但它並不就是物，所以物（包括形體）儘管變化而神卻不會變化；雖然借助於數（時間的流逝）而發起活動，但它並不是數，所以時數（壽命）即使終盡，神並不會終盡。

在《明報應論》中，慧遠從神的有知有情，說明神與四大等物質截然不同：「神既有知，宅又受痛癢以接物，固不得同天地間水火風明矣。」以形體為宅，有痛癢等知覺作用的神，與無知覺的水火風等有質的不同，不能將高級的、形而上的精神混同、降低為低級的、形而下的物質。這個無生無滅、無名無窮的精神本體——神，與具有生滅變化的具體現象（比如肉體）之間的關係，猶如火與薪的關係，柴薪可以燒盡，而火是永恆的，「火之傳於薪，猶神之傳於形。火之傳異薪，猶神之傳異形，前薪非後薪，則知指窮之術妙；前形非後形，則

悟情數之感深。」而且慧遠還將『情』（人心之感受）與「神」分開，說「情為化之母，神為情之根」，故神既為超越萬物、本不生滅、「精極而為靈」的「本根」，又是生發一切心理意識活動、精神現象的本體。

慧遠所說的「神」，顯然已溢出「無我論」之大乘佛教藩籬，以至被正統的印度一系大乘空宗學者鳩摩羅什斥為戲論；但它卻又不全同於中國傳統的神魂觀，而是運用佛教空性理論，對神魂觀進行了發揮和再造，使之轉化入一個全新的高度和深度。而這正是印度佛學能在中國成功轉型的關鍵，也是中國佛學對中國文化的最大貢獻。以《大乘起信論》《楞嚴經》《圓覺經》、禪宗為代表的中國佛學的真常一系就是在這個極具創造性的思想交融上建立起來的。

實際上，慧遠所說的「神」，與《薄伽梵歌》所說的真我、阿特曼聲氣相通。身死而真我不壞，即慧遠所謂「感物而非物，故物化而不滅；假數而非數，故數盡而不窮」。慧遠以薪盡火傳喻「形盡而神不滅」，與《薄伽梵歌》之以衣蔽換新喻真我輪迴，亦同出一理。

熊十力先生深研唯識，斷言佛家猶是神我（atma 即真我）論，《存齋隨筆》如是說：

> 惟余詳究佛典，浩浩三藏，無論其持說若何高遠深密，要以輪迴一信念，為其敷陳無量義之根柢。輪迴者，蓋以人生不可誤認形骸為自我，而實別有一物焉，潛在於形骸中而為其主公。此物既為主公，當喚作甚麼？是在外道，則通名之曰神我。在佛家，則自釋伽門下已有傳授師說，稱此物為細心，是第六意。後來大有崛興，承釋伽之六識說，更加第七第八識（引者注：即阿賴耶識）二識……賴耶與細心，兩名似異，其義則一也。余故斷定佛家猶是神我論，其詆毀外道，用自標異，實不應爾。玄奘造《八識規矩頌》，其頌第八賴耶識曰：「去後來先作主公」。據此，則賴耶即是神我，無可立異。」

在熊氏看來，佛家攻破神我論，以無明為人性本來，則何由捨闇而生明？於人生真性，顧不能有所啟示。熊氏深入佛家而又能跳出其牢籠，誠可謂法眼獨具。但熊氏所謂「佛家」，絕非印度的原始佛家，而是經過再造嫁接的中國佛學。由此看來，佛學發展到中國佛學，似乎產生了一種「返祖」現象，即返回到印度佛學的源頭──以《奧義書》《薄伽梵歌》為代表的韋檀多本體論哲學。

　　當代佛教學者李林發揮呂澂之說，於《退回釋尊之側》一書中提出了「相似佛學」的觀點。認為中國佛學並非傳承以「無我」、「緣起」為核心理念的根本佛法，其「命根子」乃是脫胎於《奧義書》「阿特曼思維」的心性本體論：

　　　　心性問題是歷史上中國化佛學的核心問題，可惜，這從來就不是「根本佛法」所關心的問題。《大乘起信論》及所有漢語佛學的通病都是在經驗屬性的「心」上建立本體論的「心」，這樣既曲解了先驗思維，又容易走向神秘主義。其間有很明顯的漢語形而上學思維。如「妙」、「明」、「真」、「心」、「性」、「體」等，這些字眼本身就將詮釋者誤導向形而上學。真如既不能是實體，也不能是形而上學本體。漢語佛學的最大誤區就是深深地陷入後者而不能自拔。作為形而上本體的「究竟自在之果」，不正是根本佛法的消解對象嗎？可歎漢語佛學竟然認賊作父！

　　所謂的「賊」當然是指「婆羅門外道」。但另一方面，面對整部印度佛教發展史，李林又不得不承認：

　　　　佛教的衰亡無疑與印度教（婆羅門教）的同化有關，文獻考據證明：越是後期的印度佛教，越是受到印度固有的婆羅門教的影響。早期佛教思想有很多東西都是從婆羅門教那裡繼承和發展而來的。例如，輪迴的說法是婆羅門教早就存在的世界觀。佛教雖然否定梵的創世說，但並非否定了梵的存在，並對梵的概念有新的解釋。佛教「空有」說也是從婆羅門教的「無有說」發展而來的，韋陀仙人哲學家揭開印度哲學史序頁的「摩耶」幻論和「無、有、非無、非有」對立統一的樸素辯證原理，佛教哲學家把它們全盤接受過來，並使之發展到較高的階段。為了說明真諦和俗諦的關係，佛教也借用了婆羅門教否定加否定和肯定否定的思辨模式。佛教的十二因緣。特別是它的前三個範疇──無明、行、識，可以在韋陀經中找到它們的原始形態。佛教宇宙論的三界（欲界、色界、無色界）實際上就是韋陀經中的天、地、空三界的發展。韋陀經稱三界為三有，佛教照樣把三界叫三有。佛經中常見的天龍八部和其他一些鬼神早在佛陀出世之前就已活躍在韋陀經的三界裏。

　　如此看來，從源流來看，佛教倒是「賊」，而婆羅門教卻是當之無愧的「父」。所謂「發展」、「借用」、「有新的解釋」云云，聽起來更像是「賊」的口吻。

不僅如此，李林認為「其實，在（印度）大乘佛教這裡，佛法的心性論已經不可避免地混入了『阿特曼（神我）思維』」。他引俄國著名佛教學者舍爾巴茨所著《大乘佛學》一書中的觀點，說明「大乘是地道的新宗教。它與早期佛教的差別如此之大，以至於其所顯示的與晚期婆羅門教的共同之點要多於早期部派的共同點。之所以有這一轉變，是由於大乘在形成的過程中，借鑒了某一類奧義書學派的思想，採取了婆羅門教的觀點，形成了具有精神性的一元論特徵的超驗觀點」。似乎「賊」偷的東西越來越多，最後把自己都同化掉了，而這正是密教的下場：「當印度佛教到了它的最後一種形式——密教的時候，它就完全被婆羅門教同化，從而也失去了自身存在的意義，這不能不說是佛教在印度的悲劇」。

這個「悲劇」，是蛇吞大象的悲劇。至此，賊喊捉賊的遊戲結束了。李林高呼：「回到釋尊之側」。但是，代價是慘重的，「追溯佛教的發展過程，就是一部根本佛義的淪落史」，不但要把有兩千年歷史的中國佛教判為「相似佛法」，還要否定大乘佛學的合法性，甚至連因果、輪迴、業報等最基本的佛教概念都得從「根本佛法」裏剝離出來。那佛法還剩下什麼？然則與其抱住一個僵死支離，無法在歷史中展開的「根本佛法」，不如承認傳統的強大力量，回歸到哺育了兩千年悠久燦爛的佛教文化的真正源頭——史前韋陀文明。

這個前軸心時代的史前文明，很可能也是華夏本土文化的母體文明（參考拙著《世界文明孤獨史》）。這似乎解釋了何以「認賊作父」的大乘佛法不見重於小乘，反而能夠與華夏本土的儒道、玄學能達到如此水乳交融的融合程度。大乘佛學具有心性本體論意義的性空觀、佛性說，顯然刺激了中國本土文化對人心以及人的本性的思考，於是，披著佛教的外衣，新一輪的文化復興和再造運動開始了。其表現包括慧遠的「神不滅論」、梁武帝的「真神佛性論」、《大乘起信論》《楞嚴經》、華嚴宗、禪宗，乃至整部中國佛學史的發生演變。正是通過這種波譎雲詭的文化交融，《瑜伽經》與《壇經》相遇了。

再從中國禪宗的形成歷史來看，在東土傳法的初祖達摩本就是「南天竺婆羅門種」，又會「壁觀」、「易筋」、「洗髓」一類高級瑜伽工夫，如果沒讀過《瑜伽經》這類正統韋陀哲學流派的名著，似乎是不可想像的。黃心川先生於《印度古典瑜伽哲學思想研究·序》中指出：

> 關於印度傳入我國著重煉身的瑜伽術有史可證的有南北朝時期
> 傳入的《易筋經》、唐時傳入的「天竺按摩法」和宋時流傳的「婆羅

門導引法」。《易筋經》傳授的功法，大致可分別為外壯、內壯、動功、靜功、煉形、煉氣、煉意等等，這與印度古典瑜伽提出的「八支行法」及內修、外修、坐法、調息（煉氣）、禪定（煉意）大體相似。《易筋經》闡述的練功十二勢與達摩所創立的「十八羅漢手」明顯地受到印度瑜伽，特別是唐時傳入的「天竺按摩手」與宋時流傳的「婆羅門導引法」的影響。

禪宗很可能是婆羅門出身的達摩結合《瑜伽經》的修煉方法和理論，對大乘佛教進行了一場路德式改革的產物。

不過，《瑜伽經》所闡揚的瑜伽體系與禪宗畢竟還是存在著一些明顯的差異。首先，禪宗修法似乎過於側重「頂上工夫」、「末後一句」，以致缺乏成體系的修煉次第，當年禪宗在西藏輸給密宗，漢地禪師摩訶衍鎩羽而歸，就是因為這個緣故。加之機鋒峻烈，師徒傳法印心，也只在一句半句，所以成了只有「上根利器」才能修證的密法，造成了宗門傳授上的難度。即便是《壇經》，作為禪宗的宗門寶典，中國佛教裏唯一一部以中國僧人冠名的佛經，也不過是拼湊而成的語錄集。相比之下，《瑜伽經》雖篇幅不大，體裁又是短小精悍的sutra，但因為有韋檀多哲學作背景，卻呈現出一種芥子納須彌的氣象。不但修煉次第分明，而且陳義系統而精準。這顯然是瑜伽能傳承數千年不變的主要原因之一。

此外，在對心性體用的認識上，《瑜伽經》在心、真我之外，還提出了第三種力量，即物質自性（prakrti）的三種能力或三德（guna，作者譯為氣性）。心即是真我發起認識作用的工具，卻也受到氣性的操縱，而且其本身就是物質自然的產物。因此在真我與心、心與氣之間始終存在著張力。禪宗受唯識宗的影響，認為「一切唯心，萬法唯識」，把四大、身體也歸於心識的變現。有混淆性、氣，把認知工具當作靈明作用的傾向，因此受到「以血氣心知為性」（呂澂語）的批評。這種絕對唯心的言路，消解了性與心、心與氣之間的張力，易使參禪者陷入幻妄。關於氣的問題，在佛學史上，僧肇、宗密都提出過，例如宗密《原人論‧會通本末》云：

> 稟氣受質（自注：會彼所說，以氣為本），氣則頓具四大，漸成四根。心則頓具四蘊，漸成諸識。十月滿足，生來名人。即我等今者身心是也。故知身心各有其本，二類和合，方成一人。……然所稟之氣，展轉推本，即混一之元氣也。所起之心，展轉窮源，即真

一之靈也。究竟言之，心外的無別法，元氣亦從心之所變，屬前轉
識所現之境，是阿賴耶識相分所攝。

宗密欲會通儒道之氣論於佛說，但最後還是攝氣於心，用心來統攝、消解
氣。而《瑜伽經》認為心、經驗對象都受三德支配，這樣，心性、心氣之間就
產生了巨大的張力，需要持續的修煉去消弭磨合。顯然，《瑜伽經》的三德說
更接近儒、道之氣論。

但總體來說，《瑜伽經》和《壇經》的精神是一脈相通的。它們都致力於
跳出文字名相、心識我見布下的層層幻網，轉身觀照自心，覺證自我和世界的
實相，從而掙開私欲、理性的奴役，從命運之輪的鐵齒間脫身而出，不再受制
於心之波動，獲得活在當下的自由。當代跨文化研究學者、韋檀多大師雷蒙·
潘尼卡認為這種精神狀態將引起現代世界的一場觀念革命：

> 我們所需要的是革命，而不是一場徹底的改變。根本性的悔改
> （metanoia），並不意味著另一種意識形態，而是超越（不是否定）
> 心理的或知識（nous）的領域。

這就是「文化裁軍」，或「理性裁軍」。其基礎建立在一種「默觀態度」之
上。雷蒙·潘尼卡這樣描述「默觀態度」：

> 默觀是一種最終的東西，這種東西與生命的目的有關，它不是
> 其他任何東西的手段。默觀是出於其自身的緣故而做的。它依靠自
> 身。不可能利用默觀去獲取另外的東西。它不是在這一意義上的一
> 個步驟。它沒有進一步的意向性。它要求純真，在這種純真中，要
> 達到默觀的意志成了通向它的一個障礙。默觀行動是自由的，除了
> 它自己的衝動或如《梨俱韋陀》所說的祭祀（svadha），不受任何制
> 約。默觀者只是「坐著」，只是「是」。
> ……
> 默觀者在這世上終止了這種時間的奔流。對他們來說暫存性停
> 止了——更確切地說，他轉向了自身，因而短暫——永恆的實在出
> 現了。短暫——永恆性既不是一種無窮的時間也不是一種無時間性
> 的永恆，而可以說是時間的靈魂或核心。

這種態度，可以說既是《瑜伽經》之「觀照」、也是禪宗之「當下」原則
在現代社會的「妙用」。由於「默觀」強調此處、現在、行動、隱秘的中心和
內在的和平，而不是別處、以後、結果、外在活動的重要性和多數人的肯定，

雷蒙・潘尼卡指出，「默觀態度」向現代人的基本假設和社會運作的動力提出了挑戰並對它們造成了威脅，《看不見的和諧──默觀與責任文集》如是說：

第一點向傳統的宗教性提出挑戰，傳統的宗教性常常太滿足於將真正的生活價值拖延到另一世界。

第二點對某種世俗主義的主要教條提出異議，這種世俗主義僅僅將第一精神的諸多理念轉到時間中的未來。

第三點是一種實踐，它直接推翻了現代社會主要是泛經濟社會的支柱價值。

第四點表現為對技術世界的內在迫切需要進行外在的和不受歡迎的干預。

第五點直接質疑流行的人類學觀點，即人的實現包含戰勝他人，以致受害者對一個人的成就感是必不可少的條件。

毫無疑問，針對這場對現代社會進行「理性裁軍」的徹底革命，以證成「默觀態度」為宗旨的《瑜伽經》和《壇經》，將是現代人追求終極和平和自由的精神武器。

東方文明根本考——
從韋陀典探經子源流

概要：

　　作為中印文明之根本，華夏經子體系和印度韋陀天啟、聖傳體系皆具有統貫性、全面性、整體性、系統性諸特徵，為一大套內聖外王、體用兼賅之天人學問，致廣大而盡精微，極高明而道中庸，誠如《莊子‧天下篇》所謂：「古之人其備乎！配神明，醇天地，育萬物，和天下，澤及百姓，明於本數，繫於末度，六通四辟，小大精粗，其運無乎不在。」因此，無論是規模、格局、宗旨、範圍；還是本體、工夫，境界、應用，二者皆極為契近。大體來說，《詩》之「頌」部分對應於《梨俱》，「風」、「雅」部分對應於《阿達婆》，《樂》對應於《三曼》，《禮》對應於《夜柔》，《尚書》《春秋》對應於《往世書》《史乘》，《易經》對應於數論。韋陀之教分為三，業分（karma kanda）對應於儒家，智分（Jnana kanda）對應於道家，教分（Upayana kanda）對應於墨家。其他如法家對應於功利（artha）一派，道家修法類似瑜伽（Yoga），道家哲學則契合韋檀多古義，而儒家末流荀子已接近前彌曼差派（purva-mimamsa）。從差異一面來看，韋陀體系向來以教分統攝智分、業分，而華夏經子體系擅長以業分上達至智分、教分併收攝之。故中國儒家盛而墨家衰，印度宗教盛而國勢衰。徐梵澄先生嘗謂印度教與攝三代文物禮教菁華之孔教不謀而合，「若求其異，必不得已勉強立一義曰：極人理之圜中，由是以推之象外者，儒宗；超以象外而反得人理之圜中者，彼教。孰得孰失，何後何先，非所敢議矣」。由此可見，中印經學之比較與會通意義非凡，不但將為兩國經學研究別開生面，而且必將成為華夏文明、印度文明乃至全球文明返本開新之關鍵路徑。

　　對於先秦經子之學，傳統學者大抵以為皆華夏所獨創，其義理、辭章亦華夏獨步，故而研究之方法，也大多不出訓詁、考據、明義，而較少使用比較、會通的方法。隨著佛教、西學輸入，也有用佛理、西學對經子加以印證、類比、闡釋的，但大多囿於散章碎義，無法從整體上、源頭上進行系統性的對接或會通。考其原因，華夏經子源出上古，其撰作之思維、方法、格局具有原始性、多維性、整體性，而佛教、西學則為流而非源，僅為一時、一地、一種思維、一派學說所侷限，自然無法與經子之所從出的廣大和諧、旁通統貫的原始大道進行整體契接。用佛教、西學之眼呈現出來的經子世界，往往被還原論、理性主義、經驗主義扁平化、簡單化或世俗化、理性化，從而喪失了神聖高明乃至包舉乾坤式的上古靈知特質。

　　其實，無論從時間上看，還是從精神氣質、格局規模上看，華夏經子更接近於同屬東方上古文明的韋陀體系。對韋陀體系和華夏經子進行比較、會通，並從韋陀典的角度來看華夏經子體系的構成及其生成、演化，應該更能揭示華夏經子的上古靈知原始性、整體性特質。

　　先秦學術之根源為原始宗教，也就是所謂巫教。遠古的「巫」絕非玩弄魔法的術士，現在流行的薩滿說，以為三代乃至三代以前的巫就是後世的薩滿，是過於輕率、缺乏歷史層次的觀點。遠古華夏的巫與韋陀時代的婆羅門以及瑜伽士極為相似，因為掌握了「道術」也即「靈知」，而具有崇高的地位。饒宗頤先生在《巫步、巫醫、胡巫與「巫教」的問題》一文中，也為三代之「巫」正名，指出殷、周之世，「巫」已是一種官職，專掌祀神的事物，且一些有名的大巫，例如巫咸，不但是殷的名臣，而且是屈原心目中一位代表真理（truth）的古聖人，受到大神級別的崇拜〔註1〕。那麼在三代以前，「家為巫史」的時代，巫的社會地位可能更高，猶如古印度婆羅門，且在君王、剎帝利種之上。遠古華夏社群的宗教、文化、政治職能，皆由巫擔任。從《國語·楚語下》的記載來看，後來「絕地天通」，不許「民神雜糅」，民間的巫被國家收編，置於政治權力之下，並且從巫分化出祝、宗、卜、史一類掌管通天通神的天官，以及司徒、司馬、司工一類掌管土地人民的地官。由此看來，巫所掌握的知識確實包羅萬象，而其宗旨不離於貫通天地神人，與韋陀典的性質和規模非常相近，應該就是傳說中的上古「道術」。後來的儒道百家，皆從這天、地二官所職掌的各類知識中演化出來，例如道家出於史，儒源於相禮的祝，陰陽家淵源

〔註1〕參看饒宗頤《中國宗教思想史新頁》，北京大學出版社，2000年版，p133。

於卜，從司徒、司馬一類的地官則衍生出後來的法家、兵家、農家等等百家。

雖然巫以執掌祭祀為主，但我們看巫的本領和功能，實在遠遠超出了「宗教」的範圍。按照考古學家吳汝祚的全方位研究，巫除了扮演祭祀者的角色之外，與此同時，1.「巫是觀測天象掌握天文知識者」，仰韶時期的古人就明瞭日月與人類生存之間的關聯；2.「巫是有地理知識者」，居住與禮儀建築的地址選定及規劃巫者起到重要作用；3.「巫是具有一定數理知識者」，巫者具有數的知識和幾何概念的人；4.「巫是具有一定醫藥知識者」，巫不僅事神致福而且憑醫術救人；5.「巫是重要建築工程的設計者」，史前重要建築為巫者所設計；6.「巫是中華古代文化的傳播者」，這無疑是比較全面的對巫之身份的解析。

巫所掌握的「道術」融合了人文、宗教和科學，因此「無乎不在」。例如以祭祀為核心的「禮」，春秋以來的學者都用「禮」來概括三代文物典章，是「道術」裏最顯赫的一塊。「禮」是什麼，是宗教還是非宗教，學界一直爭論很大。中國的「禮」是既拜神，也拜鬼、禮山川。早期是拜「天、地、祖」，後來是拜「天、地、君、親、師」。饒宗頤先生以為「禮」契近《梨俱韋陀》之「Rta」，從而發皇「禮」之「宇宙義」，實為華梵比較經學之傑出案例。再比如與巫相關的數術方技，也是「道術」裏的一支，可能還是其中佔有核心地位的「高科技」，一方面，固然與宗教有關，但另一方面，天文曆算、針石醫藥，甚至煉丹卜筮、占夢養生，何嘗不是對自然、生命規律的探索，與「科學」有不解之緣？所謂的「靈知」或「道術」，與這種神秘主義「高科技」絕對是不可分割的。韋陀體系裏也恰好有這一部分的內容，比如阿育韋陀，對應於中醫；瑜伽，對應於行氣養生。

韋陀一詞，梵語為 Veda，古譯為「明」，其字根是 vid，意為「知道」或「知識」，又衍生為「一切知識之源」的意思。韋陀諸經分為「天啟」（Sruti，舊譯所聞匯）和「聖傳」（Smrti，舊譯所記匯）兩部。「天啟」為通過聆聽而來的神啟知識，「聖傳」為先師所記誦傳承的知識。

「天啟」包括韋陀四集，即《梨俱》《耶柔》《三曼》《阿闥婆》。《梨俱》最早，可以上推到一萬年前，彙集一千又七篇之頌神讚歌，古稱「頌明」；《三曼》講韋陀頌歌之韻律，古稱「歌明」；《夜柔》專論祭祀以及儀軌，古稱「祠明」。《阿闥婆》多論方術、咒語，古稱「禳災明論」。其補充文獻則有配合四韋陀，闡釋祭祀技術和宗教儀軌的《梵書》；為遁世苦修者而著的《森林書》；

闡述天人義理的《奧義書》。

「聖傳」的部分，包括六派哲學、專論奉祀諸神的《阿伽摩》（agama）、各種《往世書》，其中最著名的有《薄伽梵往世書》；還有兩大史詩——《羅摩衍那》《摩訶婆羅多》；以及論述禮法倫理的《法經》，包括著名的《摩奴法論》。

除「天啟」、「聖傳」以外，還有因明匯（Nyaya），即邏輯名學。此外則有用來研習韋陀典的輔助性學問，被稱為韋陀支（Vedanga），包括語音學（shiksha）、韻律學（chanda）、文法學（vyakarana）、詞源學（nirukta）、天文占星學（總稱 jyotish），祭祀學（Kalpa）。以及與研習韋陀典有間接關係的學科，名為增上韋陀（Upaveda），包括醫學（Ayurveda）、樂舞（Gandharva-veda）、武學（Dhanur-veda）和建築學（Stha-veda）等。

韋陀諸經可謂包羅萬象。然則「韋陀」之意，與華夏之「道術」觀念相近。馮友蘭先生解釋「道術」一詞云：

> 「道術」一詞，照《莊子·天下篇》所與的意義，差不多與西洋有一部分哲學家所謂的「真理」一詞範圍相同。大概言之，道術是對道而言，道是萬事萬物的總原理，對於此總原理的知識，就是道術；道術是對於道的知識，故有時亦簡稱曰道，荀子對於此所謂真理，即只稱之曰道，而不稱之曰道術。道既然無所不在，所以道亦是無所不包。人所有的一切知識，以及各家的學說，都可以說是道術的一部分，可以說是從道術分出來的。〔註2〕

一直到春秋戰國時期，都有很多思想家認為完備純全的「道術」確實存在於遠古，之後卻散裂於百家諸子。例如上面引文中講到的《莊子·天下篇》裏就說：

> 古之人其備乎！配神明，醇天地，育萬物，和天下，澤及百姓，明於本數，繫於末度，六通四辟，小大精粗，其運無乎不在。其明而在數度者，舊法世傳之史尚多有之。其在於《詩》《書》《禮》《樂》者，鄒魯之士搢紳先生多能明之。《詩》以道志，《書》以道事，《禮》以道行，《樂》以道和，《易》以道陰陽，《春秋》以道名分。其數散於天下而設於中國者，百家之學時或稱而道之。

「本數」、「末度」即是禮法形名製度，「道術」從「天地」、「神明」演繹出去，以至「六通四辟，小大精粗，其運無乎不在」。這樣的體勢規模，恐怕

〔註2〕引自馮友蘭《中國哲學史》下冊，華東師範大學出版社 2006 出版。

只有韋陀諸經可以比擬了。觀韋陀典「天啟」的部分，以祠祀頌讚為主，配合論天人玄理的《奧義書》，涵蓋了莊子所謂「配神明，醇天地」的內聖之道，其旨趣與華夏道術之《禮》《樂》《易》相近，即近代經學家廖平所謂六經之「天學」；「聖傳」的部分，除了「法經」，還有藉故事史實闡揚禮法倫理的史乘和往世書，應該屬於「育萬物，和天下，澤及百姓」的外王部分，其旨趣與華夏道術之《詩》《書》《春秋》相近，即廖平所謂六經之「人學」。韋陀支（Vedanga）的主要部分，類似於華夏的音韻訓詁，也即「小學」；其中的 jyotish，為天文星占類；增上韋陀（Upaveda）涉及各種實用技藝，在華夏道術體系中屬於數術方技類。

「道術」或者「韋陀」體現出一種「一以貫之」的思維模式，即人類所需要的一切知識，無論小大精粗、形上形下，皆自一個核心的彌綸萬物的「天地之道」生發出來，都不過是這個「天地之道」的顯發運用。外於或執著於「道術」的片段部分，從完整的「道術」分裂孤立出去，就形成了對整體真理的障蔽或曲解。《荀子·解蔽篇》云：

> 故由用謂之，道盡利矣；由俗謂之，道盡嗛矣；猶法謂之，道盡數矣；由勢謂之，道盡便亦；由辭謂之，道盡論矣；由天謂之，道盡因矣……夫道者，體常而盡變，一隅不足以舉之。曲知之人，觀於道之一隅而未之能識也，故以為足而飾之，內以自亂，外以惑人，上以蔽下，下以蔽上，此蔽塞之禍也。

韋陀之學，雖囊括萬有，其宗旨在於貫通天地神人，故特重祭祀祝禱。其他各類學問，例如玄理、禮法、史地、天文等，也都與神明及其崇拜有關，甚至融合為一體。這類學問或許可以總稱為「靈知」。另外一方面，反過來說，「靈知」滲透於一切知識、一切領域。不但政治、倫常、制度、經濟、宗教等社會各方面都表現出靈知特徵，但凡神話、義理、美術、天文、地理、醫學、建築等各種學問也都以靈知為其血脈，成為一種靈知神話、靈知義理、靈知美術、靈知天文、靈知醫學……。

「靈知」與現代的或西方意義上的「宗教」概念不同，「靈知」是完全東方色彩的無乎不運、無乎不在的「道術」，而「宗教」只是「靈知」的一個方面。超絕俗世的廟宇和信仰不過是構成遠古靈知社會的一個方面、一個環節，但「靈知」卻發散遍透形上、形下一切領域，它開物成務、覆載化育，使人與天地神明相參，加入到宇宙的生生演進當中。通過對比軸心時代所產生的不同

文明，余英時先生指出：

> 在孔夫子時代，中國的原創超越係以「道」這個最重要的概念
> 出現，道是相對於現實世界的超現實世界的象徵。但這個中國超現
> 實世界的「道」在初萌生時就與現實世界的日常生活息息相關，這
> 點與軸心時代的其他古文化迥然不同。例如柏拉圖認為有個看不到
> 的永恆世界，現實世界只是這個永恆世界的拷貝，但早期中國哲學
> 絕未提到這種概念。基督教文化把神的世界和人的世界一分為二，
> 但中國宗教傳統也沒有這種清楚的劃分。早期佛教文化極端否定現
> 實世界，將其視為虛無，中國的諸子百家找不到任何類似的觀點。

相對之下，「道」的世界在中國的認知中一直與人的世界不遠。但「道」
的觀念也是由軸心時代中國所有大思想家，包括老子、墨子和莊子所共享。
他們一致認為，「道」隱而不現，但在人的世界中無所不在地運行，就連凡
夫俗子多多少少也知道「道」，並於日常生活中實踐「道」。軸心時代創生的
概念影響力日漸深遠，特別是孔子思想和「道」的觀念，幾世紀來對中國人
的影響無遠弗屆。從這點來看，要說「道」與歷史組成中國文明的內在與外
在也不為過。〔註3〕

韋陀體系的任務在於幫助人類實現「法」、「欲」、「利」、「解脫」四大目標
（purusharthas）。所謂「法」（dharma），含義極為廣泛，有宗教、信仰、道德、
法則、職責、義務、習俗等各種意思，指向善行和美德；所謂「欲」（kama），
指現世的各種欲樂，包括身心、情感、知性等各個方面；所謂「利」（artha），
指政治、經濟、權力等人生的生計、功利方面；所謂「解脫」（moksha），指對
宇宙、自我的終極覺悟以及隨之而來的人生歸宿。這四大人生目標的實現來自
對韋陀的踐行，韋陀經教作用於「法」、「利」、「欲」、「解脫」各個層次。「法」
教人克制私欲，逐漸培養善行和美德，為最終的「解脫」做好準備；「利」教
人如何以正確的方式獲取生活資料、組織國家社會，以便踐行正法；「欲」涉
及如何以合乎正法的方式滿足身心的欲求；整個過程都是為了使人逐漸變得
成熟、智慧，進而捨棄以自我為中心的執念，獲得自我覺悟也即解脫。如是韋
陀體系覆蓋了自然、社會、生命的各個面向。「法」、「利」、「欲」、「解脫」一
起構成了靈知的整體和人生的全部，而人生也就在這由各個階段、部分組成的

靈知實踐中得到了完滿的實現。這樣看來，用西方的「宗教」概念來概括、定義韋陀靈知，也會造成荀子所謂的「蔽塞之禍」。

中國源遠流長的「道術」似乎也具有這種彌散化的靈知特徵。華夏道術同樣針對自然、社會、生命各個面向。據說得自堯舜心傳的《尚書‧大禹謨》篇，用四個概念標明了華夏政治、經濟、倫理、教育等等一切大原則，也是中國文化下的人生成長歷程，此即正德、利用、厚生、惟和。「正德」指人在思想、行為方面的修養、持守，相當於韋陀體系裏的「法」（dharma）；「利用」屬於經濟、政治範圍，即運用自然、社會資源，使萬民得利、生計足用，相當於韋陀體系之「利」（artha）；厚生相當於韋陀體系之「欲」（kama），其意為使生命得到厚養；「惟和」相當於韋陀體系之「解脫」（moksha），所謂解脫，其本質是指向一種純粹、清靜、和諧，不受欲念干擾與天地萬物為一體的生命狀態，也就是「中和」的境界。在「中和」的基礎上，解脫可以表現為得道昇天，也可以表現為中庸成身。所有這一切，都歸屬於「道術」，也通過「道術」之實踐而得到實現。正德、利用、厚生，三者相輔相成，《左傳》所謂：「民生厚而德正，用利而事節」，顏習章曰：「正德，正利用厚生之德也；利用，利正德厚生之用也；利用，利正德厚生之用也；厚生，厚正德利用之生也。」而中和，這種具有超越性的生命狀態則始終貫穿於前三者，使入世的人生獲得了超越的維度和終極的歸宿，用韋陀靈知的術語來說，這是一種即身解脫（jivan-mukta）的境界。

韋陀文獻從廣義上講由本集（Samhita）、梵書（Brahmanas）和經書（Sutra）三部分組成。從這些文獻的內容和性質來看，主要分為三部分：一為業分，有關婆羅門教日常祭祀和義務的實行，二為智分，涉及超我（Paramatma）與個我（Atma）之關係的哲學問題，三為教分（upayana kanda），是對自在主（ishvara）的崇拜、奉獻。其中，天啟聖典的祭文集錄以及梵書屬於業分（Karma-kanda），而《奧義書》則屬於智分（Jnana-kanda）。業分有關現世和來世的繁榮幸福、善惡果報，而智分旨在自我覺悟、證梵解脫，但從學問的立場或從方法的角度來說的話，它們是完全一致的，因為它們都將天啟聖典作為一切知識的絕對的根據。業分和智分結合構成了韋陀體系的大成，早期婆羅門教的學者皆智、業兼通，但後來分裂為基於業分的彌曼差和基於智分的韋檀多兩派哲學。彌曼差派堅持祭祀高於一切，而韋檀多派認為人生的目的是為了超世解脫，通過祭祀得到現世和來世的幸福絕非人生之究竟。但在《薄伽梵歌》裏，祭祀和解脫、

業行和智慧、入世和出世又得到了完美的融合：以捨離心奉獻、以形上智慧駕馭世間業行，顯示了業、智之間微妙的體用關係，而韋陀之教分又融攝、滲透業、智，成為最終極的歸趣。韋陀典業、智兼備，這種體用合一、內聖外王的學問結構，也是華夏「道術」所一貫標榜的。例如前面講到的《莊子·天下篇》，劈頭就說：

> 古之所謂道術者，果惡乎在？曰：無乎不在。曰神何由降，明
> 何由出？聖有所生，王有所成，皆原於一。

神降自於天，明出自於人，而聖、王並舉，聖者天人合一，王者祭祀通神，皆不離古之道術。莊子又歎後世天下大亂，致「內聖外王之道，闇而不明，鬱而不發」，而「道術將為天下裂」。《老子》一書，旨趣玄遠，卻言不離「侯王」，明顯也是傳承於「古之所謂道術」。既如「罕言性與天道」的儒家，也必從正心、誠意、明誠之內聖工夫入手，乃至於齊家治國平天下。後來儒道分流，儒尚事功以保民，道憑內證而逍遙，其情形應該也類似彌曼差與韋檀多兩派之各立門戶。

就認識論而言，韋陀量論有專門的討論。量，梵文為 pramana，其字面意思是「用來衡量某事物的那個」，通常譯為「證據」或「證明」，作為判斷活動，它取決於判斷者把什麼證據接受為是真實的。量有三種：一現量，梵文pratyaksa，即從感性知覺產生的直觀經驗；二比量，梵文 anumana，即邏輯的推理、類比或類推；三比較量，梵文 upamana，即從已知推未知的歷史類比方法；四聖言量，梵文 agama，即超越感性經驗和意識思量的權威性言論，指韋陀經典和聖者所說，前者來自天啟，後者源於禪觀，皆賴神性之智慧而得成立。在韋陀文化裏，聖言量被視為獲得「絕無錯誤的知識」的最佳途徑。這種面授真理的程序，稱為師承世系（梵語 parampara）。《泰迪黎耶奧義書》（*Tattiiria Upanisad*）有言：

> 那就是梵，如果意識和語言去探尋它，必定無功而返。

梵是宇宙人心的真諦，而為意識和語言所無法瞭解，「道」亦如是。《莊子·天地》講了一則寓言：黃帝在赤水的北岸遊玩，登上崑崙山巔向南觀望，不久返回而失落玄珠。派才智超群的智去尋找未能找到，派善於明察的離朱去尋找未能找到，派善於聞聲辯言的喫詬去尋找也未能找到。於是讓無智、無視、無聞的象罔去尋找，而象罔找回了玄珠。黃帝說：「奇怪啊！象罔方才能夠找到嗎？

玄珠比喻天道，智辯明察成了得道的障礙，只有去知去識，才能與道相應。故事的立意與《奧義書》之說如出一轍，其實也就是老子所謂的「滌除玄覽。」

《蒙查羯奧義書》（*Mundaka Upanisad* 1.2.12）有偈曰：

> 梵學人諦觀，修業所得界，必不動其意。彼非創造成，必非由業致。故當往尋師，多聞敬梵者，捧薪求教義。

這裡的「彼」就是梵。梵非業力創造而生，故亦非修業力所能證致，唯覺悟之明師可以授受。韋陀古禮，弟子捧柴薪拜師，以示謙卑奉獻。《唱贊奧義書》（*Chandogya Upanisad* 6.14.2）亦有言：「有師者乃得知天。」《薄伽梵歌》第4章講說瑜伽之傳承：

> 薄伽梵克利須那說：我將這門不朽的瑜伽傳授給太陽神維筏斯萬，維筏斯萬傳於人祖摩奴，摩奴又傳於伊刹華古。2. 這至高無上的知識便如此通過師承世系流傳下來，那些聖王們也是以這種方式接受它的。然而，時光流逝，傳系中斷，瑜伽的本來面目彷彿湮沒了。3. 我今天就告訴你這門闡釋天人關係的古老學問。你既是我的奉獻者，又是我的朋友，必能瞭解瑜伽的奧秘。

摩奴為人類之始祖，至今尚有《摩奴法論》傳世。伊刹華古則為遠古之帝王。而師承世系之第一人——日神，乃日神一系帝王之鼻祖。可知《薄伽梵歌》所傳之「道」，實為秘密之靈知，且為「聖王」所傳承，既是成聖之「道」，又是帝王南面之術。故《薄伽梵歌》稱之為「皇華之秘」（梵語 raja vidya）。在《薄伽梵歌》中，克利須那屢言此歌乃為聖王（rajarishi）所作，亦為歷代聖王所傳承。按此歌以貫通宇宙—神—人為其宗旨，其中實已蘊藏了至高之帝王道，非一般王霸南面之術可比。蓋王者受命於天，奉天化民，開物成務，其道與《薄伽梵歌》所倡之業瑜伽相通。或有謂《摩奴法論》為印土之第一帝王書，然此書以釐定各種姓之職分為主，猶華夏之「禮」書，尚未進於形上之道。從精神旨趣來看，作為帝王書的《薄伽梵歌》或與老子的《道德經》更為接近。

與韋陀體系一樣，華夏道術亦特別重視傳承。孔子述而不作，自稱「祖述堯舜，憲章文武」，又告子游曰：「大道之行也，與三代之英，丘未之逮也，而有志焉」；《尚書》之「洪範九疇」傳自亦神亦人的伏羲、大禹。《莊子·大宗師》裡更有一份類似天啟、聖傳之「大宗師譜」：

> 夫道，有情有信，無為無形，可傳而不可受，可得而不可見。
> 自本自根，未有天地，自古以固存；神鬼神帝，生天生地，在太極

之先，而不為高；在六極之下，而不為深；先天地生，而不為久，長於上古，而不為老。狶韋氏得之，以挈天地，伏戲氏得之，以襲氣母，維鬥得之，終日不忒；日月得之，終古不息；堪壞得之，以襲崑崙；馮夷得之，以遊大川；肩吾得之，以處大山；黃帝得之，以登雲天；顓頊得之，以處玄宮；禺強得之，立乎北極；西王母得之，坐乎少廣。莫知其始，莫知其終。彭祖得之，上及有虞，下及五伯；傅說得之，以相武丁，奄有天下，乘東維，騎箕尾，而比於列星。

在這份「大宗師譜」裏，「道」排在第一位，後面從神仙至於君相，從太古之初至於三代，序列宛然可見。並且也說到「日月得之」，與出於韋陀「聖傳」之《薄伽梵歌》日神傳承說相合。

拙著《世界文明孤獨史》考證這份名單裏的好幾位，都與韋陀靈知神話裏的人物有關。例如「伏戲氏」即伏羲，為韋陀之造物者毗濕努（Visnu）；「狶韋氏」即韋陀神話裏主毀滅的大神濕婆（Siva）；黃帝即韋陀神話裏主創造的四面大神梵天（Brahma，或譯婆羅賀摩）；西王母即濕婆之明妃難近母（Durga）；氣母即陰帝女媧，為毗濕努之配偶 Rama devi。〔註4〕

尤其值得注意的是黃帝。道家黃老派之書，甚至很多數術方技類的古書，比如《黃帝內經》，大多依託黃帝立說。根據馬王堆出土的帛書《黃帝四經》之《十大經》的記載，中外很多學者如葉舒憲、郁龍余等都以為黃帝與梵天可能為同一神〔註5〕。饒宗頤先生在《道教與楚俗關係新證──楚文化的新認識》一文中且考證道教之老君，最早亦有四面，而「四面老君」即出於黃帝四面的傳說。黃帝即是殷商卜辭上所說的「黃宗」，楚、漢、唐則稱作黃神。湖南寧鄉黃材地方出土的殷器人面方鼎，四周作四個人面像，狀貌慈和，饒先生以為即象徵黃宗四面。〔註6〕

老子之學本於黃帝，漢世稱黃、老。老子《道德經》中「谷神不死」數句，即出自《黃帝四經》。如果這種說法成立的話，那麼黃老之學可謂根深蒂固，不但遠超儒家，可以追溯到殷商時代，甚且與上古婆羅多之靈知神話與靈知義

〔註4〕 參考徐達斯《世界文明孤獨史》，作家出版社 2019 年版，第四章。

〔註5〕 葉舒憲《中國神話哲學》，中國社會科學出版社 1997 年版，P184；郁龍余《中國印度文學比較》，中國社會科學出版社 2001 年版，P149。

〔註6〕 饒宗頤《中國宗教思想史新頁》，北京大學出版社 2000 年版，P52。

理相通。據此看來，黃老之學可能更接近莊子所謂「古之道術」。

在韋陀「往世書」（purana）部分裏的另一部重要靈知作品《薄伽梵往世書》（Bhagavat purana）裏，有薄伽梵克利須那於創世之初傳「薄伽梵法」（Bhagavat dharma）於「黃帝」——梵天的記載。其中的四句偈（catur-sloka）被認為是世間萬法之種子。其第一頌云：

> 梵天啊，在創造之前，除了我之外，一切都沒有，存在著的只有我——至高無上者，超出因果之外。你現在所見到的一切也都是我，在毀滅之後仍然存在的也只是我。

我們將這首偈頌與《莊子》「大宗師譜」開頭的一段話來對比一下：

> 夫道，有情有信，無為無形，可傳而不可受，可得而不可見。自本自根，未有天地，自古以固存；神鬼神帝，生天生地，在太極之先，而不為高；在六極之下，而不為深；先天地生，而不為久，長於上古，而不為老。

這段話被歷代學者們公認為是《莊子》全書論道最重要最完整的文字，是其道學思想的總綱。按「自本自根，未有天地，自古以固存」，即是四句偈之第一頌裏的「在創造之前，除了我之外，一切都沒有，存在著的只有我——至高無上者」；「神鬼神帝，生天生地，在太極之先，而不為高；在六極之下，而不為深」，即「你現在所見到的一切也都是我」；「無為無形」故「超出因果之外」；「先天地生，而不為久，長於上古，而不為老」，即「在毀滅之後仍然存在的也只是我」。表面不同的是，作為形上本體的人格性之宇宙大我，梵文aham，轉成了存在論的非人格性之「道」。不過莊子卻說「夫道，有情有信，無為無形」，「無為無形」是「道」非人格性的一面，而「有情有信」卻透露出人格性的本體特徵。「道」是整體大全，一陰一陽，通乎神明，合為天地；「天地」是自然，無所不在、無所不包的非人格性存在的體現；而「神明」是精神、生命、超越性的人格性形上本體，假如「道」能夠「神鬼神帝」，而自身卻缺失精神與生命，豈非荒謬之極？道「有情有信」，為天人之感應，非人力可以襲取，故「可傳而不可受」，道「無為無形」，必去智離形而後可以證得，容不得絲毫情識攀援，故「可得而不可見」。證道之途，亦與瑜伽之法如出一轍。《薄伽梵歌》第9章揭示了同樣的「玄理」（parama guhya）：

> 4. 我以無形之身，充塞於天地之間。眾生皆在我裏面，我卻不在他們裏面。5. 然而一切受造之物又不住我之中。看哪，這就是我

的玄通大用！雖然我是一切有情的養育者，雖然我無所不在，我卻在天地之外，因為我是天地之根。6. 要知道，就像強風處處吹遍，卻仍在天穹之內，一切受造之物皆住我之中。7. 貢蒂之子呀！當劫終之際，天地萬物皆銷融入我的自性；當下一劫波開始，我又以自己的力量再造天地。8. 天地大道從我流衍。在我的意志之下，天地不斷自行復生；也是在我的意志之下，天地最後又歸於崩壞。9. 檀南遮耶呀！所有這一切作為不能束縛我。我沖虛自處，絕不會對此有所執著。10. 貢蒂之子啊！物質自性在我的意志之下運化，創生動不動一切存有。天地順乎自然之道，往復生滅以致無窮。

「萬有」與「我」，宇宙表象與精神本體，即一即異，並行而不悖，一體而共存，共同構成了既內在又超越的終極實在之整體。這在中印古聖看來並不矛盾，反倒是「玄之又玄，眾妙之門」或者 acintya shakti（不可思議之能）的體現。

印度教幾乎各大宗派都有對《薄伽梵歌》的傳承注疏，除了商羯羅一派，最古老也是影響最大的一支即梵天傳系（Brahma sampradaya）。該傳系歷史上有記載的傳承者包括 14 世紀著名的經學大師摩多婆（Madhva Acarya）、16 世紀的精神領袖摩訶波菩（Mahaprabhu），以及 20 世紀的韋檀多學者巴布巴（Prabhupada）。其師承世系（parampara）上溯至毗耶娑（Vyasa），亦即韋陀典之撰述者，最終推到梵天以至克利須那。假如這個自梵天或曰「黃帝」傳下來的道統成立的話，中印經學比較將為華夏經子乃至中國文明的研究打開一個全新的局面。因而，我們將不得不從頭徹底檢討中國文明、華夏經子的起源和演變。

韋陀經典始終在婆羅門之間傳承接續，而且是以師授口傳的形式，這就保證了經典的純粹性和本真度。據《薄伽梵往世書》記載：

> 毗耶娑已將自古傳承的韋陀聖典揀分為四，是為梨俱韋陀、三曼韋陀、夜柔韋陀、阿闥婆韋陀。毗耶娑傳梨俱韋陀於缽羅真人，傳三曼韋陀於羯彌尼，傳夜柔韋陀於缽尚跋耶拿，傳阿闥婆韋陀於安吉羅牟尼。他又撰諸《往世書》，傳羅摩哈沙拿，亦即蘇陀之父。此後，毗耶娑諸弟子傳經於各自門弟子，如是韋陀法脈流傳於世，並以師承世系相授受。接著，為了饒益鈍根之人──婦孺、賤民以及失去名位者，毗耶娑撰作了人類第一部史詩《摩訶婆羅多》。[註7]

〔註7〕引自徐達斯編譯《薄伽梵往世書》第一卷，陝西師範大學出版社，2017 年版。

　　然而，華夏先秦經子之學，《漢志》謂皆出於王官，《淮南要略》則以為起於救時之弊。章太炎謂：「九流皆出王官，及其發抒，王官所弗能與；官人守要，而九流究宣其義」。《荀子》云：「父子相守，以持王公，是故三代雖亡，治法猶存，是官人百吏之所以取祿秩也。」也就是說，華夏道術最早都掌握在王官貴族也就是剎帝利手裏，後來才因貴族社會的逐漸解體而流變為私家之學，其目的主要在於救時經世，故亦不出剎帝利之知識範圍。不但如此，六經之製作也出於剎帝利或「聖王」之手，章學誠以為「六經皆史也。古人不著書，古人未嘗離事而言理，六經皆先王之政典也」，並且上古官師合一，師生間傳授的「非國家之典章，即有司之故事」，所謂「《易》掌於《春官》太卜，《詩》領太師，《禮》自宗伯，《樂》有司成，《春秋》各有國史」。製作、傳承方面的特點，造成華夏經學嚴重濡染於剎帝利之風，是以偏重倫常日用，也就是正德、利用、厚生一面，而忽略或隱蔽了與解脫有關的對「性與天道」的思辨以及對「六合之外」的神明世界的讚述，此兩者恰恰是婆羅門所掌握的學術，也是韋陀典之核心。這方面的內容，除了用來占卜的《易》，其緒餘為後來的黃老莊列道家之書以及《黃帝內經》《山海經》、楚辭等巫系文典所保存、發揚。中印文明皆續存了上古巫風，但中國之巫卻「化巫為王」、「化巫為史」、「化巫為禮」，走向政治化、理性化、制度化，神權遂逐漸為王權所竊奪。

　　當然，中國並無種姓制度，本文是從抽象意義上使用種姓法（varna-ashram dharma）的概念，即根據德（guna）和業（karma）對社會階級加以區分，以此作為一種範式（model），來幫助我們理解社會的構成與文明演生的規律。這對於我們分析經子的源流及其特質也頗有作用，比如墨家，雖然重祭祀尚天志，但「兼相愛交相利」，宣揚平等注重利益，又擅長工藝匠作，所以應當歸屬於首陀羅之學；農家自然屬於吠舍之學，蓋貿易、經營土地皆為吠舍之業；道家遊於虛無清淨，明顯出於婆羅門之學；原始儒家以治平天下為己任，但卻修身正心重義輕利，乃是延續「聖王」事天保民傳統，以婆羅門精神行剎帝利事；荀子尊君而制天，倡性惡而隆禮法，乃失去婆羅門精神之儒學；法家徹頭徹尾為剎帝利謀劃，不惜犧牲其他所有階級之利益，乃極端的剎帝利之學。要之，東周王綱解紐之後，四大階級分裂隔絕，從原來的互保互益變為互爭互鬥，執取大道一曲而各自為說，遂流衍為諸子百家，故《漢志》謂九流之學，「各引一端，崇其所善，譬猶水火，相滅亦相生也。」

　　經、子本相同之物，自漢以後，特尊儒學，乃自諸子書中，提出儒家之書，

而稱之曰經。然經之與子，亦自有其不同之處。孔子稱「述而不作」，其書雖然也發揮自己的見解，但卻是以三代以來古書為其藍本。所以在諸家之中，儒家之六經，與上古之道術，關係最大。《詩》《書》《禮》《樂》《易》《春秋》六經之中，以《詩》《書》《禮》《樂》為最古，皆三代所傳之舊典，所謂「子所雅言，詩書執禮」。

《詩》為王官所保存、收集的歌謠，有風、雅、頌三義，其內容下逮黎庶，上及王公大人，而以天子聖王之歌頌祖先神明為極致。《詩大序》云：「故正得失，動天地，感鬼神，莫近於詩。先王以是經夫婦，成孝敬，厚人倫，美教化，移風俗。」《詩》所反映的，正是道術教化之下的王民、聖賢追求法、利、欲、解脫也就是正德、利用、厚生、惟和的全幅禮樂（四種姓法）社會風景。尤其是「頌」的部分，所謂「頌者，美盛德之形容，以其成功告於神明者也」，既呈現了人神之關係，也表達出天子、聖王對上帝所抱有的誠敬奉獻之情，以及由此而來的中正無私的美德、不懈追求修身齊家治國平天下乃至昇天事天之理想的志向。事實上，無論從體裁、內容還是從精神旨趣來看，《詩》皆可以跟被稱為「頌明」的《梨俱》會通互證。如果說，《詩》是以法、利、欲、解脫之成功（或憂患）訴告於神明，那麼《梨俱》卻是向神明贊禱以求取法、利、欲樂、解脫之成功。一者返本，下學而上達；一者順成，天地位萬物育；一者為剎帝利之王道文學，一者為婆羅門之巫系文學，兩者對勘，恰好呈現了內聖外王道術之全體內涵。與《詩》相比，同為巫系文學的楚辭在題材、風格和意境上更接近《梨俱》，特別是《九歌》中的《東皇太一》《雲中君》等頌神讚歌，以及表現昇天解脫主題的《離騷》《遠遊》等遊仙作品。尤其值得關注的是，楚辭中所表現的人神戀愛，與韋陀文化的巴克提（bhakti）傳統似乎一脈相通。

《梨俱》在「四韋陀」中成書最早，是其餘三部「韋陀」特別是第二、三部「韋陀」的「母集」，共 10589 節詩。《三曼》實際上是一部歌曲集，共有 1875 節詩，其中除 75 節之外都取自《梨俱》，且還有重複。《三曼韋陀》本質上是一部曲調集。這是一部專門為祭祀的需要而編訂的歌曲集，重點在於曲調，是祭祀時歌詠祭司的工具手冊，其詩歌內容居於次要地位。也就是說，《三曼韋陀》的價值在於音樂，而非文學，所以它又被稱為「歌明」。因此，從功用和內涵來看，《三曼》當對應於華夏之《樂經》。雖然《樂經》早已失傳，但據《禮記·樂記》，《樂》以配《詩》，亦用於祭祀，與《三曼》可謂異曲而同工。《樂記》云：「樂者，天地之和也」，樂的最大特點就是「和」，《尚書·堯典》曰：

「八音克諧，神人以和」，同樣，《三曼韋陀》也是用於祭神的樂曲，而梵語「三曼」（sama）之本意為「平」，其義與「和」相通。不過，《樂》更注重音樂的政教化育功能，故常與「禮」相配合，這應該也是從剎帝利的角度產生的對音樂的理解和運用，《禮記・樂記》云：「樂也者，聖人之所樂也，而可以善民心，其感人深，共移風易俗，故先王著其教也。」

《周禮》《儀禮》《禮記》，今合稱三禮。漢高堂生所傳之《禮》，本止十七篇，即今《儀禮》，是為《禮經》。禮按照等級，為從天子、諸侯、卿大夫到士的群體關係、社會生活以及公私行為的各個方面制定了儀式、節目、準則和規範，所謂「天下之達禮，時曰喪、射、鄉、冠、昏、朝、聘」。但禮的目的並非僅只為排定人世的秩序，相反，人世的秩序是為了實現與天地鬼神的溝通，同時也是天地之道的貫徹。《禮記・禮運》云：

> 夫禮，先王以承天之道，以治人之情。故失之者死，得之者生，詩曰：相鼠有體，人而無禮，人而無禮，胡不遄死。是故夫禮，必本於天，肴於地，列於鬼神，達於喪祭射御，冠昏朝聘，故聖人以禮示之，故天下國家可得而正也。

禮上達於天地鬼神，下行於貨力辭讓、喪祭射御、冠昏朝聘，將形而上的世界與形而下的世界貫通為一體，由此短暫瑣碎的現世人生與博厚無限、高明悠久的天地神明連接起來，獲得了來自超越世界的意義和承擔。禮因而獲得了「宇宙義」，《左傳》記子產論禮之言曰：

> 夫禮，天之經也，地之義也，民之行也。天地之經，而民實則之。則天之明，因地之性，生其六氣，用其五行。氣為五味，發為五色，章為五聲，淫則昏亂，民失其性。……哀樂不失，乃能協於天地之性，是以長久。

天地之性，即是與道相應之中和性，民遵禮乃能與之相協。由此天地與人打成一片，天地之道貫徹於人類社會，而人類之一切社會活動、群體關係、公私行為亦得與天地之道相通相諧，這使人類克服了氣質之性也即貪淫昏亂的束縛。如是，向天地鬼神祭祀、奉獻構成了禮的源頭與核心。甲骨文「禮」，字形為一器皿中盛雙玉以祭獻神祇。《禮記・禮運》曰：

> 夫禮之初，始諸飲食。其燔黍捭豚，污尊而抔飲，蕢桴而土鼓，猶若可以致其敬於鬼神。

> 後聖有作，然後修火之利，範金、合土，以為臺榭宮室牖戶。

以炮，以燔，以亨，以炙，以為醴酪。治其麻絲，以為布帛，以養生
送死，以事鬼神上帝，皆從其朔。故玄酒在室，醴盞在戶，粢醍在
堂，澄酒在下，陳其犧牲，備其鼎俎，列其琴瑟，管磬鍾鼓，修其
祝嘏，以降上神，與其先祖，以正君臣，以篤父子，以睦兄弟，以
齊上下，夫婦有所，是謂承天之祜。

作其祝號，玄酒以祭，薦其血毛。腥其俎，孰其殽。與其越席，
疏布以冪，衣其澣帛。醴盞以獻，薦其燔炙。君與夫人交獻，以嘉
魂魄，是謂合莫。然後退而合亨，體其犬豕牛羊，實其簠簋籩豆鉶
羹。祝以孝告，嘏以慈告，是謂大祥，此禮之大成也。

以飲食玉帛樂舞祭獻鬼神上帝，退而食其祭余，承受上天的福佑，這就是
禮之大成。在這個過程中，人類的一切需要，諸如養生送死、綱常人倫都隨之
自動得到了實現。因此，禮是如此重要，失去禮，人類社會就必定因與其根和
魂隔絕而敗亡解體。《中庸》指出了禮的根本之所在：

踐其位，行其禮，奏其樂，敬其所尊，愛其所親，事死如事生，
事亡如事存，孝之至也。郊社之禮，所以事上帝也。宗廟之禮，所
以祀乎其先也。明乎郊社之禮、禘嘗之義，治國其如示諸掌乎！

事奉靈魂和上帝，乃是愛敬的歸宿，也是禮的根本。愛敬孝道、鬼神上帝，
都可以在祭獻中得到體現顯揚，祭獻佔據了家庭、社會、政治生活的顯要位置。
祭獻實在是一場天地神人共同參與的宇宙慶典，天子諸侯卿大夫以至於士子
庶民由此突破了生死形魂、人神幽明的界限，在至誠的愛敬之心中，擺脫私心
妄念的羈絆，與天地鬼神一體共存，此即所謂「樂」，《禮記》云：「樂者，天
地之齊，中和之紀，人情之所不能免也」，「樂者為同，禮者為異。同則相親，
異則相異，樂勝則流，禮勝則離」，禮所帶來的等級差別，通過全民參與祭獻
而生發的天人一體之「樂」得以彌合。古代祭祀尤其祭祀天地神明，是社會性、
國家性的大典，需要聚合百工萬民的人力和資源才能舉行。憑藉祭祀，天下之
人心、物力皆被引向超越的存在，從而得到潔淨、轉化，凝聚成為符合天道、
天志的極積力量。所以孔子讚歎：「明乎郊社之禮、禘嘗之義，治國其如示諸
掌乎！」考古發現證實了祭祀在禮制社會的重要性，從出土甲骨文的記載來
看，商王幾乎每天都在忙於各種獻祭活動。

劉叔培先生以為上古之時，祭禮包攝一切禮制宗法，一切政治制度，所謂
「捨祭禮而外無典禮，亦捨祭祀而外無政事也」。甚至連學術都源於祭祀，「既

崇祭祀則一切術數之學由是而生」〔註8〕。此外，華夏上古也有頗類似於韋陀種姓法的等級制度。這一點，劉先生在《階級原始論》中早已指出：「大約古代居上位之人，祭司最尊，武人次之，富民次之，而祭司必有學，如印度之有婆羅門是也。」劉師培並且以為「古代之時階級有貴賤之分，職業無貴賤之分」，「此則古制之邁於天竺者也」〔註9〕，其實，以德、業分判種姓，正是韋陀種姓法之理想。

華夏之禮以祭祀為中心，進而安排群體關係、社會生活和公私行為，相當於韋陀典所謂「法」（dharma）。「法」是韋陀典的核心概念之一，有天道義理、道德規範、自然法則、生活習俗、職分操守等各種意思，特別與四種姓之社會制度相關。關於四種姓法，《摩奴法典》（Manu Samhita）有論：

> 為了保護這整個世界，那具有偉大光輝者為由口、臂和腳出生的派定了各自的法。
>
> 他把教授韋陀、學習韋陀、祭祀、替他人祭祀、布施和接受布施派給婆羅門。
>
> 他把保護眾生、布施、學習韋陀和不執著享欲派給剎帝利。
>
> 他把畜牧、布施、祭祀、學習韋陀、經商、放債和務農派給吠舍。
>
> 那位主給首陀羅只派一種法：心甘情願地侍候上述諸種姓。

四種姓履行各自的「法」，也就是職責，即《禮記》所謂貨力、辭讓、飲食、冠昏、喪祭、射御、朝聘諸事，而皆奉行祭祀，以祭祀為其生活的中心。事實上，據《薄伽梵歌》，四種姓法之設定就是為了祭祀（yajna），而祭祀帶來現世的繁榮富強和來世的昇天解脫。禮的核心是名分，名是身份等級，分是職責義務，故名分相當於種姓、「禮」相當於「法」。社科院蔣忠新也認為華夏之「禮」與婆羅門之「法」性質一樣：

> 我發現，《摩奴法論》中所形成的倫理學體系，同中國早期的封建社會的禮教一樣成熟而完備。「三綱五常」那一套理論在《摩奴法論》中也是核心的內容。婆羅門教的「法」同儒教的「禮」性質是

〔註8〕 劉師培《劉師培論學雜稿》之《古政原始論》，中國人民大學出版社，2004年，P193。

〔註9〕 劉師培《劉師培論學雜稿》之《古政原始論》，中國人民大學出版社，2004年，P192。

　　一樣的，金克木先生已經指出這一點（參閱他的《印度文化論集》），

很值得深入研究。〔註10〕

　　這樣看來，《禮》對應於以祭祀為其主要內容的《夜柔韋陀》以及由韋陀本集衍生的諸多「法經」（Dharma sastra）、「家庭經」（Griha sastra）。「夜柔」（yajur）的意思是祭祀或祭祀用語。該部韋陀包括祭祀的禱詞和關於祭祀儀式的討論。《白夜柔》的前 25 章講到了各種重要的祭祀，其中有新月和滿月祭祀、日常的火祭、蘇摩酒祭、動物祭、人祭、王祭、馬祭、葬禮祭、大鍋祭等等。一般而言，韋陀祭祀儀式可分為「家庭祭」和「天啟祭」兩大類。「家庭祭」規模小，屬於有關出生、婚喪、祭祖、祈福等日常生活的祭祀儀式。「天啟祭」規模大，是貴族、富人，尤其是國王舉行的祭祀儀式。

　　兩相比較，雖然《禮》和《夜柔》皆以祭祀為中心，但《禮》強調祭祀所帶來的政治、倫理功效，也就是圍繞祭祀來展開、安排群體關係、社會生活、公私行為，所以還是不出剎帝利治平之術的範圍，可以說同時涵蓋了韋陀法經、家庭經的作用；而《夜柔》專注於祭祀本身，無異於婆羅門祭司的實用手冊。

　　總體而言，《梨俱》《三曼》《夜柔》三部韋陀合稱「三韋陀」，構成了韋陀祭祀文獻的整體，恰好跟華夏六經之《詩》《樂》《禮》相呼應，這為我們重新理解六經的作用、性質和大義提供了一個絕妙的參證角度。

　　作為第四韋陀的《阿達婆韋陀》，與「三韋陀」的祭歌屬性不同，其巫術咒語色彩濃鬱，反映了「萬物有靈」、「女神信仰」、「林伽崇拜」等上古巫教信仰。在巫的世界裏，萬事萬物皆具靈性，因此，人類可以憑藉語言的力量對其施予影響、加以操控。咒語可以施之於疾病、戰爭、愛情、耕牧、乃至賭博等等各種場合，並且具體落實到咳嗽、藥草、戰鼓、骰子、求愛、盼夫歸來之類瑣事細物。咒語的力量似乎來自對施法物和所咒人、事進行詳細生動的描述、反覆有力的詠歎，比如求愛的咒語：

> 像藤蘿環抱大樹，
> 把大地抱得緊緊；
> 要你照樣緊抱我，
> 要你愛我，永不離分，
> 像老鷹向天上飛起，

〔註10〕蔣忠新《摩奴法論》，中國社會科學出版社，2007 年，P3。

> 兩翅膀對大地撲騰；
> 我照樣撲住你的心，
> 要你愛我，永不離分。
> 像太陽環著天和地，
> 迅速繞著走不停；
> 我也環繞你的心，
> 要你愛我，永不離分。

盼夫歸來的咒語：

> 我頌此咒，默禱夫君：
> 淚含喜悅，注視於我；
> 禁他離開，遠行遊逛；
> 願他歸來，衷心慶賀。
> 猶如帝釋，及諸修羅，
> 以大神威，統帥眾天。
> 我以愛情，將汝管治，
> 願我為汝，最親伴侶。

再看一首施加於鼓的咒語：

> 鼓啊！到敵人中間去說話，
> 使他們離心離德，
> 使敵人互相仇恨，發生恐慌，
> 鼓啊！把他們一起消滅。
> 像森林中的野獸，
> 看到了人就發抖；
> 鼓啊！要使敵人心恐慌，
> 使他們的心沒主張。

　　這裡，無論鼓還是愛情，都是有靈的，都能在反覆的詠歎和生動的比擬中跟人交流感通，接受施法者的指令和求告，進而實現其意願。在這些包羅萬象的巫術咒語裏，我們看到了《詩經》之「風」、「雅」，以及賦、比、興的生命源頭。

　　孔子論詩，特重興發感通，其論詩則曰：「詩可以興、可以觀、可以群、可以怨。邇之事父，遠之事君，多識於鳥獸草木之名」；朱子曰：「詩者，人心

之感物而形於言之餘也」，詩以感為體，令人感發興起，通達志氣。感者，咸心也，從咸從心。咸者，遍貫周遍、包具無遺之謂也。心之所感，必通貫周流，包具無遺，乃可以成其感。而心所以通周萬物者，則在於合萬物之異而通之，張橫渠曰：「以其能合異，故謂之感」，凡物有所異，則暌隔不通，必以感合之乃能通。故詩感之道，以通為第一義。宇宙萬物皆可與人心相感相通，這其實是一種「萬物有靈」的巫術思維方式，也是巫術咒語之所以能發生作用的前提。方東美先生曾對華夏上古之「萬有在神論」或「天、地、人圓道周流、三極一貫」之大《易》哲學進行了一番提煉闡說，其說曰：

> 中國上古宗教含藏一套饒有機體主義精神之宇宙觀，不以現實人生之此界與超絕神力之彼界為兩者懸隔，如希伯來或基督教所云。此外，人生界與客觀自然亦了無間隔，蓋人與自然同為一大神聖宏力所彌貫，故為二者所同具。神、人、自然三者合一，形成不可分割之有機整體，雖有威權、尊嚴、實在、價值等程度之別，而畢竟一以貫之。……上帝或天乃是既超越且內在者，而非超絕。……神力既遍在萬有，則自然界之諸形形色色，萬般風貌，乃得以保合，而人生之重重境界，乃得以提升。上帝為本初神聖，自然與人乃後得神聖，參與上帝神性而反映之……〔註11〕

方東美先生還認為，此種「萬物在神」的宇宙觀隱藏在一套「洪荒上古時代之本體論諸原理之縮寫符號」裏，而這套「象徵意符」，也存在於很多上古文化之中，其中包括蘇末兒之經文與「印度之天上模範之城與《吠陀詩》」。方東美先生的弟子孫智燊先生更進一解，將「萬有在神論」譯為「萬有通神論」，取「格於上下」之「格」之祭告而感通意解釋「通」字，強調神與萬有之旁通交感，其意尤為顯豁。

西方學者通常把上古宗教視為一個從物崇拜泛神論向自然崇拜多神論向上帝崇拜一神論不斷遞進演化的過程。但我們看同屬東方文明的華夏巫教和印度韋陀教，其本體論為即內在又超越，故神昭昭在上，同時又遍透萬有、明明在下，神化生一切、攝持一切，神就是一切。所以東方的上古宗教實際涵融了泛神論、多神論和一神論，人、物、自然皆為神在現象界之呈顯，而萬有又透過人類的祭祀感格得以返本復始。經過脫魅的西方學者只能補綴分裂後的信仰碎片，卻始終無法透過紛繁變化的歷史現象看到道術之全與古人之大體。

〔註11〕方東美：《中國哲學精神及其發展》上，第二章，中華書局，2012年版，P85。

　　置身於這樣一個「萬物有靈」、「萬有通神」的靈性宇宙裏，我們再回過頭來看《詩經》，才可能對風雅頌、賦比興具有「同情地理解」。《詩經》裏的草木蟲魚、比擬詠歎其實都被附著上了巫術的力量，能夠憑藉感通之力實現癡男怨女的意願；而春花秋月、風雨星辰無不是上天垂示、人心感應的兆象，給予人神奇的啟示和力量。

　　孔穎達疏云：「牝牡相誘謂之風」，故風者，感而通也，正是使交感巫術發生作用的原理之所在。據葉舒憲先生考證，在中、印巫術體系裏，風、雨、雷、電、雲都是天父陽性生殖力的象徵物，或者作為這類生殖力的傳播媒介、載體。〔註12〕

　　試看《詩經》第一首《雎鳩》，便是試圖借助雎鳩鳴叫求偶之力，讓君子淑女的愛情得以生發圓成，其中反覆的詠歎、比擬、雙聲、疊韻，亦皆具巫術語言的力量。正如《阿達婆韋陀》借助鼓的力量，以及對鼓所施的咒語，以達到消滅敵人的目的。采蘋、采蘩、采荇，也是與情愛、相思密切相關的愛情咒術。

　　雅者，正也，刺怨諷諫，源出咒詛。《湯誓》民謠：「時日曷喪，吾與汝偕亡」，雅之祖也。《詩》中如《碩鼠》，以鼠為巫術所寄，反覆咒詛跟鼠一樣醜陋下賤的施法對象，明顯屬於巫術語言。

　　概括來說，風、雅、頌，源起於巫術之施法類別；賦、比、興，脫胎自巫術之設咒方法。《詩》的語言風格和體例乃借助於巫術咒語，其源頭與《阿達婆韋陀》一脈相通。《詩》的作者，所謂「詩三百篇，大抵聖賢發憤之所為作也」，三代聖賢多精通巫教、巫術，比如周公，就是一位能夠祭祀祈禱的大巫。後世儒士以理性的眼光解《詩》，只關注《詩》中的文學手法、倫理意涵和歷史教訓，於上古婆羅門巫風已完全隔絕生疏。

　　葉舒憲先生注意到了《阿達婆韋陀》對研究《詩經》起源的重大價值。他在《詩經的文化闡釋》一書中提出，世界各文明中保留咒詩最豐富、完整的印度文明為考察詩源於咒提供了充分的材料。《阿達婆韋陀》雖然編入經典的時代較晚，但是其中的詩歌作品卻絕不是晚出的，它們甚至比四韋陀中編定年代最早的《梨俱韋陀》中的頌神禱詩還要更早問世。《阿達婆韋陀》中的咒語（incantations）、符咒（spells）和驅邪詞（exorcisms）是最早的詩歌。大自然中的每一種邪惡事物，從旱災到發燒，以及人心中的惡德劣質，都被人格化並

〔註12〕葉舒憲《詩經的文化闡釋》，陝西人民出版社，2005年版，P116～122。

且成為咒術之對象。在這裡，崇拜所採用的形式是行咒（conjuring）而不是禱告（prayer），因而主持者是巫師而不是祭司。他對《阿達婆韋陀》第6卷第17首保胎咒和《詩經》的《周南·螽斯》加以對比分析，發現這首咒歌同印度人的保胎咒運用的是同一種比喻修辭法，以生殖力極強的蟲類作必，祝願家族人丁興旺。由於印度咒歌用了「像」這一比喻詞，使詩旨顯豁，而《螽斯》則全用隱喻法，遂為後人的道德曲解留下了餘地。這兩首咒歌充分體現了前宗教階段的法術思維特徵，用類比聯想催生咒力，而非祈告神靈之助或上天保佑。《螽斯》在語言形式上也相當古拙，其三言句式顯然比《詩經》慣用的四言句式更為古老，成為認識「詩言咒」這一新命題的活標本。保胎、求偶，這一類題材的詩，對應於《阿達婆韋陀》的「林伽崇拜」，也即生殖信仰。而《詩》教之溫柔敦厚，則應來源於上古巫風之「女神信仰」。「柔」作為一種倫理品格，在《詩經》中備受推崇。「柔」之德主要指一種恭敬、忠貞、順從、謙卑的品格，為君子所擁有，比如《崧高》：「伸伯之德，柔惠且直」，《烝民》：「仲山甫之德，柔嘉為則：令儀令色，小心翼翼，古訓是式」，其表現為「哲人之愚」（《大雅·抑》），即《烝民》所謂：「既明且哲，以保其身，夙夜匪懈，以事一人」。「柔」顯然是一種女性化的品德，其淵源似乎跟巫的「女神信仰」也即對坤德的崇拜和效法有關。

《詩經》中還有所謂反讒詩，比如《小雅》裏的《巧言》《何人斯》和《巷伯》，跟《阿達婆韋陀》之反咒詩暗合對應，如出一轍，作為反讒的中國古詩同韋陀宗教的反咒詩具有精神實質上的相似之處。

周策縱先生已經關注到遠古巫醫傳統與《詩經》之間的聯繫。他在《古巫醫與六詩考——中國浪漫文學探源》一書中對這些聯繫做了獨到的考證和闡釋，如從巫醫閉戶治療出發說明《魯頌·閟宮》一詩中所反映的神醫制度，從巫藥用途去看《詩經》中的植物名。《王風·采葛》中提到的葛、蕭、艾三種均為巫醫必用之藥，而火和酒是巫師發揮咒力的主要憑藉。〔註13〕日本漢學大家白川靜以日本古歌謠與《詩經》加以比較研究，發現《詩經》是一種「召喚神祇的語言」。如「南有喬木」是召喚居住在神樹上的神祇；「採草」、「伐薪」是向神祇求成就時預祝的表達；而歌詠「見彼南山」之時，則意味著祝頌的壽歌。他在其代表作《詩經的世界》中指出：「這種委諸語言咒誦能力的歌謠，已經作為承擔難以動搖的存在意義的事物而被客觀化。當語言形成歌謠的形

〔註13〕周策縱《古巫醫與六詩考》，臺北，聯經出版社，1986年，P102～103。

式時，便成為具咒誦能力的獨立存在」，「因此可以確信，歌謠絕不僅限於發揮咒誦的能力。原始的歌謠，本來就是咒誦之歌」。

上古聖王之政教訓典皆掌於史，而史源出巫，左史記王者之言教，右史記王者之行事，事為《春秋》，言為《尚書》。孔子觀書於周室，得虞、夏、商周四代之典，乃斷自唐、虞之際，下迄秦穆，刪煩剪浮，舉其宏綱，定為《尚書》百篇，以其為上古之書，謂之《尚書》，或以為上所言下，為史所書，故曰《尚書》。大抵書本於王者號令，所以宣王道之正義，發言告示於臣民，故其所載皆典謨訓誥誓命之文。子夏問《書》大義，孔子曰：

> 吾於《帝典》見堯舜之聖焉，於《大禹謨》《皋陶謨》見禹、稷、皋陶之忠勤功勳焉，於《洛誥》見周公之德焉。故《帝典》可以觀美，《大禹謨》《禹貢》可以觀事，《皋陶謨》《益稷》可以觀政，《洪範》可以觀度，《太誓》可以觀義，五誥可以觀仁，《呂刑》可以觀誠。通斯七者，《書》之大義舉矣。

《書》之大義在表現歷代聖王之政教德行，尤其堯舜禹，還兼有神王的身位，《書》言堯舜禹皆以「帝」相稱，此「帝」絕非後世皇帝之帝，而乃神帝之帝。《堯典》形容帝堯：「曰若稽古，帝堯曰放勳，欽明文思安安，允恭克讓，光被四表，格於上下。」，明顯帶有至上神崇拜的色彩。在楚辭裏，作為湘君的舜似乎具有水神的身位；至於禹，能夠驅使龍蛇，治理大水，最初應該也是水神，後來才被比附為人王。我曾經在《象太一之容：從韋陀典探華夏宗教源流》一文中考證過，華夏上古宗教的至上神，也就是「帝」或「太一」，高踞於北極之上、宇宙樹之巔，統領日月星辰上下四方四時，並且「帝」外顯為頭頂一對水牛角的水神，因為北極也是混沌（玄冥）大水之所在。堯、舜、禹很可能就是同一個「帝」，只是在不同時代擁有不同的形象、稱號和傳說。從這個角度來說，《書》實際相當於韋陀《往世書》（Purana）之「列王譜系」部分。《往世書》記載月亮和太陽王朝列王事蹟與言教，其中亦不乏至上神所化身之神王。《梨俱韋陀》同樣採取了以自然神代表至上神的手法，來表現自然神與至上神的互顯關係，以此滿足不同崇拜者的需要。

跟《往世書》一樣，《書》的傳統向來以天為本，敬天法祖，未敢隕越。《尚書·召誥》曰：

> 嗚呼！天亦哀於四方民，其眷命用懋。王其疾敬德！相古先民有夏，天迪從子保，面稽天若；今時既墜厥命。今相有殷，天迪格

保，面稽天若；今時既墜厥命。今沖子嗣，則無遺壽耇，曰其稽我
古人之德，矧曰其有能稽謀自天？

《召誥》為召公奭告誡成王之辭。王國維先生以為「文、武、周公所以治
天下之精義大法，胥在於此」（《殷周制度論》）。以上引文，召公回顧了華夏祖
先的人文教訓、歷史經驗。文中講到夏朝，「天迪從子保」；講到殷朝，「天迪
格保」。保即保養，佑護。從子即旅，旅為祭上帝之尸。古者祭天有尸，尸是
用來象徵神明、與天感通的媒介。意為夏、殷兩朝皆賴神明之力得以保有大命。
文中又兩次講到「面稽天若」，謂借神明之力，可以察知天意而得天之順。《尚
書・堯典》《皋陶謨》皆以「粵若稽古」起句，《尚書緯》訓「稽，同也；古，
天也」，稽古即稽天。召誥再三言「稽古」，表明夏、殷之大命皆在同天合德，
天人相應，否則必「墜厥命」。墜天之命，則必不獲天之臨照扶翼。由此召公
告誡成王：「眷命用懋。王其疾敬德」，上天的眷顧來自「德」，也就是使天人
關係得以確立的性德。

參照出土的甲骨卜辭和金文，在《書》《詩》的崇拜體系裏，上帝已不再
是自然神，而是超越於諸如風、雨、雷、霆以及四方神這些自然神之上的至高
神。這些自然神完全服從上帝，他們是上帝用以實施其意志、宰治其造化的工
具或代理。上帝不僅最終決定著自然現象的興滅。而且左右著城邑的安危、人
事的順逆、國家的禍福、君王的吉凶。《尚書・伊訓》記錄了殷人心目中的上
帝：「唯上帝不常，作善降之百祥，作不善降之百殃」。上帝的權能無處不在，
是自然神的力量的源頭，也是裁判善惡賞罰的終極權威。甲骨卜辭表明，殷人
雖然崇拜上帝，卻從來不向上帝祈求，也不對上帝進行祭祀，祈求和祭祀的對
象反倒是作為上帝代表的自然神。這顯示殷人的宗教信仰已達到了對上帝意
志之絕對性、純粹性和整體性的自覺。到了周代，上帝被轉換為「天」或「天
道」，絕對者的普遍性、同一性進一步突顯，成了即超越又內在的「一」，是以
有了「皇天無親，唯德是輔」之說。人們既不能憑藉奉獻更多的玉帛犧牲，也
不能光靠權勢地位，來獲得上天的眷顧，唯有通過虔誠以及基於虔誠而來的德
行才能同天合德，從而尋得上天的輔佐和共在。在天道觀之下，生活不僅只有
世俗的內容，而且獲得了神聖的意義，也即貫穿著對天道、天命的確信、實踐
和期待，生命亦在此天命開顯下貫的過程中找回真實的屬天本性及其性德，而
歷史也成了有絕對意志、絕對公義貫穿其中的由上天開啟、受天道擔保的歷史，
以至於從國家到社會再到個人的生活都處於對「上帝」或「上天」的崇敬與期

待之中。總之，六經所表達的天、上帝內涵豐富而複雜，他超絕人間，又化生萬有，他是以其意誌主宰指引人類的至上人格神，也是諸神之主、設定宇宙律法的宇宙大法官，同時又以非人格的形式內在於人心和事物，在萬象紛紜變化中表現其絕對的存在。這種即超越又內在的特徵，以及上帝與百神的組合互顯、有同有異的天人關係，與傾向二元論的猶太教—基督教一神論頗為不同，反倒跟韋檀多「即一即異」神學甚是契合，而韋檀多神學正是《往世書》的精髓。

關於絕對本體在不同層面、不同維度的顯象，《薄伽梵往世書》第 1 篇第 2 章第 11 節總結：

> Vadanti tat tattva-vidas, tattvam yaj jnanam advayam,
>
> Brahmeti paramatmeti, bhagavan iti sabdyate
>
> 認識絕對真理的、有學識的超驗主義者稱此非二元性本體為梵、超靈、薄伽梵。〔註14〕

梵、超靈、薄伽梵三位一體，構成超越性存在自身，只是根據修煉者或認知者採用的修煉手段、認識方法以及相應的覺知狀態，呈現出不同的面向和體相。對沉浸於玄思的思辨哲人（Jnani）來說，存在呈顯為消除一切分別對待的顯示為同一性、遍在性的非人格梵；對苦修八支瑜伽的玄秘瑜伽士（yogi）而言，存在化現自身為內在於人心、宇宙的獨一超靈；對於徹悟神人關係的巴克提瑜伽士（Bhakta），存在展示出超絕的人格性和純粹的美、愛，此即薄伽梵。根據韋檀多「即一即異」之原則，所有這些對存在的認知，雖有高下偏圓之別，卻都是有效的。對梵、超靈、薄伽梵的覺悟，都是接近存在的路徑。在不同的路徑上，存在給予探索者以不同的示現和回應。這種神人共融互滲，既不單純屬人，也不單純屬神；既不是一元論的，也不是二元論的，而是「即一即異」的不二關係。雷蒙·潘尼卡認為這體現了一種三位一體的終極性關係：「既不是人是萬物的尺度，也不是上帝是萬物的尺度，毋寧說，三位一體是萬物的尺度——如畢達哥拉斯主義者所理解的，以及菲西諾（Ficino）在他自己時代回想的。」〔註15〕二元論製造了不可逾越的鴻溝，使上帝和人疏離。上帝一旦退縮到超越性中，就被人所放棄。人就專注於事物，不惜代價把他自己轉變為主人，成為萬物之主；一元論被同一性的深淵所吞沒，人格性和「天上之城」消

〔註14〕《薄伽梵往世書》第 1 篇上卷，香港，巴帝維丹塔書籍有限公司 1998 年版，51 頁。

〔註15〕雷蒙·潘尼卡《人的圓滿》，王志成譯，宗教文化出版社 2006 年版，52 頁。

隱，對真理的朝覲變成了「從獨一者走向獨一者」的自娛。在兩種情況下，動力和探索都已經終結。隨著朝覲的終止，生命也終結了。在第一種情況下，人開始只尋找他自己，只要成為一個「好人」就是成功。於是倫理學被轉化成宗教。在第二種情況下，人把自己轉化為上帝，以這樣的信念慰藉自己：「（最終的）慰藉者沒有必要」，因為他已經把他自己轉變為上帝。雷蒙·潘尼卡指出：「這一張力穿透了整個靈性史：要麼人要麼上帝，要麼人文主義的和無神論的顯聖，要麼一神論和非人格的神顯聖。」〔註16〕雷蒙·潘尼卡論梵之人格性與非人格性的圓融互補，代表了韋檀多哲學在這方面的思考：

> 梵不僅是不確定的基礎，是內在的、無意識的、而且是至上的意識，是超越者。智者（jnananis）可能發現了梵，奉獻者（Bhaktas）可能發現了上帝；但接著就發現梵和上帝的關係，這一關係在某種意義上和阿特曼（引者按：即靈魂、真我）與梵的認同一樣重要。被理解為具有人格的上帝，若得不到梵的概念的糾正，就會有成為神人同形同性之偶像的危險。超人格的梵，倘若喪失梵作為上帝的互補，就可能變成完全抽象的共同本質。然而，我相信印度智慧為深化絕對者的概念提供了極大的可能性。帕斯卡爾關於哲學家的上帝與亞伯拉罕、以撒、雅各的上帝之間著名的二分法正是印度思想一直試圖克服的。很久以前，諸《奧義書》就開始討論統一的問題。中世紀印度諸思想流派又以新的思辨活力探討這一問題。事實上不可能對虔信者有一位上帝，對哲學家又有一位上帝，也即世界基礎。人不可能滿足於一個無定形的梵；他們也要一個活生生的梵，純粹的意識，完美的喜樂和至上的存在——不是作為所有存在物的某種總和，而是雖處於一切之中但不能簡單地被化成「一切存在物」的東西。〔註17〕

從發生論的角度來看，這種張力同樣滲透在華夏原始道術不斷裂變演化的過程中。無論是儒道的分流，還是儒學內部的孟荀兩立、漢宋對峙，都是這種張力在不同向度上的表達和展開。因此，儘管近代學人一再否認中國文化的

〔註16〕雷蒙·潘尼卡《人的圓滿》，王志成譯，宗教文化出版社 2006 年版，52 頁。
〔註17〕雷蒙·潘尼卡《印度教中未知的基督》，王志成、思竹譯，四川人民出版社 2003 年版，153 頁。

宗教性，並且以中國文化之非宗教性為驕傲為高明，但實際上卻不可能否定中國文化最深邃的層面恰恰在於其宗教性。

這種既非一元也非二元的融對立歸於一體的「即一即異」哲學模式，在華夏六經體系中被稱為「建中立極」，也就是《禮記》所說的「中庸」。唐韓愈著《原道》，以為中庸傳上古聖神繼天立極之道統，從堯、舜之傳心法要而來，《尚書》堯曰：「允執厥中」；舜曰：「人心惟危，道心惟微，惟精惟一，允執厥中」。《尚書》之《洪範》篇，乃殷遺臣箕子向周武王陳述的據說傳自夏禹的「天地大法」，其「九畤」第五之「建立皇極」有曰：

> 無偏無陂，遵王之義；無有作好，遵王之道；無有作惡，尊王之路。無偏無黨，王道蕩蕩；無黨無偏，王道平平；無反無側，王道正直。會其有極，歸其有極。

此段文字即建中立極之意。極字本是中而高的意思，字源為房屋的大梁，以其位於房屋的正中處和最高處，為仰望所止，於是也引申為準則義。《洪範》以「極」喻天道而贊之曰「皇」。《詩經》屢歎：「昊天罔極」，《周禮》恒言：「以為民極」，都是取其中正、崇高和準則的意思。中，象物平分對折之處，故中有平義；又像旗之正，故中有正義；《說文》釋「中」云：「下上通也」，故中又有通義。中是立極的方法、路徑，極為建中的準則、歸結。皇極即太極、太一，它是絕對的一，它包含一切「多」於自身卻又超越於一切「多」之上，乃包含過去、現在、未來一切可能性事物於自身的絕對者或整體大全（complete wholeness）；就其主宰性、超絕性、人格性一面，謂之天、帝；就其客觀性、規律性、一體性一面，謂之常、道。「大哉聖人之道！洋洋乎！發育萬物，峻極於天」，乃《中庸》之形容「建立皇極」。是故中庸源於對整體大全、絕對之「一」的覺悟，不僅合內外，亦統上下，其道乃寓超越於內在，攝性情以歸天命，在實踐中體現為性情合一、知行合一與天人合一。《易·坤卦·文言》曰：「君子黃中通理，正位居體，美在其中，而暢於四肢，發於事業，美之至也」，此之謂也。中，即是對立雙方在整體中的圓融通貫，也是一種「寂然不動，感而遂通」的存在境界，與韋陀哲學—修煉體系的薩埵氣性（Sattva-guna）一脈相通。《薄伽梵歌》第十八章論述了在薩埵氣性影響下的作為者及其知、行方式：活在薩埵之境的作為者不染貪著和我執，堅決果敢，無論成敗皆健行不息。他的知識是這樣的：他見到多中之一，或一切存在中的獨一不壞之真如。他行為的方式皆不違禮法經教，無所執著，不為好惡所動，不求功利業果，專注於

對神、人的無私奉獻。由知行合一而臻達性情合一、天人合一，薩埵之境實即中和之境，薩埵之德實即中和之德。

《尚書》記王者之言，《春秋》記王者之事。《春秋》又與《易》相為表裏，孔門治天下之道，其原理在《易》，其辦法則在《春秋》。周室衰微，孔子欲明王道而不果，遂西觀周室，論史記舊聞，得百十二國寶書，以魯周公之國，禮文備物，史官有法，故託於魯而次《春秋》。據行事，仍人道，因興以立功，敗以成罰，假日月以定曆數，借朝聘以正禮樂，上記隱，下至哀之獲麟，十二公，據魯，親周，故宋，運之三代，約其文辭而指博，上明三王之道，下辨人事之紀，別嫌疑，明是非，定猶豫，善善惡惡，賢賢賤不肖，存亡國，繼絕世，補弊起廢，王道之大者也，其事則齊桓、晉文，其文則史。《春秋》之記事，固以《左氏》為詳。然論大義，則必須取諸《公羊》。西漢董仲舒繼承《公羊》傳統，闡說《春秋》大義，求王道之端，以觀天人相與之際，而得之於正。《公羊傳》解《春秋》首句「元年春王正月」謂：「正次王，王次春。春者，天之所為也。正者，王之所為也。其意曰：上承天之所為，而下以正其所為，正王道之端云爾。」董仲舒《天人三策》論曰：

> 謹案《春秋》謂一元之意，一者萬物之所從始也，元者辭之所謂大也。謂一為元者，視大始而欲正本也。《春秋》深探其本而反自貴者始。故為人君者，正心以正朝廷，正朝廷以正百官，正百官以正萬民，正萬民以正四方。四方正，遠近莫敢不一於正。孔子作《春秋》，先正王而繫萬事，見素王之文焉。上揆諸天道，下質諸人情，參之於古，考之於今。故《春秋》之所譏，災害之所加也；《春秋》之所惡，怪異之所施也。書邦家之過，兼災異之變，以此見人之所為，其美惡之極，乃與天地流通而往來相應，此亦言天之一端也。

《春秋》之一元，源自《尚書》之皇極與《禮記》之太一，即絕對之一、整體大全，涵攝了天、帝、常、道諸體相，而為王者所取法所敬畏，貫徹於朝廷百官萬民四方，是故元、天為王政之所本。天的意志則與人的行為相感應，並通過災異祥瑞而體現，對王政施加影響。從以天正王的《春秋》大義出發，又產生了大一統的政治理念和天下大同的文明理想。文明為天道、天命所貫穿，由此得以擺脫個體、血緣、種族、階級和國家的侷限，成為一種具有宇宙性的即世俗而神聖的文明，誠如《禮記‧大同》所描繪的：「大道之行也，天下為公，選賢與能，講信修睦。故人不獨親其親，不獨子其子……貨惡其棄於

地也，不必藏於己。力惡其不出於身也，不必為己。」

也正是出於這種具有超越性的文明理想，《春秋》雖然尊王攘夷，但夷夏之辨並不完全依據血緣和地緣，而是如孔子所說：「夷而進於中國則中國之，苟有善者，與之可也，從之可也，何有於中國與夷？」，夷、夏的區別在於是否接受祭政一體的禮樂文明，夷進於禮樂則為夏，夏亡失禮樂乃墮落為夷。此種文明觀，相當接近韋陀體系的雅利安說。雅利安（Aryan）本身就是一個梵文詞，源自於《韋陀經》。在《韋陀經》任何一處，這個詞都不是用來指稱某個特定的種族、民族或族群。Aryan 的梵文原意，作為形容詞 arya 有「高貴，正義，優秀，令人尊敬」的意思；相應的，作為名詞 aryan 就有「主人，貴人，導師，朋友，維繫者」的意思。因此，從這個詞的語源學角度來分析，它指向一種生活、為人的標準，或理想範式；它與文化價值觀相聯繫，意指在這種文化價值觀指引下生活；或能保持這種文化價值觀的人，就是理想的人，或文明人，從而能夠有資格成為主人、導師、朋友，受到他人的尊敬。另一種解釋是：ar 有白色、潔淨的意思，Ya 意指神，這樣，Arya 就指潔淨身心以侍奉神明，名詞 Aryan 就有事神者的意思。美國著名的韋陀學者 David Flawley 認為：「Aryan 是一個與梵文詞 Sri 意思一樣的尊稱。我們可以將它與英文詞 Sir 等同。」如是，我們可以說，雅利安人與膚色，以及地域沒有絲毫關係。任何種族、族群，無論來自哪個地域，如果採取了雅利安式（Arya）的生活方式或價值觀念，更確切地說，接受了韋陀典所標舉的文明理念和文化價值觀，就可以稱為是雅利安人（Aryan）。基於這種具有超越性的族類分判標準，韋陀典乃提出其大同理想，約公元前三世紀成書的印度《五卷書》（panchatantra）第一卷中有一句箴言：Vasudhaiva Kutumbakam，可以譯為「天下神眷」，意思是：眾生皆為最高神 Vasudeva（華胥天人）之眷屬。譚中先生認為，此可視為與中國之世界大同觀念或「天下一家」具有同樣價值內涵的箴言。4

《春秋》為人學，《易》為天學。《易》發源於曆數和占卜，自然也屬於巫系思想，乃是以象、數、理的形式，對於事物在時空中形成、持續、毀壞、變化的過程和規律加以描述和總結。《春秋》規範人事，賅《詩》《書》；《易經》統攝天理，涵《禮》《樂》。《史記‧自序》曰：「《易》著天地陰陽四時五行，故長於變。《禮》經綸人紀，故長於行。《書》記先王之事，故長於政。《詩》紀山川溪谷禽獸草木牝牡雌雄，故長於風。《樂》樂所以生，故長於和。《春秋》辯是非，故長於治人。是故《禮》以節人，《樂》以發和，《書》以道事，《詩》

以達意，《易》以道化，《春秋》以道義。」《易》與《春秋》互見，體現了以天節人、以人奉天的天人合一原則。

《易》之為言變也。易窮則變，變則通，通則久，是以自天佑之，吉无不利。謂之《易》者，所以明世道窮變通久之必然；而係以周者，所以明世變剝復循環之有常。周之為言周也，周而復始也。周有原始反終之義，而《周易》以太極為本體，是萬物窮通變化，皆歸根於太一也。太極為天地萬物之始，亦為天地萬物之終；太極在天地萬物之中，亦在天地萬物之外。太極者，太一也，既超越又內在之整體大全也，與《薄伽梵歌》第九章所論述之宇宙神我遙相契應：

> 4. 我以無形之身，充塞於天地之間。眾生皆在我裏面，我卻不在他們裏面。5. 然而一切受造之物又不住我之中。看哪，這就是我的玄通大用！雖然我是一切有情的養育者，雖然我無所不在，我卻在天地之外，因為我是天地之根。6. 要知道，就像強風處處吹遍，卻仍在天穹之內，一切受造之物皆住我之中。7. 貢蒂之子呀！當劫終之際，天地萬物皆銷融入我的自性；當下一劫波開始，我又以自己的力量再造天地。8. 天地大道從我流衍。在我的意志之下，天地不斷自行復生；也是在我的意志之下，天地最後又歸於崩壞。9. 檀南遮耶呀！所有這一切作為不能束縛我。我沖虛自處，絕不會對此有所執著。10. 貢蒂之子啊！物質自性在我的意志之下運化，創生動不動一切存有。天地順乎自然之道，往復生滅以至無窮。

天地萬物往復生滅以至無窮，而宇宙神我對此並無執著，此即《易傳》：「易無思也，無為也，寂然不動，感而遂通天下之故，非天下之至神，其孰能與於此？」又《易·繫辭》曰：

> 乾知大始，坤作成物。
>
> 乾，陽物也；坤，陰物也。
>
> 夫乾，其靜也專，其動也直，是以大生焉。
>
> 夫坤，其靜也翕，其動也闢，是以廣生焉。
>
> 是故闔戶謂之坤，闢戶謂之乾，一闔一闢謂之變、往來不窮謂之通。

《彖》曰：

> 大哉乾元！萬物資始，乃統天。雲行雨施，品物流形。大明終

始，六位時成，時乘六龍以御天。乾道變化，各正性命，保合大和，乃利貞。首出庶物，萬國咸寧。

至哉坤元！萬物資生，乃順承天。坤厚載物，德合無疆。含弘光大，品物咸亨。牝馬地類，行地無疆，柔順利貞。

乾元為創造意志，即宇宙神我；坤元為生成能力，即物質自性。按照韋陀數論的說法，乾元為補魯莎（Purusha），坤元為自性（Prakrti）。《易》其實就是一套以神聖數字闡述宇宙生成演化的數論哲學。物質自性表現為三德（guna）之分合作用，薩埵（sattva guna）輕光屬天道，為中和氣性；多磨（tama guna）重覆屬地道，為濁陰氣性；羅闍（raja）造作屬人道，為強陽氣性。數論之三德，相當於《易·繫辭》所謂三極或三才，其論曰：

《易》之為書也，廣大悉備。有天道焉，有人道焉，有地道焉。兼三才而兩之，故六。六者，非它也，三才之道也。道有變動，故曰爻。爻有等，故曰物。物相雜，故曰文。文不當，故吉凶生焉。

三才之中，人道屬陽，地道屬陰，天道中和，老子《道德經》云：「道生一，一生二，二生三，三生萬物。萬物負陰而抱陽，沖氣以為和。」道或曰太一，轉為天一，天一生地二，地二化出陰、陽、中和三極，三極資生萬物。《易·繫辭》曰：

是故，易有太極，是生兩儀，兩儀生四象，四象生八卦，八卦定吉凶，吉凶生大業。

太極即太一，兩儀為乾坤，四象為元氣變化而生之四種表象（老陰、少陰、老陽、少陽），八卦代表八種不同性質的物質元素。《易·說卦傳》言八卦曰：

乾，健也。坤，順也。震，動也。巽，入也。坎，陷也。離，麗也。艮，止也。兌，說也。乾為天，為圓，為君，……坤為地，為母，……震為雷，……巽為木，為風，……坎為水，……離為火，……兌為澤，為少女

八卦對應於數論之八種物質元素。根據數論，宇宙演化的順序是：補魯莎（purusa）與物質自性交合，從物質自性生統覺（智），統覺生我慢，我慢受三極之氣，合陰氣而生五唯、五大（地、水、火、風、空），合陽氣而生五作根，合中和之氣而生五知根與心根。由五大組成了人的粗身。心、智、我慢組成了人的細身。粗身、細身、靈魂三者合成整個生命。《易》八卦之中，艮、坎、離、巽、震分別對應於數論之地、水、火、風、空。空與空間、聲音有關，故

震取象於雷。心、智、我慢分別對應於兌、坤、乾。乾健主宰，為我慢之屬性；智為分辨判斷能力，隨我慢而動，故順而為坤；心（即心意）流動不息，其性常避苦而求樂，故與取象於澤、少女的兌對應，兌通悅。

綜合而言，《易》相當於韋陀典的智分（Jnana kanda），其中涵攝了跟天文曆法有關的「象」、「數」，以及類似有神數論和有神韋檀多哲學的「理」，由此產生《禮》和《樂》，其核心為一套奉獻於上帝天地神明祖先的祭祀體系，與《易》一起構成了六經之「天學」，以「建中立極」、「升中於天」也即溝通天人為其宗旨，即由智分而上升至教分（Upayana kanda）。《春秋》統領《詩》《書》，表現聖王在世間的治平教化實踐，其目的在於建立道德倫理秩序，為六經之「人學」，相當於韋陀典的業分（karma kanda）。

韋陀經教強調從業分向智分、教分提升的漸進路徑，讓人通過踐行禮法來培養諸如克己自制、謙卑誠敬、堅定專注、慈悲能捨一類的美德，從而逐漸獲得進入自我覺悟、奉獻神明的資格，這跟《禮記·中庸》「格物、致知、誠意、正心」的漸修路數相當契合。進一層而言，智分與業分並非截然對立，而是互相融攝，以智慧駕馭業行，讓業行本身轉化為瑜伽，這便是「業瑜伽」（Karma yoga）之道。這種智慧指向消解二元對立的「無欲」、「無我」之境，使人在世間行動中淨化內心、發明本性、實現天道，臻達天人合一、知行合一、性情合一之當下解脫的最高理想。正是從這個究竟了義層面出發，《薄伽梵歌》第二章39～53偈頌對韋陀業分加以批判和揚棄：

39. 至此，我已向你講述了數論哲學。現在，請再聽菩提瑜伽。帕爾特呀！你以這智慧行動，便能脫離業力的桎梏。40. 做這種努力，並無損失。沿這道路前進少許，也可免於最危險的恐懼。41. 在這條道路上的人意志堅定，目標專一。俱盧族的寵兒啊！猶豫不決的人，其智慧枝蔓叢生。42 / 43. 見識淺薄的人過分執著韋陀諸經的誇飾文字。因為他們渴望感官快樂、榮華富貴，就說除了這些，再無其他。這部分內容教人如何通過種種獻祭和業行，往生天堂星宿；或者如何得到好的出生，獲取功名利祿。44. 心意過分執著感官享受和物質富裕，便會為其所眩惑，如此定慧和三昧也無從生起。45. 韋陀經主要討論物質自然之三極氣性。阿周那呀！你要超越三極氣性，安住於自我之中，擺脫一切二元性，不為利益和安全而焦慮。46. 大淵有小池之用；同樣，一旦領悟了隱藏於韋陀經背後的宗旨，韋陀

經的真義便已不言而喻。47. 你有義務履行賦定職分，但無權享有業果。千萬不要以為自己是業果的原因，也不可不去履行責任。48. 阿周那呀！對職分，你要擔當；對成敗的執著，你要摒棄。這樣的平衡，謂之瑜伽。49. 財富的征服者呀！憑藉菩提瑜伽，擺脫一切業行。在這種覺知中皈依至尊主吧，想享受業果的人是吝嗇鬼。50. 踐履奉愛服務，即使在現世，也能擺脫善惡果報。阿周那呀，瑜伽是行動的藝術，努力修煉瑜伽吧！51. 透過踐履對主的奉獻服務，偉大的聖哲和奉獻者掙脫了塵世業果的纏縛，如此，得以遠離生死輪迴，超轉無悲無苦之地。52. 當你的智慧穿過假象的密林後，對耳聞之言，過去的或未來的，都會無動於衷。53. 當心念不為韋陀諸經的浮華文字所擾，穩住於三昧，你已悟入神聖之覺性。

打通超世梵智和韋陀業行之間的鴻溝，再調適而上遂，以對宇宙神我的皈依奉獻統攝之，如此踐履世法即是愛敬神明，日用常行即是自我覺悟，倫理人情即是天命之性，天人、知行、性情在菩提和瑜伽的融合中達到了完美的統一。這便是「建中立極」的中庸之道，也是老子「主之以太一，建之以常、無、有」的無為之道。常者，中也，執有無而統同者也；極者，易也，太一也。是古人之大體，所以備天地之美、稱神明之容者也。

馬王堆帛書《易傳·要》篇有一段孔子答子贛（貢）的話，論述德與天命、天道的關係：

> 贊而不達於數，則其為之巫；數而不達於德，則其為之史。

在這段話裏，孔子區分了巫、史、儒。他認為只知祝禱而不瞭解天道變化的理數，這是巫。明瞭天道變化的理數而沒有內在之德，這是史。幽贊而明於數，通數而達於德，這才是儒。這裡所說的史，具體是指行著占的史官。聖人不同於偏執一端的巫、史之處在於，聖人之道涵攝了贊、數、德。贊是愛敬通於神明，數是智慧彌綸天地，而德是心性的真實發露，是愛和智慧的基底。沒有智慧，天命將流於迷信；沒有明德，智慧不過是求利的方技。沒有愛敬通於神明，則一切明德、智慧皆失去了最終的歸宿和依據。《禮記·樂記》云：「是故情深而文明，氣盛而化神。和順積中，而英華外發」。《易·說卦》云：

> 古者聖人之作《易》也，幽贊於神明而生蓍，參天兩地而倚數，觀變於陰陽而立卦，發揮於剛柔而生爻，和順於道德而理於義，窮理盡性以至於命。

即是將贊、數、德貫穿於易道。和順於道德而理於義，重點在德之養成，屬於業分範圍；窮理盡性以至於命，乃由智分而上達於教分。贊、數、德分別對應於教分、智分和業分。帛書《德行》曰：

> 幾而知之，天也。幾也者，持數也。唯有天德者，然後幾而知之。「上帝臨汝，毋貳爾心」。上帝臨汝，（缺）幾之也。毋貳爾心，俱幾之也。

有天德者能持數，乃至知天，此謂「幾」。《易・繫辭下》云：「聖人之所以極深而研幾也，唯深也故能通天下之志，唯幾也故能成天下之務」。孔穎達疏：「研幾者，參伍以變，錯綜其數。通其變，遂成天地之文，極其數，以定天下之象，是研幾也。」值得注意的是，帛書把「上帝臨汝，毋貳爾心」作為「幾」的目標，其鮮明的人格神色彩，與《梵歌》所稱揚的巴克提道極為契合。

六經失旨，百家裂道，諸子遂各執一端以為是。智、業歧途，導致儒、道分流；天、人對立，乃有楊、墨抗衡。孟子云：「逃墨必歸於楊，逃楊必歸於儒」，可見一般。

從思想史的演變來看，側重業分的儒家道德實踐若未上升到對「性與天道」的覺悟，則終究難以超越功利世界，昇華到道德的自律與自覺，仁義聖智往往流為形式，成了小人求取利祿的敲門磚、大盜手中的竊國利器。道家對儒家的批判，所謂「絕仁棄義」、「絕聖棄智」，正是從形而上之道的角度，以「至人無己、神人無功、聖人無名」為最高境界，要求儒家放棄有我之執、功名之念，在天地境界上踐履內聖外王之道。但從偏好智分的道家自身的立場來說，逍遙遊式的即身解脫之境，才是其終極歸趣。「道之真以治身，其緒餘土苴以為天下國家」，應帝王不過是不得已而為之的無為之大用。另一方面，儒流變而至於荀學，棄天人之學於不顧，虛設禮樂以圖富強，已為法家預作張本，其路數接近古印度六派哲學裏徒重祭祀而不敬神明的彌曼差派。

墨家者流，《漢志》云：「蓋出於清廟之守。茅屋采橡，是以貴簡；養三老五更，是以兼愛；選士大射，是以尚賢；宗祀嚴父，是以右鬼；順四時而行，是以非命；以孝視天下，是以尚同」。清廟即明堂。周之明堂，即唐虞之五府，夏之世室，殷之重屋，乃祀五帝之所，為神教之府，凡宗廟、朝廷、天文、學校、官府一切功能，悉納其中，為天地人一體共治之體系。順四時而行，即《禮記・月令》所述之制。《月令》條舉某時當行某政，非其時則不可行。苟能遵守其說，則政無不舉，而亦無非時興作之事，國事自可大治。《論語》記載，

顏淵問為邦，孔子首告以行夏之時，精意實在於此。此誠治民要義，而古人之信守，則由於敬畏上天。觀《月令》所載，行令有誤，則天降之異以示罰，其意可知。此等天神，皆有好惡喜怒，一與人同。若如其他諸子之說，所謂命者，於己於人，皆屬前定，更無天神降鑒，以行其賞善罰惡之權，則明堂月令之說，為不可通矣，此墨子所以非之也。嚴父配天，事始於禹，而墨子法禹。《論語》載孔子曰：「禹，吾無間然矣。菲飲食而致孝乎鬼神，惡衣服而致美乎黻冕，卑宮室而盡力乎溝洫。禹，吾無間然矣。」致孝鬼神，致美黻冕，體現出對祖先、神明祭祀的高度重視。中華文明的起源，從發展機制上看，是由巫史通神靈，由祖神通天帝；從結果上來看，是從神權誕生王權，從祭祀發展成禮樂制度，夏正是中華文明的起點。是故墨家代表了華夏文明之根本所在。

墨家之學，以敬天兼愛為其根本。《天志》《明鬼》，乃以鬼神世界威臨人間，使世人生發畏敬之心，彼此兼相愛，交相利。《尚同》以天為極，即《尚書》之建立皇極。墨子所謂天，所謂鬼，皆具人格性，有喜怒欲惡，非如先秦諸家，言天言鬼神，皆近泛神論、無神論。從韋陀體系來看，墨家雖不出業分之範圍，但突出了巴克提（Bhakti）或虔信的地位和作用，遂具有了教分（UpayanaKanda）的特質。故墨家尤重苦行，《莊子》論墨子曰：「其生也勤，其死也薄，其道大觳。使人憂，使人悲，其行難為也。」儘管如此，墨家對人性的解說明顯失於膚淺，雖提倡敬天兼愛，卻大抵停留在世俗功利的層面，缺少超越性的精神維度，遂淪落為一種普羅大眾的平均主義信仰，濡染了首陀羅的心理特質。是故墨學最終為上層精英所拋棄，反以各種變化的形式（比如太平道、白蓮教等）為民間的遊俠、幫會所託命，並在民間起兵時發揮凝聚人心、號召犧牲的強大作用。

與墨家的集體主義和虔信精神不同，道家更關注個體生命的超脫和對宇宙演變規律之自然主義式把捉。如果說儒家屬於業分，墨家傾向教分，那麼道家明顯對應於智分。關於道家之學，《漢志》云：「出於史官，歷記成敗存亡禍福古今之道，然後知秉要執本，清虛以自守，卑弱以自持，此君人南面之術也。」清虛以自守，卑弱以自持，實為道家最要之義，而皆指向對自我、天道之覺悟與修證。道家的修證路數跟古印度瑜珈術如出一轍。

華夏流傳下來，明顯接近瑜伽術，有文字、實物可考的是導引和行氣。《莊子·刻意》云：「導氣令和，引體令柔」，導引是長生術，結合了形體的屈伸俯仰和呼吸的吐納出入。關於導引的方法，《莊子·刻意》篇云：「吹噓呼吸，吐

故納新，熊經鳥申，為壽而已，此導引之士，養形之人，彭祖壽考之所好」。
《後漢書》之〈方術‧華佗傳〉講五禽戲：

> 佗語普曰：人體欲得勞動，但不當使爾！動搖則穀氣得消，血
> 脈流通，病不得生，譬猶戶樞不朽是也。是以古之仙者，為導引之
> 事：熊頸鴟顧，引挽腰體，動諸關節，以求難老。吾有一術，名五
> 禽之戲：一曰虎、二曰鹿、三曰熊、四曰猿、五曰鳥，亦以除疾，並
> 利蹄足，以當導引。體中不快，起作一禽之戲，沾濡汗出，因上著
> 粉；身體輕便，腹中欲食。

唐章懷太子李賢《注》曰：「熊經，若熊之攀枝自懸也。」鳥申，意為像
鳥飛而伸腳。鴟顧，《淮南子》裏也有「鴟視虎顧」之類的名目，李賢《注》
曰：「鴟顧，身不動而回顧也。」這幾種動作，都是瑜伽術裏常用的體式（asana）。
五禽戲為仿生導引，姿勢的名稱由動物名加其動作名而構成，與瑜伽體式的取
象法則有共通之處。馬王堆出土帛書《導引圖》第四十九式為熊經，其他還有
模仿龍、虎、猿、鶴、蛇等動作的姿勢。1964 年河北保定出土西漢銀錯管狀車
器上有熊經圖案，即模仿熊之動作。可見導引術之應用頗為廣泛，且傳承不絕。

行氣之術，見於《莊子》《素問》《靈樞》《難經》等戰國秦漢文獻。最早
講行氣之術的出土物，是戰國時期的《行氣銘》。銘文經考古學家考釋，已可
通讀，全文如下：

> 行氣，深則蓄，蓄則伸，伸則下，下則定，定則固，固則萌，
> 萌則長，長則退，退則天。天幾舂在上；地幾舂在下。順則生，逆
> 則死。

李零先生釋讀為：

> 下吞吸氣，使氣積聚，氣聚則延伸，延伸則下行，下行則穩定，
> 穩定則牢固，牢固則萌發，萌發則生長，生長則返行，返行則通天。
> 天的根在上（對下行而言），地的根在下（對上行而言），順次程序
> 則生，逆此程序則死。〔註18〕

天根指上丹田，即泥丸；地根指下丹田，即臍下丹田。整個功法應屬沿任、
督二脈行氣的小周天功。

按行氣即瑜伽八支中的第二支──調息。《行氣銘》所謂「固」、「萌」、
「長」、「退」應該屬於調息中的懸息法，下行為內懸息，即吸氣後蓄氣不呼；

〔註18〕李零《中國方術正考》，中華書局，2006 年版，P271。

上行為外懸息，即呼氣後閉而不吸。下丹田對應於臍輪，是生命元氣的中心；上丹田對應於梵穴輪，訶陀瑜伽認為，通過修持，體內的氣沿著中脈逐漸上升，最終匯聚於頭頂梵穴，到達這裡，行者就超越了一切物質欲念，與梵相通。這應該就是《行氣銘》所說的「通天」。

丹田之說與太一有關。丹田即神闕，對應於北極，而北極為太一之所居。漢桓帝延熹八年（公元 165 年）邊韶《老子銘》：「存想丹田，大一（按：即太一）紫房」，蔡邕《仙人王子喬碑》：「或絃歌以歌太一，或譚思以歷丹思（按，即丹田）」。這暗示養生並不是最高境界，覺證太一或通天才是行氣的終極目標。所以莊子說導引養形，不過「為壽「而已。這種說法，通調息於太一，已經接近了瑜伽的第八支，即歸依宇宙大我的三昧階段。

莊子推崇「踵息」（深長至於腳踵的呼吸），「緣督以為經」（疏通督脈讓氣運行），以達到「心齋」、「坐忘」的「真人」境界。《莊子・大宗師》云：

> 仲尼蹴然曰：「何謂坐忘？」顏回曰：「墮肢體，黜聰明，離形去知，同於大通，此謂坐忘。」

《莊子・人間世》云：

> 仲尼曰：「若一志，無聽之以耳而聽之以心，無聽之以心而聽之以氣！聽止於耳，心止於符。氣也者，虛而待物者也。唯道集虛，虛者，心齋也。瞻彼闋者，虛室生白，吉祥止止。夫且不止，是之謂坐馳。夫徇耳目內通而外於心知，鬼神將來舍，而況人乎！是萬物之化也，禹、舜之所紐也，伏戲、幾蘧之所行終，而況散焉者乎？

所謂坐忘，旨在脫離身體、意識的羈縛，近於瑜伽術的第四支──制感。心齋則專注內心，靜虛凝神，精純專一，應該是對瑜伽之執持和禪定狀態的表述，其境界相當於《瑜伽經》所謂「獨存」（kevalya）。

老子對瑜伽的程序表現出深刻的領悟，其言曰：

> 載營魄抱一，能無離乎？專氣致柔，能如嬰兒乎？滌除玄鑒，能無疵乎？天門開合，能為雌乎？明白四達，能無知乎？

這段話其實是倒過來說的。先收攝感官，使心無外騖，猶如無知無覺；「天門開合」說的是行氣呼吸，天門就是鼻孔，「能為雌乎？」意指呼吸能像雌性一樣輕柔深細嗎？如是祛除心想意識，使本來的菩提智慧變得純淨無瑕；通過進一步的呼吸修煉，使身心如嬰兒般柔軟天真，這就是「專氣致柔」；最後是魂魄合一（營者，魂也），靈魂與精神、軀體不復分裂矛盾，在高度的和諧中

達到自在圓通的境界。老子所闡述的證悟過程大體與八步瑜伽的程序一致。尤其「抱一」一詞，與「瑜伽（yoga）」的本意相通。瑜伽的字面意思是聯結；它和英文中的「yoke」一詞有相同的詞源，yoke 的意思是把兩頭公牛連在一起，引申為身心的統一；低級自我和高級自我的統一；或者人與神的統一。可以說，瑜伽就是老子的「抱一」之術。

《黃帝內經》云：「上古有真人者，提挈天地，把握陰陽，呼吸精氣，獨立守神，肌肉若一，故能壽敝天地，無有終時，此其道生。」呼吸精氣即瑜伽之調息，獨立守神則無異於瑜伽所謂「獨存」（kevalya）。天地、陰陽皆為太一所含攝，提挈天地，把握陰陽，即老子「抱一」之術，上古真人實為瑜伽大士。

以上是就工夫而言，從本體論上來看，《老子》對宇宙本體的描述接近韋陀本集之《有無歌》，而莊子則更富有《奧義書》「梵我一如」的機趣，並且也使用了對話和寓言的表達形式。《禿頂奧義書》第三章 5～8 偈如此論述智慧（jnana）和智者（jnani）：

> 已經認識了自我的敏銳之聖者，他們對其所獲的這種知識全然滿意。這種知識使得他們從感官享樂的依附中解放出來，而且，他們的心意總是靜定而平衡。這些智者感覺到了與遍在之梵的一體。他們與梵一道，融入了所有人、所有事物之中。

> 那些已全然理解韋檀多經典的準確意思的探索者，他們藉著實踐棄絕已經潔淨了心意，這種棄絕的標誌就是，所有出自私心的任何活動皆已停止。這樣的人甚至就在此生親證了自我，當他們到了最後的死日，他們就在梵裏獲得解脫。

> 那時，身體的十五個部位俱返回至它們的因果狀，諸根也返回至各自所出的天神，各種尚未開始的業所承載著的（累積之）業果，與靈魂一道，融入至潔恒在的梵，與它合為了一體。

> 眾多江河，只要它們在流淌不息，最後都會匯入無盡的大海。那時，所有的江河都拋下了各自的名字和形相。同樣地，當一個人認識偉大的、閃耀著光芒的自我（purusam），他的名字和形相也就消失無蹤。

心齋之下，名相消融，如川歸海，莊子《秋水》《齊物》兩篇幾乎就是對這幾段偈頌的演繹闡發。浙江大學董平教授對梵與道的共同性和差異性做了細緻的分疏，他認為：

　　比較《奧義書》之大梵與《老》《莊》《易》之道，我們可以十分清楚地看到這兩者之間的共同性。在形而上學的意義上，大梵與道的邏輯位格是同一的，兩者均為世界現象之原始的純粹存在，其實在性則普遍滲透於、彌漫於一切事物，因此就其自身存在的統一性而言，大梵與道均為現象世界之共相的涵攝與相容，可以說整個宇宙都是為其所包容的；與此同時，它們又都超越於一切現象之別相，雖遍歷一切也無法確指某一實體為大梵或道；這種周普性與超越性的共在即決定了其無限性與永恆性。在他們的構想之中，既然一切現象事物的出現、持續、衰退、消亡，也即現象之相對存在的全部過程，都是毫無例外地原本於終極實在的，那麼現象之流動的方向便永遠朝著其自身之生存本質的回歸。〔註19〕

　　其差異性表現有三。一，作為終極實在的大梵具有神性，是最高宇宙精神或絕對意識；而作為終極實在的道只是某種自然性的純粹存在，全部宇宙的創化過程，就道本身而言，並不表徵其任何意志，而僅僅是其本身之自然性存在的展開方式；在儒家學派那裡，道的自然性被充分肯定的同時又被賦予一種至上的道德性，所謂「天地之大德曰生」。實在之神性的確立導向一種以出世間或彼岸為指向的解脫人生；實在之自然性的肯定則導向以現實之此在為根本境域的逍遙人生；儒家之天人合一即道德本體的自我實現，為主體精神之崇高昇華，以完成其道德人生。按此三者之差別，本質都是人對現象世界之觀照的覺解，也都內涵於終極實在之內，可視為終極實在之不同面相，也即梵、超靈、薄伽梵三重面相，道對應於非人格梵，儒家的道德本體對應於超靈，而韋檀多之大梵大抵指向作為絕對神聖意志的薄伽梵。

　　二，同樣作為世界現象之終極實在，但其自體之實存方式卻是不同的。在中國哲學中，道為陰陽和合統一之體的本質規定決定了其本身之本質運動的必然性，因此一方面，運動與變化即是道本身之實存的基本方式；另一方面，道的本質運動立即展示為經驗世界之現象全體的生成毀滅、盈虛消息，其間並不存在體與用或性與相的分離或合一的問題，因為體用性相原本是同一不二、圓融無礙、絕無間隔的，因此絲毫沒有必要，甚至也沒有可能要在理論上設定「上道」、「下道」之類的概念以使道的自體與經驗世界相互關聯。按此點差異乃源於商羯羅不二論韋檀多學派的「上梵」、「下梵」說，但在韋檀多古義或不

〔註19〕董平《先秦儒學廣論》，浙江大學出版社，2015年版，P261。

一不異論裏，本不存在割裂體用的「上梵」、「下梵」說，不二論實際是佛教空性論的變異，而非真正的韋檀多古義。

三，源於不二論的「上梵」、「下梵」，乃產生摩耶與現象之真實性以及世界是否有二重分割。中國哲學中不存在「摩耶」（maya，幻）這種觀念，現象被看作是道體自身之實在性（而不是其意識之流動）的直接呈現，因此它本身即具有實在性的充分依據，而不是缺乏自性的；現象的變化性也是真實的，它不像在商羯羅不二論中那樣被理解為實在性的某種假象，而是被理解為實在之自身的實存方式。因此實在的永恆性並不在於其靜寂的不變性，而恰恰在於其無休止的運動性與變化性。緣於此，世界也就並不存在二重分割，終極實在的證取並非以現象的雜多性與變化性的主觀消解為前提，而是以這種雜多性與變化性的充分體認為前提而達到的對其充分的主觀認同與順應（在道家那裡）或達到對其充分的理性投入並在人事實踐中實現其價值的現實轉換（在儒家那裡）。因此「通變」的觀念在中國哲學中是至關重要的。以現象世界為幻為摩耶，也是商羯羅不二論的發明，其實韋檀多古義亦承認現象世界之真實性，摩耶不過是人心之幻，源於認為個體或現象可以獨立於本體而自存的錯覺，類似於儒家的「不仁」，並非現象世界產生之根據。《薄伽梵歌》從韋檀多古義出發，肯認世間法（Dharma）之神聖性，並尋求在踐行世間職分中獲得對梵的覺悟，實現對薄伽梵的奉獻和神聖之愛，此即業瑜伽或菩提瑜伽之道，由此完成其奉獻人生。於人事中實現天命，或將神意貫注於倫常，乃開出天人合一、知行合一、性情合一之圓融境界。原始儒家之「復情歸於太一」庶幾乎近之，而菩提瑜伽的「捨離」以及「捨離心妙用」（yukta vairagya）則跡近儒道之「無為」。所謂「捨離」即不執著貪求業果，亦不視軀殼小我為獨立之作為者、主宰者、受用者，如是心無私欲染著，以至誠之心而犧牲奉獻，則一切有為盡脫功利束縛，反而得盡天地之妙用，此即老子所謂「作而弗始，生而弗有，為而弗恃，功成而不居」。《老子》並且將這套超妙的無為之道運用於帝王南面之術：

> 道常無為而無不為。侯王若能守之，萬物將自化。化而欲作，吾將鎮之以無名之樸。鎮之以無名之樸，夫將不欲。不欲以靜，天下將自正。

> 將欲取天下而為之，吾見其不得已。天下神器，不可為也，不可執也。為者敗之，執者失之。是以聖人無為，故無敗；無執，故

無失。

「無為」之治的關鍵就是「不欲」，不欲以靜，天下將自正。反之，如果將天下作為欲望貪戀的目標，意圖憑己意奪取操縱，「為之」、「執之」，則「為者敗之，執者失之」。無為、無欲、無事、好靜，就是那鎮守天下的「無名之樸」：

> 故聖人云：我無為，而民自化；我好靜，而民自正；我無事，
>
> 而民自富；我無欲，而民自樸。

不但道家，儒家亦貴無為，故孔子贊堯舜垂衣裳而天下治，實皆取法於上古帝道。儒家的「捨離」精神則體現於「格物」過程中的「義利之辨」以及由此而來的「克己復禮」。董仲舒所謂「正其誼不謀其利，明其道不計其功」，行義明道而不計較成功厲害，此即「捨離」之義。《論語》曰：「子絕四：毋意、毋必、毋固、毋我。」意、必、固、我就是以小我為作為者，把小我視為主宰、中心。毋意、毋必、毋固、毋我，即是捨棄小我私見，故能化物而不化於物，表現出舍利而取義的道德情操。《論語》曰：「君子喻於義，小人喻於利」、「子罕言利」，但問義之所在，事之成敗利鈍，不能計較，亦不必計較。孟子承孔子一路，反功利尤甚，《孟子》曰：

> 若夫成功則天也，君如彼何哉，強為善而已矣。
>
> 哭死而哀，非為生者也。經德不回，非以干祿也。言語必信，
>
> 非以正行也。君子行法以俟命而已矣。

「成功則天」、「行法以俟命」，竭盡人事，結果則服從天命，榮辱成敗得失皆所不計，強烈的皈命情懷由此昭然可見。在《薄伽梵歌》第2章裏，阿周那心中情理交迫，義利紛陳，失去了判斷是非的能力，克利須那對他說了同樣一番道理：

> 你有義務履行賦定職分，但無權享有業果。千萬不要以為自己
>
> 是業果的原因，也不可不去履行責任。48. 阿周那呀！對職分，你要
>
> 擔當；對成敗的執著，你要摒棄。這樣的平衡，謂之瑜伽。49. 財富
>
> 的征服者呀！憑藉菩提瑜伽，擺脫一切業行。在這種覺知中皈依至
>
> 尊主吧，想享受業果的人是吝嗇鬼。

如果說大乘的「應無所住，而生其心」是來自空性般若，那麼菩提瑜伽的「捨離」精神乃出於對天地神人大道之證悟。故無為之道可以開出內聖外王、參贊化育，而空性般若只能運用於搬水擔柴、自種福田。固然大乘也發菩提心，

慈悲濟世，但若不與儒道結合，終究只能侷限於心性的圓成，而不能參贊天地、裁成萬物，達到大而化之的境界。為了獲得支配自然的力量，後起的大乘、密宗把佛菩薩演繹成通天徹地、全知全能的角色，不過是一種以人代天、以人僭天的幻惑而已。道家有「造命者天，立命者我」之說，《詩》云：「永言配命，自求多福」，命即天命，天地神人原是處於互動相生的交流感應之中。佛家拋開天地鬼神，只講一個妙明真心，便是無禮，故佛家之菩提心有慈悲而無等差，是有愛而無敬，可以視眾生為父母，卻不能盡孝於天地鬼神。天地神人互動相生的交流感應在佛家那裡被抽象為供人利用、製造功德的因果律，對天地鬼神的愛敬之心遂蕩然無存。這種非人格的態度，造成對宇宙、個體的冷漠蔑視。菩提心只是「三輪體空」下一種單方面的施捨，而不存在天地神人間愛敬之心的交流互動。這種一味平等、無有差序的慈悲愛心，不但抽象偏枯，無本無源，若施行於社會人群而沒有禮的規定疏導，就會導向絕對平均主義、無政府主義。

象太一之容——
從吠陀典探華夏上古宗教

盧牟六合，混沌萬物，象太一之容，測窈冥之深，以翔虛無之
軫。——《淮南子·道原》

一、道通為一

追溯華夏文明的源頭，我們不得不承認，我們這個似乎一向以實用理性自居，不喜言怪力亂神的民族，其實也跟其他遠古文明諸如埃及、印度、希伯來、希臘、波斯一樣，也是從天道、神明與靈魂、精神的溝通交融中獲得靈感和力量，從而生發出文明之光，開拓出文明之法姿。在這些遠古文明的文明基因裏，都隱藏了一套貫通宇宙—神—人的將玄學—神學—宇宙論融匯為一體的神聖知識及其修煉路徑、運用方法，在華夏被稱為「天人之學」，猶如古希臘稱其為「諾斯替」（Gnostic，譯為靈知），古印度稱其為「吠陀」（Veda，本意為知識，或一切知識的源頭）。莊子在號稱「晚周第一學術史」的《莊子·天下篇》中將此傳承於三代的「天人之學」總結為「古之道術」，其言曰：

> 古之所謂道術者，果惡乎在？曰：「無乎不在。」曰：「神何由
> 降？明何由出？」「聖有所生，王有所成，皆原於一。」

又曰：

> 古之人其備乎！配神明，醇天地，育萬物，和天下，澤及百姓，
> 明於本數，繫於末度，六通四辟，小大精粗，其運無乎不在。

第二段文字描述了「古之道術」的運用範圍，「配神明、醇天地」是「內

聖」的工夫，「育萬物、和天下」以下是「外王」的作略。而聖之所生、王之所成，神之所降、明之所出，其關鍵、根源在「一」。這個神秘的「一」生成、涵攝、包有了神明、天地、萬物、天下、百姓、本數、末度、小大精粗，是以一旦逆轉上達於「一」，便可向下順成此「其運無乎不在」的「道術」。

接著，莊子在評價他最稱道的「古之博大真人」關尹、老聃時，透露出上古「一」係玄學的精蘊：

> 以本為精，以物為粗，以有積為不足，澹然獨與神明居。古之道術有在於是者，關尹、老聃聞其風而悅之。建之以常無有，主之以太一；以濡弱謙下為表，以空虛不毀萬物為實。

這裡，統攝一切、至高無上的宇宙本體「一」又被稱為「太一」，體「太一」之「博大真人」，洞察卓立於「常」、「無」、「有」之境，故而精神虛靜，上通神明，和濟天下，成就萬物。

從《天下篇》的論說來看，「一」或「太一」是覺解蘊藏於《詩》《書》《禮》《樂》《易》《春秋》乃至百家之學中的「古之道術」的關鑰。從現存的文獻來看，老子《道德經》確於「一」多所發揚，比如「載營魄抱一」、「故混而為一」、「天得一以清，地得一以寧」等等。丁山、王中江等學者都認為，「一者，道也；太一者，大道也。」[註1] 原始儒家也將「太一」視為禮的本源，如《禮記・禮運》云：

> 是故夫禮，必本於大一，分而為天地，轉而為陰陽，變而為四時，列而為鬼神，其降曰命，其官於天也。

「大一」，即「太一」，「太一」分判而為「天地」，轉化為「陰陽」，變顯為「四時」、鬼神、命，無疑也是涵攝化生天地、陰陽、四時、鬼神、性命的終極性的根源，天地萬物的主宰。

《呂氏春秋》更將「樂」之來源也追溯到了「太一」，《大樂》篇云：

> 樂之所由來者遠矣，生於度量，本於太一。太一出兩儀，兩儀出陰陽。陰陽變化，一上一下，合而成章。渾渾沌沌，離則復合，合則復離，是謂天常。……萬物所出，造於太一，化於陰陽。……道也者，視之不見，聽之不聞，不可為狀。有知不見之見、不聞之聞，無狀之狀者，則幾於知之矣。道也者，至精也，不可為形，不

〔註1〕參考王中江：《簡帛文明與古代思想世界》第一章，北京大學出版社，2011年版。

可為名，強為之名，謂之太一。

此「太一」即是周易繫辭傳所謂「易有太極，是生兩儀，兩儀生四象」的「太極」，也即是老子所謂的希夷之「道」。

由此看來，「太一」牽一髮而動全身，破解了「太一」，也就找到了儒道之源，拈出了上古天人學說的總綱紀，整個華夏上古文明的精神世界將因而被照亮。

古今學者對這個在恍兮惚兮中的「太一」做了不同的解釋，大抵有四類：

一是「元氣」說，如孔穎達《禮記正義》云：「太一者，謂天地未分混沌之元氣也」。

二是作為抽象化的宇宙本原或天地運行法則，是為「哲學概念」說，一般認為《禮記》《莊子》《老子》《呂氏春秋》中的「太一」皆屬於這一類。

三是「星神」說。《淮南子·天文訓》云：「太微者，太一之庭也。紫宮者，太一之居也」，高誘注：「太微，星名也；太一，天神也。」《史記·天官書》載：「中宮天極星，其一明者，太一常居也。」又《周易·乾鑿度》卷下有「太一行九宮」之說：「故太一取其數，以行九宮，四正四維，皆合於十五」，鄭玄注云：「太一者，北辰之神名也，居其所曰太一，常行於八卦日辰之間，曰天一，或曰太一，出入所遊息於紫宮之內外，其星因以為名焉」。太一神居於北極星，並且行於九宮，又與《史記·天官書》之「帝車北斗」說吻合，其言曰：

斗為帝車，運於中央，臨制四鄉。分陰陽，建四時，均五行，

移節度，定諸紀，皆繫於斗。

司馬貞《索隱》引宋均曰：「言是大帝乘車巡狩，故無所不紀也。」「帝」以北斗為車，「運於中央，臨制四鄉」，主宰陰陽、四時、五行以及宇宙的秩序。作為「星神」的「太一」，就是這至高無上的「帝」，應該也具有至上神的身位。

四是「神名」說，神名「太一」首見於《楚辭·九歌》，其中有「東皇太一」一篇。再見於宋玉《高唐賦》之「醮諸神，禮太一」，以及《鶡冠子·泰鴻》：「泰一者，執大同之制，調泰鴻之氣，正神明之位者也。……中央者，太一之位，百神仰制焉，故調以宮。」稍後的《史記·封禪書》云：「天神貴者太一，太一佐曰五帝。」這裡的「太一」顯然具有至高人格神的位格，但卻不是一神論的 God，因為他手下還有五帝、百神作為他的助手。《史記》的說法使「太一」與殷商甲骨中被無數次提到的「帝」聯繫了起來。見於殷契卜辭，祭祀的對象除了「帝」，還有「五帝臣」，「帝五臣正」一類的輔佐之神，以及

日月、山川、賢聖、祖先等。周代彝銘上也提到「唯皇上帝百神」一語，分明是一至上神與眾多半神（demigods）兼而有之。饒宗頤先生認為這種體系屬於heno-theism，近於印度吠陀時代的宗教〔註2〕，他指出：

> 殷代的最高神明是帝，帝是自然的宇宙主宰。……卜辭每言燎土是祭地，與薶之祭天，都是事上帝之禮。其時所謂上帝是最高級別的宇宙神，實際包有天地而統攝之。

顯然，殷代的「帝」和出現於晚周的「太一」指稱的是同一個作為「整體大全」（completewholeness）的包有統攝天地萬物的至高人格神。

「太一」在殷代也被稱為「大乙」。丁山先生認為商湯之號大乙即《九歌》中的東皇太一，他說：

> 日行東道，名為甲乙，則商人自可尊大乙為東方大神，可是，東方的大神大乙，漢以後人頗多寫作「太一」或「泰一」。〔註3〕

此「大乙」或「東皇太一」似乎又與日神及日的運行有關。

李零認為「太一」即《九歌》中的「東皇太一」，他推斷「太一」在先秦時代就已經是一種兼有星、神和終極物三重含義的概念。〔註4〕

再向上追溯，據說夏禹得之於天啟，後來又由箕子授武王的《尚書·洪範》篇，其中有「皇極」之說，「洪範九疇」之五曰「建用皇極」，方東美先生斷言：

> 「皇極」一辭，質言之，實指「太極」，以「太」或「大」釋「皇」，自無疑問。蓋「偉大」之涵德，商周之人皆奉為秉承於「天」或「上帝」。……《周書》第三十二篇《逸周書》至謂：「正及神人曰極；世世能極曰帝」，意即「上帝」也。

「皇極」即「太極」，也即「泰一」或「太一」。《舜典》謂之「昊天上帝」、《詩經》謂之「皇矣上帝」。華夏上古確實存在一個貫穿三代乃至三代以上的以「泰一」或「皇極」、「上帝」為根本或核心的宗教體系。方東美先生對此加以描述道：

> 據古代史官與各派先哲所述，殷人及其先驅宗教情緒至為強烈而濃厚，篤信精神真實存在，一切神靈，統之有宗，尊卑有序，凝

〔註2〕饒宗頤：《饒宗頤二十世紀學術文集》，臺北新文豐出版，卷五，殷代的宗教，P8。

〔註3〕丁山：《中國古代宗教與神話考》，上海書店出版社，2011年版，P386。

〔註4〕李零：《中國方術續考》，中華書局2006年版，P177。

成一大立體結構，表現實在之精神性或精神之實在性，而以「昊天
上帝」、「皇矣上帝」監臨萬有，統攝一切自然界及人事界之全局，
藉旁通交感，以謀致生命整體之臻於至善。〔註5〕

然而，方東美先生感歎，如此輝煌悠久、精奧博大的華夏上古宗教體系，
「其中所隱含之思想，既非一套詮表明晰之哲學，所需文獻亦不足徵，無法據
作論證而證立之；亦非一套神話抽樣，蓋一切系統神話，除印度與希臘傳統外，
概屬後起而晚出。只合視為一種宣露品性善良之宗教信仰，其意義多發諸系統
化之祭禮」。〔註6〕

方東美先生的說法既令人扼腕浩歎，也足以讓人生起極大的疑心。難道所
謂「太一」不過是一些神話碎片的拼湊？抑或是幼稚蒙昧的原始思維臆想的一
個玄學怪物？難道就沒有其他的線索，讓我們能順著迷離的神光，找到華夏遠
古宗教世界的全景和真相了嗎？

還是丁山先生，早在上世紀初期就借助上古域外文明作為考據之第三重
證據，卓有遠見地為我們開啟了一扇探索之窗。他在「宇宙大原在泰一」一文
中大膽推測，禮記之「大一」、周易之「太極」、老子之「道」，以及屈原《天
問》所問之「遂古之初」，皆指向同一宇宙大原，而「老莊宇宙本體論與屈原
思想完全一致，都發源於楚使倚相所讀的三墳，也即是印度的三吠陀」。他援
引日本高楠順次郎博士對吠陀《創造讚歌》之概述：

此等讚歌，言其主要有三點：第一，認宇宙之大原為唯一，第
二，以萬有之生起，皆由唯一大原發展，第三，發展為萬原後，大
原之自體依然不動。無有讚歌曰：「彼之一」（Tad ekam），生主歌曰：
「萬有之獨一主」（Bhutasyapatir），造一切歌曰：「唯一神」（Deva
ekah），原人歌謂全宇宙為「一原人」（Purusa）之發現。大原之名稱
及性質，各讚歌間雖有差異，但認為唯一則同。此種思想，後遂永
久支配印度思想界。奧義書中有「唯一不二」之格言，大乘佛教中
遂開展為「唯有一乘法，無二亦無三」之大思想。（印度哲學宗教史，
第一篇第四章第二節梨俱吠陀之統一的宇宙觀）〔註7〕

丁山先生於是依此推論：

〔註5〕方東美：《中國哲學精神及其發展》（上），中華書局，2012 年版，P53。
〔註6〕方東美：《中國哲學精神及其發展》（上），中華書局，2012 年版，P53。
〔註7〕丁山：《中國古代宗教與神話考》，上海書店出版社，2011 年版，P482。

　　這個「唯一」宇宙大原，不就是道德經所謂「道生一，一生二，而生三，三生萬物，繫辭傳所謂「易有太極，是生兩儀、四象、八卦」嗎？由是言之，宇宙大原在大一，大一思想的根本在吠陀。〔註8〕

　　隨後，精通梵文，跟從印度婆羅門學習過吠陀原典的饒宗頤先生也認識到了這一點。他認為，梨俱吠陀之《創造讚歌》，其中表現著極濃厚的高度一元論思想（monism）：

　　　　如 tad ekam（that one）觀念的出現，正如我們的「太一」，此歌開頭便說「太初無無，亦復無有，有點像老子一派主張「建之以常無有，主之以太一」，太一觀念，在戰國以後已經神化了。〔註9〕

　　但饒宗頤先生以為吠陀中的 TadEkam 是純理抽象的高度一元論哲學，所以屬於晚出，似乎不應與神化的「太一」相混淆。

　　至此，這扇剛剛開啟的天窗就再也沒有人去叩問了，丁、饒兩先生的探索便也成了絕響。

　　斗轉星移，1993 年冬湖北荊門郭店村一號楚墓出土了一批戰國楚簡。在這批竹簡中，有先秦道家文獻兩種四篇，即郭店《老子》甲、乙、丙三組和一篇被命名為《太一生水》的道家軼文。《太一生水》篇為「太一」研究打開了一個全新的維度。很多學者認為，《太一生水》和《老子》在思想上有極大的關聯。李學勤先生認為《太一生水》是對《老子》第四十二章的引申和解說〔註10〕。陳偉先生認為《太一生水》的內容可以分成三部分，「依次與傳世本《老子》第四十二章、第二十五章和第七十七章對應，似為闡述《老子》這幾章大義的傳。」〔註11〕。邢文先生認為，《太一生水》及丙組《老子》不是合抄的兩篇文獻，而是內容連貫的一篇文獻〔註12〕。譚寶鋼先生更進一步，推斷《太一生水》是老聃遺著，是我們沒有見過的老子軼文，其思想的主要來源是周禮尤其是周公旦的思想。〔註13〕

〔註8〕丁山：《中國古代宗教與神話考》，上海書店出版社，2011 年版，P482。

〔註9〕饒宗頤：《梵學集》，上海古籍出版社，P45。

〔註10〕李學勤：《荊門郭店楚簡所見關尹遺說》，《中國文物報》1998 年 4 月 29 日）。

〔註11〕陳偉：《「太一生水」考釋》，《古文字與文獻》試刊號，臺北：楚文化研究會 1999 年版，第 65～72 頁。

〔註12〕邢文：《論郭店老子與今本老子不屬一系——楚簡「太一生水」及其意義》，見姜廣輝主編：《中國哲學》第二十輯《郭店楚簡研究》，瀋陽：遼寧教育出版社 1999 年版，第 165～186 頁。

〔註13〕參考譚寶鋼：《老子及其遺著研究》，四川出版集團巴蜀書社，2009 年版。

關於《太一生水》篇中的「太一」的性質，學術界大致也有兩派意見。一是宗教神話說。李澤厚先生認為，「太一」之名來源於神話或原始巫術儀典，即宗教上的神〔註14〕。蕭兵認為，《太一生水》是神話學的產物，太一就是太陽神或天帝〔註15〕。二是自然哲學說。譚寶鋼先生認為，由於作為抽象哲學概念的「太一」具有至上性和絕對性，使得它走上了神學的領域，遂被後人發展演繹為神名「太一」〔註16〕。持這派意見的學者大多認為哲學上的「太一」是首先出現的，並且就始於《太一生水》。

本人在 2009 年出版的《上帝的基因》裏，重拾丁山先生、饒宗頤先生的墜緒，借助上古域外文獻也即吠陀諸經這一參考體系，對「太一」進行了全方位的闡說，試圖將「太一」放在上古精神世界的全景中去作一種「以古釋古」式的解讀。

二、太一生水

我們先來看一下《太一生水》篇。以下是《太一生水》篇的簡文：

太一生水，水反輔太一，是以成天。天反輔太一，是以成地。天地〔復相輔〕也，是以成神明。神明復相輔也，是以成陰陽。陰陽復相輔也，是以成四時。四時復〔相〕輔也，是以成×熱。×熱復相輔也，是以成濕燥。濕燥復相輔也，成歲而止。

故歲者，—濕燥之所生也。濕燥者，×熱之所生也。—×熱者，〔四時之所生也。〕四時者，陰陽之所生〔也〕。—陰陽者，神明之所生也。—神明者，天地之所生也。—天地者，太一之所生也。—

是故太一藏於水，行於時。—周而或〔始，以己為〕萬物母；—一缺一盈，以己為萬物經。—此天之所不能殺，—地之所不能釐，陰陽之所不能成。君子知此之謂〔聖人。□□□□□〕

「太一」是宇宙創生的本原、最高的形而上實體，這是不成問題的。但今人困惑的是「太一生水，水反輔太一」，以及「太一藏於水，行於時」的說法，「太一」何以單單先生出水呢？既然「天地者，太一之所生也」，它是宇宙萬

〔註14〕李澤厚：《初讀竹簡印象紀要》，見陳鼓應主編：《道家文化研究》第十七輯《郭店楚簡專號》，北京三聯書店 1999 年版，P418。

〔註15〕蕭兵：《「太一生水」的神話學研究》，《華中師範大學學報》（人文社會科學版）2003 年第 6 期，第 18～24 頁。

〔註16〕譚寶鋼：《老子及其遺著研究》，四川出版集團巴蜀書社，2009 年版，P272。

物的終極創生者，那麼生水應該是不成問題的。但問題是，在《太一生水》篇中首先講到的是「太一生水」，然後才生天生地。「水」的重要性竟然超出了天地？這究竟是什麼「水」呢？「太一」又如何藏於「水」呢？

已有的古代文獻似乎都不足以給出令人滿意的答案。學者大多從諸子對水或水性的刻畫中尋找答案，例如老子「上善若水」之類的說法。但顯然文不對題，過於牽強。但如果我們將目光轉移到整個全球上古文明，一個玄遠瑰偉的宇宙化生神話就浮現出來了。古埃及、西亞、希伯來、美洲皆有水化宇宙的神話。我在《上帝的基因》裏考證，這些面貌相似的神話的原型出於吠陀諸經。水化宇宙的創世模式在吠陀諸經中得到了完整、系統、精奧的講述，相比之下，其他神話傳統的寓言式描述顯得幼稚、零碎。例如屬於吠陀天啟（Sruti）部分的《摩訶那羅衍那奧義書》詠歎造物主那羅衍那（Narayana）之創世云：

> 大海無涯兮，萬物之中央；大於至大者兮，居天之彼方；以其淨明兮，於光輝其遍入；是乃造物之主兮，遊於胎藏。

> 萬物滅入其內兮，由斯舒展；萬神萬靈兮，基礎安立於是。彼為已是者兮，而又為將是，居於泰始之音兮，至上之宇。

> 以此隱蔽太空兮，復地彌天；以此太陽騰熱兮，燦爛明圓；於大海之內兮，詩人織出；於彼無上之音兮，凡此造物。

> 由之而生起兮，世界之生育；以水而播大地以生命種族。而又入乎草木兮，人與牲畜；凡靜者與動者兮，宇宙萬物。

> 無有高於彼者兮，無逾彼微；超卓而為至極兮，大之極巍；為一而非顯了兮，無極其相，為大全兮，太古，出幽冥之上。

> 唯彼為大道兮，唯彼為至真；彼唯超上之大梵兮——說之詩人。敬事，善事，成與方成事無數，彼咸負之兮，為萬有之輪軸。

> 唯彼是火兮又是風，唯彼是日兮又是月，彼唯純潔兮永生，是大梵兮是諸水，彼哉造物主！凡瞬間兮皆迸發乎電，是乃出自乎神人！為刻兮，為時兮，為秒忽，為晝夜兮，遍恒。為半月兮，為月，為季，又為年兮，辨甄！彼挹水自茲二者：自兩間之空而又自天！……

> 生自水兮自金胎……

彼，我輩之親串，父，創造主兮，彼知萬物兮，知一切之寓府。
彼處諸天所冀得乎永生兮，乃逍遙遊第三天之上宇。

彼等迅爾周流乎天與地兮，遍諸界，遍諸方，遍諸光明處。道
織成兮廣被，彼覆蓋之兮，彼見是，化為是，在含靈之所。

周流乎諸世界兮，周遍群有；盡諸方與諸極兮，無不周遍；造
物主父兮，泰始生者，為大道之自體兮，生而為「自我」。

寶座之主兮神奇首！因陀羅兮摯愛友！賜予智慧兮我祈受！

〔註17〕

又據《摩奴法論》，造物主那羅衍那禪臥於自其本身流衍而出的混沌大水，
以瑜伽幻力（yogamaya）化生攝持天地萬物，其文有曰：

這宇宙原是一個暗的本體，不可感覺，沒有特徵，不可推理，
不可認識，一如完全處於昏睡狀態。

後來，自身不顯現而使這宇宙顯現的世尊自在出現了，他驅除
暗，具有轉變粗大元素等等的力量。

他自照獨存，不可感覺，細不可見，不顯現，無始終，化入萬
物，不可想像。

懷著創造種種生物的願望，他通過禪思，首先從自己的身體創
造出水，又把自己的種子投入那水中。

那種子變成一枚金卵，像太陽那樣光輝燦爛；他自己作為一切
世界之祖梵天出生在那金卵之中。

水叫做「那羅」，因為水是「那拉」生的；既然水是他的最初的
居所，所以他叫做「那羅衍那」。

……

在那金卵中住滿一年之後，那世尊通過自身的禪思，親自把金
卵分成兩半。

他用那兩半金卵造成天和地，以及其間的空界、八方和水的永
恆所在地（海洋）。〔註18〕

那羅衍那的梵文本義即是「以水為居者」，他藏於大水之中央，化生出火

〔註17〕徐梵澄：《五十奧義書》之《摩訶那羅衍那奧義書》，中國社會科學出版社，
1996年版，P310。

〔註18〕蔣忠新譯，《摩奴法論》，中國社會科學院出版社，2007年版，P7。

風日月、萬神萬靈、草木人畜，以至於時間四季。《奧義書》之創世說，是典型的東方式的化生創世，即張光直所謂的「巫術性的宇宙」，宇宙現象乃是超自然能量變形轉化的結果，而不是像在猶太基督教傳統中的自虛無而生的「創造」，這與《太一生水》篇中太一與水、天地、陰陽相輔相生的創世模式是相同的。

「以水為居者」那羅衍那創世的過程，在屬於吠陀聖傳經（smrti）部分的《薄伽梵往世書》（Bhagvat Purana）第二篇中還有更詳細的描述：

> 第一個主宰化身（PurusaAvatara）──至尊主巨大的宇宙形象摩訶毗濕努，出現在原因海中。他把不同的宇宙分隔開後，從混沌大水中出來，進入每一個宇宙裏面，想要躺在他創造好的超然之水（胎藏海）的水面上。
>
> 這位至尊的人並非不具人格特徵，而是非凡的人──那拉（Nara）。至尊那拉創造的超然之水稱為那羅，由於他躺在那水面上，他被稱為那羅衍那。
>
> 吾人應該明確地知道：所有的物質成分、業、時間和氣性，以及專為享受那一切的有情，都僅僅是靠他的慈悲而存在著；他一旦不照管他們，一切就不存在了。
>
> 獨一無二的至尊主在神秘的睡眠狀態中想要展示出各種各樣的生命體，便通過他的外在能量分泌出具有三種特徵的金色精液。
>
> 請聽我告訴你，至尊主是怎樣把他的能量一分為三，按前面所談的分為：負責控制的生物（adidaivic），被控制的生物（adhyatmic）和物質展示（adibhautic）。
>
> ……
>
> 繼第一控制者原因海毗濕努後，物質大實體（MahaTattva）產生了，接著時間展示了，最後出現的是物質自然三極氣性。大自然是指三極氣性的呈現，而它們轉化為種種業。〔註19〕

物質展示（adibautic）即不斷變化的自然，表現為陰、陽、中和三種氣性的互相鬥爭消長，相當於華夏哲學體系中的「地」；負責控制的生物（adidavic）即諸神、神明，相當於華夏哲學體系中的「天」；被控制的生物（adhyatmic）

〔註19〕毗耶娑著，佳那娃譯：《薄伽梵往世書》第二篇，中國社會科學院出版社，2014年版。

即眾生、有情，相當於華夏哲學體系中的「人」，此三者皆為那羅衍那之能量所化生。《白虎通・天地》篇對天、地有一段分說：「天者，何也？天之為言鎮也，居高理下，為人鎮也。地者，元氣之所生，萬物之祖也。地者，易也，萬物懷任，交易變化。」與吠陀之說極為相近。

結合以上三段來自不同文本的吠陀經文來看，那羅衍那即是宗教之獨一至上神，也是彌綸天地的玄學本體。彼至大而無外，至小而無內，即超越於天地之外，又內在於萬物之中，無為而又無不為。彼化生一切，攝持一切，彼即是一切。如《摩訶那羅衍那奧義書》所說「無有高於彼者兮，無逾彼微；超卓而為至極兮，大之極巍；為一而非顯了兮，無極其相，為大全兮，太古，出幽冥之上」，「周流乎諸世界兮，周遍群有；盡諸方與諸極兮，無不周邏；造物主父兮，泰始生者，為大道之自體兮，生而為自我。」與《老子》「有物混成，先天地生。寂兮寥兮，獨立而不改，周行而不殆，可以為天下母。吾不知其名，強字之曰道。強為之名曰大。大曰逝，逝曰遠，遠曰反。故道大，天大，地大，人亦大。域中有四大，而人居其一焉。人法地，地法天，天法道，道法自然。」一段可以對照，也與《太一生水》之論「太一」契合：「是故太一藏於水，行於時。一周而或〔始，以己為〕萬物母；一缺一盈，以己為萬物經。此天之所不能殺，一地之所不能釐，陰陽之所不能成」，其形容道體之妙，如出一口。尤其通行本《老子》「有物混成」句，郭店簡本寫作「有狀混成」，其形上超越之意味更顯明晰。《老子》這一段文字形容道體，又以道統攝天、地、人，與吠陀典關於至尊者那羅衍那及其三種能量的說法可謂妙合無間。那羅衍那之臥於胎藏海中，以其宇宙陰性能量創生時間、宇宙、諸神、眾生，以及感知對象（寒熱、濕燥），可能就是「太一生水」，「太一藏於水，行於時」的原始神話圖景。「太一」所生、所藏的「水」也不是普通五行中的「水」，而是猶如萬物子宮的胎藏海或原始混沌大水。

那羅衍那即吠陀之至高人格神毗濕奴（Vishnu）。毗濕努的主宰化身有三重，對應於宇宙創造的 3 個進向。據《薄伽梵往世書》的記載，第一重主宰化身稱為原因海毗濕努（Karanadakshayi Visnu），以瑜伽龜息（Yoga-nidra）臥於永恆、黑暗之原因海，呼吸之間無數宇宙由他的皮膚毛孔中產生出來。隨後，原因海毗濕努分身進入各個宇宙，示現為第二重主宰化身胎藏海毗濕努（Garbodakshayi Visnu），這個化身以其分泌的汗液創造了充塞宇宙三分之一的胎藏海，並從肚臍裏孕生出宇宙蓮花，宇宙第一始祖梵天遂誕生於蓮花之

巔，開始創造宇宙萬物；由是胎藏海毗濕努又分身為第三重主宰化身乳海毗濕努（Ksirodakshayi Visnu），進入天地萬物及眾生心中，行操控、護持、監臨之職權，是為最勝我（paramatman）或宇宙超靈[註20]居於北極星。

根據我在《上帝的基因》裏的考證，華夏神話體系裏的伏羲，即梵文毗濕努（Visnu）之華夏對音，按照伏羲所居之地，華夏神話體系中的伏羲可以分為原始混沌大水裏的創世大神伏羲（出現於馬王堆楚帛書《創世篇》）和《太一生水》之太一、居於北辰的眾神之主太一伏羲（出現於長沙馬王堆「非衣」帛畫）、居於太陽的太皞伏羲，他們分別對應於吠陀神話體系中至高人格神毗濕努的不同分身，即原因海和胎藏海毗濕努、居於北極星的乳海毗濕努、居於太陽的大日那羅衍那（Surya-Narayana）。圖示如下：

<u>毗濕努之分身　華夏之太一</u>
原因海毗濕努 → 馬王堆《創世篇》之伏羲
↓
胎藏海毗濕努 → 《太一生水》之太一
↓
乳海毗濕努　 → 北辰之帝太一伏羲
↓
大日那羅衍那 → 日神太皞伏羲／東皇太一

除了創世大神伏羲即原因海和胎藏海毗濕努的坐駕是巨蛇或龍，其餘兩個居於宇宙星體之上的毗濕努亦即伏羲的分身相都以神鳥或鳳為坐駕，由此縹緲難徵的靈知神話進入可見的宇宙空間，並與可以進行實際觀測的靈知天文結合，產生了各種神秘的靈知象徵符號，例如出現於仰韶、大汶口文化中的象徵太陽崇拜的日鳥圖紋，紅山、三星堆、良渚的象徵「北斗帝車」的鷹豬神徽，以及貫穿五千年華夏文明的龍鳳崇拜。出土於荊門的「兵避太歲戈」，以及馬王堆的帛畫《避兵圖》，據李零先生《中國方術續考》考證，上面的圖像就是漢代所謂「太一鋒」。（圖1，兵避太歲戈；圖2，馬王堆帛畫《避兵圖》）「兵避太歲戈」援部紋飾上的浮雕「太一」為戎裝神人，頭戴「鶡冠」，身披甲冑，雙手和胯下各有一龍，左足踏月（在右），右足踏日（在左）。

[註20] 毗耶娑著，佳那娃譯：《薄伽梵往世書》第二篇，中國社會科學院出版社，2014年版。

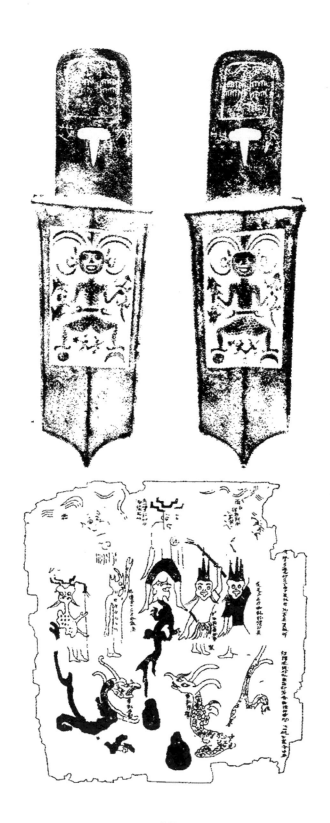

　　按吠陀文獻裏描述毗濕努，通常也是頂盔持械的武士形象，乘大鵬鳥伽魯達（Garuda），以天龍蛇沙（Sesha）為臥具，常被視為克制阿修羅的戰神。「太一」掌控三龍，應象徵「太一」掌控天地人三極，猶摩訶那羅衍那之操縱毗濕努（和氣之御神）、梵天（陽氣之御神）、濕婆（陰氣之御神）。包山楚墓占卜簡把「太一」當作主神，並提到雲君（相當於《九歌》中的「雲中君」）、「司命」（疑即《九歌》中的「大司命」、「司禍（過）」（疑即《九歌》中的「少司命」）等神，據此李零認為「太一」即《九歌》中的「東皇太一」，並與基督教的 God 有一定的相似性。「太一」崇拜西漢尤盛，幾乎屬於國家宗教。在武帝諸祠中，祭祀太一的甘泉宮最尊。馬王堆帛畫《太一將行圖》，「太一」的左腋下題有「社」字，說明天神太一與社神合一，其下方的四神，即四時四方之神。楊向奎先生《論「以社以方」》一文中說，祭天為「社」，旅地為「方」。「社」即「土」，在甲骨文中像圜丘之形，「方」為方壇，都是根據天圓地方的理論而為之。社的神性或者說社的功能，周代以後有了很大的擴展，除了與祈雨之類的農業生產有關之外，出征與凱旋、結盟、禳災、用刑等都要祭社。社神功能的多樣性使它成了國家與地區的最重要的保護神，而作為祭祀場地的「社」也成了上帝、天神、地祇無所不祭的至高聖地。「太一」崇拜在上古華夏之顯赫地位與悠久歷史於此已昭然若揭。

　　毗濕努／伏羲／太一即是宇宙—神—人的本原，也是其歸本覆命之所，這就牽涉到作為華夏上古宗教核心的靈魂「不死」說以及「昇天之路」說。饒宗頤先生認為「不死」淵源於古印度梵典 amrta 一詞，而追求不死升仙的齊學則有可能淵源於吠陀[註21]。「昇天之路」是靈魂離開塵世的途徑，與神山、神獸、宇宙樹、火、光、日、月、星辰及其守護神有關，也與天象、祭祀和修煉有關。我在《上帝的基因》裏將楚辭《離騷》《遠遊》和《山海經》裏隱藏的「昇天之路」與《唱贊奧義書》《薄伽梵往世書》《薄伽梵歌》中所描述的登梵之途進行了比較，發現這兩個體系間存在著驚人的相似。

　　隨著「太一」真容的呈露，一個弘大奇妙的華夏上古神靈世界、精神世界從冰山下漸漸浮出水面，其崢嶸靈怪之色，令人歎為觀止。各種原來看似互不相關的零零碎碎的古代文獻記載、神話片段，在吠陀諸經的參照下，漸漸拼成了一幅華夏上古宗教全景圖。關於「太一」的種種說法：星神說、神名說、哲學本體說、

〔註21〕饒宗頤《饒宗頤東方學論集》之《不死觀念與齊學》，汕頭大學出版社，1999
　　　　年版，P342。

甚至元氣說，都在吠陀的毗濕努分身神話及其所蘊涵的玄學義理裏得到了圓滿
的會通。「元氣」似乎就是《摩奴法論》裏籠罩摩訶那羅衍那的那個「暗的本體」，
即「冥諦」（pradana），意指尚未分化的總體物質能量，在《有無歌》中演化為「胎
藏」，因為是「他」的能量，所以與「他」無異，猶如日光之於日。

　　反過來，被重新破解、拼接好的華夏文獻和考古發現，也能實證、還原一
個統一原始的吠陀世界，因為吠陀諸經也已被太多的歧義和解析搞得面目全
非、雜亂無章。例如，蘇雪林先生在楚辭《天問》中發現了《往世書》的「攪
拌乳海」神話，這就將《往世書》的流傳時間大大提前了。）刪除

　　在這裡，我們需要打破「非此即彼」的邏輯思維方式，進入古人的一體化
道性直覺路徑。各種看似對立、矛盾甚至貌似毫不相關的因素，比如天地人、
有與無、體與用、超越與內在、本體與現象、天道與神明、一神與多神、哲學
與神學、宇宙與人事、心靈與物質，在古人的精神世界裏，卻是一體圓融、息
息相關的，毗濕努派（Vaishnava）吠檀多哲學稱之為「奇妙不一不異論」
（acintyabhedabheda），按照莊子的說法是：「舉莛與楹，厲與西施，恢詭譎怪，
道通為一。」這就是我所謂的「以古釋古」。後世學者各執一端、聚訟不已的
原因，也就在此思維方式之差異上面。大道破碎，太一鑿分，親眼見證了上古
華夏之精神信仰世界轟然崩塌的莊子，在《天下篇》中對此加以批判道：

> 雖然，不該不遍，一曲之士也。判天地之美，析萬物之理，察
> 古人之全，寡能備於天地之美，稱神明之容。是故內聖外王之道，
> 暗而不明，鬱而不發，天下之人各為其所欲焉以自為方。悲夫，百
> 家往而不反，必不合矣！後世之學者，不幸不見天地之純，古人之
> 大體，道術將為天下裂。

三、《有無歌》與太一四位

　　《上帝的基因》出版大約五年後，香港中文大學姚治華教授在中印比較論
文集《梵與道》中發表了論文《一，水，和宇宙論──對〈梨俱吠陀〉第十卷
第 129 曲及〈太一生水〉的思考》。他將《黎俱吠陀》第十卷第 129 曲跟《太
一生水》篇進行了比較，認為兩者都是從相似的太古之水和北極星的神話主題
發展而成的，並且與占卜和祭祀有關。〔註 22〕

〔註 22〕Edited by Itharmar Theodor and ZhiHua Yao: Brahman and Dao, by Lexington
　　　　Book, 2014, Part 1.

其實這首開啟印度哲學黎明曙光的吠陀第一玄言詩，蘊藏了極大的玄機。饒宗頤先生曾專門解讀過其中的第二頌：

Na mrtyur asid, amrtam na tarhi. Na ratria ahna asit praketah anid avatam svadhaya tad ekam tasmad dhanyan na parah kim canasa.

(There was not death nor immortality then. There was not the beacon of night, nor of day. That one breathed, windless, by its own power. Other then that there was not anything beyond.)

Mrtyur 與 Amrtam，華言即死與不死；此辭為創造之頌，謂泰初之始，未始有始，無死，亦無不死，無陰無陽（辭稱無日月之指），得一（eka）而不假於他（para），不調氣而自為呼吸（a-vata 即 windless）。莊子所謂「咸其自取」（《齊物論》），「真人」、「其息深深」、「自本自根，未有天地，自古以固存」（《大宗師》），非此意而何耶？《老子》及古《黃帝書》俱云：「谷神不死。」……〔註23〕

所謂創造之頌，或創造讚歌即《黎俱吠陀》第十卷第 129 曲之 Bhava-Vrtta，譯為《有轉神贊》，因重點闡說有、無這兩個基本哲學概念，故也通稱為《有無歌》。共七頌，作者為住頂仙人。據巫白慧先生的注釋，有轉神亦即被稱為「最勝我」（paramatman）的至上神，也就是這段經文中的 Tad ekam，即太一、那羅衍那〔註24〕。饒宗頤先生認為此 tad ekam 即莊子《大宗師》中「自本自根，未有天地，自古以固存」的「道」，以及《老子》「谷神不死，是謂玄牝。玄牝之門，是謂天地根，綿綿若存，用之不勤」一句中的「谷神」，可謂法眼如炬，發數千年未發之覆。不過，據我看來，「玄牝」似乎對應於「太一」或「最勝我」那羅衍那所據以創化天地萬物的「胎藏」。

跟老子《道德經》一樣，此吠陀神曲也以有（sat）、無（asat）開篇，其第一、第二頌曰：

> 無既非有，有亦非有，無空氣界，無遠天界，
> 何物隱藏，藏於何處？誰保護之？深廣大水？
> 死即非有，不死亦無，黑夜白晝，二無跡象，
> 不依空氣，自立獨存，在此之外，別無存在。

〔註23〕饒宗頤：《梵學集》之《不死觀念與齊學》，上海古籍出版社。
〔註24〕巫白慧譯解《〈梨俱吠陀〉神曲選》第五章，商務印書館，2010 年版，P245～252。

巫白慧先生認為，「無既非有，有亦非有」兩句中涵攝了至高的哲理。他評注道：

> 這兩句話標誌著吠陀哲學家在辯證的認識上有了一個飛躍，因為這兩句話是對「無」與「有」作進一步的規定，是意味著「無」與「有」並非靜止固定而是在不斷的運動中變化，「無」不是永恆的「無」，「有」也不會永遠是有，……二者既是對立的，又是統一的。（24）

他認為，「無」與「有」的矛盾統一，是一個三重辯證模式，即從「無」到「有」再到「非有非無」或「有即是無，無即是有」的統一，猶如第二頌生死、晝夜之統一。在此之上，存在著一個包攝一切矛盾現象（主觀的和客觀的現象）的超驗統一體，它的特徵是「不依空氣，自立獨存，在此之外，別無存在」，這個統一體就是「有轉神」或「最勝我」。

這簡直就是莊子《天下篇》所總結的關尹、老聃之旨：「建之以常、無、有，主之以太一」。「常」是「無」、「有」的統一，常、無、有皆歸攝於作為整體大全或全體大用的「太一」或「道」。《老子》第一章論「無」、「有」曰：「此兩者同出而異名，同謂之玄。玄之又玄，眾妙之門。」老子曰：「知和曰常」，和、同一義，故同即是常，謂之玄，而玄之又玄，則指向玄學—神學之最高位——統攝常、無、有的太一／谷神。

總起來看，《有無歌》第一、第二頌論本體界，其精髓就是《老子》第一章「此兩者同出而異名，同謂之玄。玄之又玄，眾妙之門」這一句話。

《有無歌》第三、四、五頌述宇宙之化生，其文曰：

> 太初宇宙，混沌幽冥，茫茫洪水，渺無物跡，
> 由空變有，有復隱藏，熱之威力，乃產彼一。
> 初萌欲念，進入彼內，斯乃末那，第一種識，
> 智人冥思，內心探索，於非有中，悟知有結。
> 悟道智者，傳出光帶，其在上乎？其在下乎？
> 有輸種者，有強力者，自力居上，沖力居下。

第三頌講器世界的創化歷程。「最勝我」居於混沌大水中，先化生出「空」、「熱」和「彼」。「空」，梵文為 tuchya，意為「虛空」。照《淮南子·天文訓》的說法，「道」始於「虛廓」，「虛廓」產生「宇宙」，「宇宙」又產生出「氣」。此「虛廓」即相當於「虛空」。「熱」，梵文為 tapa，引申為苦行、祭祀、修煉、

獻祭之意，而非指一般意義上的熱或火，作為第一個創造因素生出永恆法則和真理，乃是「最勝我」之內在能量或精神力量 cit-shakti，出自無上者的本性，也是「法」（dharma）的根源，老子所謂「道法自然」，即道取法於其自身之本性或內在能量，是為世界創生之形式因。「彼」是「胎藏」，即混沌「元氣」、未分化的總體物質能量，屬於無上者之外在能量或 acit-shakti，是為世界創生之質料因（material cause）。「最勝我」或無上者為世界之本原、歸宿，故為根本因或目的因（final cause）。

第四頌講到人或生命個體（jiva）與世界之關係。眾生欲念或業識進入「彼」即胎藏之內，由是生化為末那（mana）即心，心乃引發出一切現象，是為入世道（Pravitti Marga）。所以眾生（Jiva）作為無上者的邊際能量（Tathasta-shakti），乃是無上者創生世界的動力因（operativa cause）。但智者冥思，反身內求，不再為心、物所動，遂能自「有「入」無」，解脫於對「有」的執著，「於非有中，悟知有結」，是為向本根逆轉的「出世道」（Nivritti Marga）。這一段文字，既包括創世論，也涉及解脫論，恰好對應於《老子》開篇第一段文字：

> 道可道，非常道。名可名，非常名。無名，天地之始；有名，
> 萬物之母。故常無欲，以觀其妙，常有欲，以觀其徼。

從《有無歌》第一、二頌無「無」無「有」、無空界、無天界、無生無死、無夜無晝的不可言說、無有分別的本體界，到第三、四頌空、彼、末那、識等「名」的漸次出現，可以用概念認知命名的現象界即「有」的分別世界產生了（觀其徼）。但隨著世界的展開，深陷於欲念中的生命個體又被「有」所纏縛，於是智者冥思，向內心探索，自「有」而入「無」，又從「無」而觀「有」，乃入「常」之妙境（觀其妙）。

《有無歌》第五頌論智者向內層層逆轉，終於上通宇宙本原，來自宇宙本體的光明開啟下傳，其智慧之光於是向下逐層照徹天地（上、下）、神明（「有輸種者」為天父，為乾；「有強力者」為地母，為坤。又「在天為神，在地為明」）、陰陽（自力為陰氣，沖力為陽氣）。由此可見智者所悟之「道」即「最勝我」，其中涵攝了天地、神明、陰陽，逆轉則為悟道，順成則生創化，而創化順序竟然跟《太一生水》所說完全印契。這一頌，既包括知識論，也涵攝了宇宙生成論。

將五頌合起來看，《有無歌》通篇的精義就在《老子》的第一章和《太一生水》篇，其中涵蓋了認識論、本體論、工夫論、知識論、宇宙論的基本範疇

和原則。尤其《有無歌》所論述的宇宙生成論，精微奧妙，複雜多端，融合了多維度、多層位的創生因素，既收攝了長沙子彈庫楚帛書的神話型宇宙論，也包涵《老子》式的「有生於無」型宇宙論，以及《太一生水》式的數術型宇宙論，為我們提供了宇宙生成的全幅立體圖景。

《有無歌》講宇宙創生並非起於單一原因，而是四種因的聚合交織，即作為質料因的冥諦、胎藏、元氣或物質能量；作為動力因的邊際能量或眾生（Jiva）及其心、欲念或無明；作為形式因的「熱」或內在能量；以及作為根本因、目的因的道、太一、「最勝我」、那羅衍那、毗濕努。而根本因「最勝我」又統攝了前三因，因為無論是外在能量「氣」、內在能量「明」（cit），還是邊際能量「心」，都是「彼一」的能量。有能者與其能力本為一體，而又分而為二，猶如日與日光、蜘蛛與絲之關係，日以日光而遍照，日光緣日而生起，日與日光實為一體而不可分。此即吠檀多哲學之「奇妙不一不異」論（acintyabhedabheda），如《吠檀多經》（Vedanta-sutra）所言：

> Shakti-shaktimatayor abhedah
> 有能者與能不貳。

用《中庸》的話來說，就是「天地之道，可一言而盡也：其為物不貳，則其生物也不測。天地之道：博也，厚也，高也，明也，悠也，久也」。不貳、不測是從體用言，博厚、高明、悠久是從能量言，博厚是地德，高明是天理，悠久是人文。天、地、人合而為「太一」之大能。

這裡，我們又一次體會到何謂「天地之純，與古人之大體」。宇宙的成因絕非還原論式的思辨可以概括，無論是心、氣、理、還是天、地、人，單一的存在都無法創生宇宙或成為獨立的緣起，融攝天地人、心氣理為一體的作為整體大全的「道」/「太一」/「最勝我」/那羅衍那/毗濕努（completewholeness）才是「獨立而不改，周行而不殆」，「自本自根，未有天地，自古以固存。神鬼神帝，生天生地」的根本因。「彼一」創生一切，攝持一切，即是一切，「在此之外，別無存在」；但「彼一」作為「最勝我」、「有轉神」、無上者那羅衍那又超越獨存，保有其獨立的人格性和客觀的超越性，「此天之所不能殺，地之所不能埋，陰陽之所不能成」。解老者通常喜歡摘出「象帝之先」、「神鬼神帝」一類話頭來否定「道」或「太一」之人格性和客觀性一面，實際上，說「道」之「象帝之先」、「神鬼神帝」，正表明「道」內涵了人格性和客觀性，「帝」和「神」之人格性和客觀性無非是「道」之人格性和客觀性在「有」的世界中的

表顯或延展。用吠陀諸經的說法，就是原因海毗濕努分身為胎藏海毗濕努、乳海毗濕努，「最勝我」既在混沌幽冥之本體世界中，也住於現象界最高之天，前者為「太一」，後者為仰制百神之「帝」。

從本體世界來看，《有無歌》的本體也是多層位的「體一分殊」、「一本圓融」，而非簡單的一元論或二元論。「彼一」或「最勝我」統攝了有、無，以及非有非無、即有即無、有無一如的「大梵」，也即「主之以太一，建之以常、無、有」，是為「太一」之四位。如是常或大梵、無、有都成了「太一」或「最勝我」在不同層位上的存在方式，世界被賦予神性，自我得以歸根覆命，而大梵得到客觀超越性的攝持，成為上通「太一」的宇宙「光帶」，不致墜落為主觀性的抽象原則，「天人合一」轉化為「天人互益」，「無我同天」上升為「知天事天」，天人之際的無限莊嚴、無限緊張於是得以維繫、彰顯。

四、《原人歌》與原人四足

相應於「太一」之四位，《梨俱吠陀》第十章第 90 曲之《原人歌》第三、四頌也出現了神秘的「原人四足」，其文曰：

> 如此神奇，乃彼威力；尤為勝妙，原人自身；一切眾生，占其四一；天上不死，占其四三。
>
> 原人昇華，用其四三，所餘四一，留在世間。是故原人，超越十方，遍行二界，食與不食。〔註25〕

此外，《歌者奧義書》第三章也提到了「原人四足」，可以與《原人歌》相參證：

> 他的一足是存在的一切，他的三足在永恆的天上。〔註26〕

原人（梵文 Purusha，補魯莎）在此指向囊括萬有的宇宙至高本體，實際就是《有無歌》中的「最勝我」或宇宙大我。原人之一足是「存在的一切」或原人留在世間的表象，即指「有」界；被原人攜領超昇至「永恆的天上」的其他三足，對應於「無」、「常」和「太一」三位，皆屬超越之本體界，最終被攝歸於「不食煙火」的永恆天宇。而原人往來於「食與不食煙火兩界」，則喻示了他既超越又內在的本體性特徵。

〔註25〕巫白慧譯解《〈梨俱吠陀〉神曲選》第五章，商務印書館，2010 年版，P253。

〔註26〕黃寶生譯《奧義書》之《歌者奧義書》第三章 12：6，商務印書館，2010 年版。

　　「原人四足」對應於存在之四位，宇宙至高本體涵攝「有」、「無」、「常」而融通超拔之。此蘊藏於《梨俱吠陀》之《有無歌》的天地秘義，數千年來，在印度卻久已暗而不明，吠陀時代之後出現的各宗各派，大多不是執著於「有」，便是沉溺於「無」或「空」，高明者則止步於梵我合一、色空不二的「中道」或「梵覺」，個體性、人格性和客觀超越性被忽略否定乃至幻化，終於無法上達高明博厚悠久之境。精神萎縮，民族性於是整體墮落。直至二十世紀初，天竺有大哲人出，是為奧羅頻多氏。目睹民族精神之疲沓懦弱，奧氏從吠檀多之根本經《薄伽梵歌》中鉤玄提要，以此吠陀古教喚醒人心，其言有曰：

　　　　據現代印度思想，理念有足使人迷惑者，即「自性」之自體抹
　　　殺，此則代之以博大解決，即在神聖「自性」中一種自我圓成之原
　　　則。在敬愛道諸教派之後代發展，此至少有其預示。出乎吾等尋常
　　　格位以外者，隱藏於吾人生活其間之私我有體後方者，吾人第一種
　　　經驗，在《薄伽梵歌》，則仍調為一浩大非個人性、非變易性自我
　　　之寂靜，在其平等與一性中，吾人乃失去其小小私我人格，在其平
　　　靜純潔中，乃棄去吾人之一切欲望熱情之狹窄動機。然第二種更完
　　　全之識見，則啟示吾人一生動之「無極者」，一神聖不可量之「本
　　　體」，凡吾人之為吾人者，皆自此出，凡吾人之為吾人者，皆歸屬
　　　焉，自我、自性、世界、精神，皆歸屬焉。時若吾人在自我與精神
　　　上與彼為一，則不但不失去自我，竟且重新發現吾人之真自我，安
　　　定於彼中居於此「無極者」之超上性內。此可一時以三種同時之運
　　　動而致，一，由建立於彼及吾人精神自性之行業，作整體之自我發
　　　現；二，以「神聖本體」之智識──此「神聖本體」即是一切，一
　　　切亦存在其中，──而作整體之自我轉變；三，在三種運動中最具
　　　決定性而且最尊嚴者，即由敬愛虔誠，向此「大全者」與此「無上
　　　者」以吾人全部有體作整個自我投順，歸依吾人行業之「主宰」，
　　　吾人內心之「寓居者」，一切吾人知覺之能涵者。對彼凡吾人是為
　　　吾人之淵源，吾人奉獻以凡吾人是為吾人者，此堅心之奉獻，則且
　　　化一切吾人所知者為彼之智識，化一切吾人所為者為彼權能之光
　　　明，吾人自我奉獻之敬愛熱忱，將吾人舉升入彼，而啟彼本體內中
　　　深心之神秘。敬愛遂完成犧牲之三聯，作為啟此無上微密之三而為

一之秘鑰。〔註27〕

所謂「犧牲之三聯」，即是從「有」（行業）入「無」（失去其小小私我人格），從「無」入「常」（浩大非個人性、非變易性自我之寂靜、在其平等與一性中），由「常」上達於「太一」（大全者、無上者、神聖本體）的由「太一」四位所構成的天人貫通之梯。故「犧牲之三聯」實際預設了「太一」之四位。

華夏方面，在禮崩樂壞，賢聖不明，道德不一的時代，「太一」似乎被有意無意地抹去，而「道」也逐層下降，無力地盤旋於「天人合一」與「無」、「空」、「理」、「氣」之間。真正能傳承老子「大道一」的，只有其直系弟子文子。據譚寶鋼先生考證，《天下篇》所述的老子「主之以太一，建之以常無有」的思想既不見於今所見各種版本《老子》，卻見於今本《文子》，而受《道德經》五千言於老子的關尹就是文子〔註28〕。清人孫星衍《問字堂集·文子序》云：「黃帝之言，述於老聃；黃老之學，存於《文子》，西漢用以治世，當時諸臣，皆能稱道其說，故其書最顯。」1973 年河北定州西漢中山懷王墓出土的竹簡《文子》更是為孫星衍之說提供了有力的證據。《文子·自然》論上通「太一」之術：

> 天氣為魂，地氣為魄，反之玄妙，各處其宅，守之勿失，上通
> 太一。太一之精，通合於天，天道默然，無容無則，大不可極，深
> 不可測，常與人化，智不能得。

打破對包括軀殼心智在內的虛假小我（有）的執著，在「無我」之境，虛明朗照之下，天地、陰陽、魂魄各歸其位，如是守之勿失，乃入乎與天地並生、與萬物為一之「常」境，常則生明（知常曰明），於是上通「太一」，天人之際，得以窮神而盡化。整個修煉的路徑，與奧氏「犧牲之三聯」可謂一曲同調。尤其奧氏所謂：「則且化一切吾人所知者為彼之智識，化一切吾人所為者為彼權能之光明，吾人自我奉獻之敬愛熱忱，將吾人舉升入彼，而啟彼本體內中深心之神秘」，幾乎找不到比這更好的對窮神盡化的闡說了。《文子》對這種窮神盡化的境界加以渲染：

> 帝者體太一，王者法陰陽，霸者則四時，王者用六律。體太一
> 者，明乎天地之情，通於道德之倫，聰明照於日月，精神通乎萬物，

〔註27〕奧羅頻多著，徐梵澄譯，《薄伽梵歌論》，第二系之三，商務印書館，2003 年版，P192。

〔註28〕譚寶鋼：《老子及其遺著研究》，巴蜀書社，2009 年版，附錄一。

動靜調乎陰陽，喜怒和乎四時，覆露皆道，博洽而無私，翾飛蠕動，
莫不仰德而生。

天地、陰陽、日月、四時、萬物既然都在「太一」之內，而通「太一」者已與「太一」結合，「吾人所知者為彼之智識，化一切吾人所為者為彼權能之光明」，其身心靈自然成了天地、陰陽、日月、四時、萬物釋放其潛在能量的「器具」，從而成就不可思議之功業。

除了《文子》，《淮南子》對「太一道」也獨有慧解，其《詮釋訓》有言曰：

稽古太初，人生於無，形於有，有形而制於物。能反其所生，
若未有形，謂之真人。真人者，未始分於太一者也。聖人不為名尸，
不為謀府，不為事任，不為智主，藏無形，行無跡，遊無朕。不為
福先，不為禍始，保於虛無，動於不得已。

「真人」從「有」反「無」，與「太一」合為一體，而「未始分」則暗涵了有無一如、動靜一體之「常」境。

倘若將以上《文子》《淮南子》兩段文字合起來，與《薄伽梵歌》第五章第14～18頌做一比較，就會發現上古之「大道一」在中印之間確實息息相通，其文曰：

14. 軀殼的主人公（靈魂），不是造作的原因，也不產生業果。
這一切，全由其氣稟造成。15. 無上者也不為任何人的業負責，無論
罪惡的或虔誠的。是無明蔽覆了真知，使眾生墮入幻妄。16. 當人在
真知的啟明下，驅除了無明，一切便躍然於他的眼前，恰如白晝的
太陽照亮天地萬物。17. 覺性、自我、信念、愛全交託給至尊主，如
此證得圓滿的知識，疑慮一空，便能在解脫之途上，勇往直前。18.
謙恭的學者，憑著真知，以平等的眼光看待溫雅的婆羅門、母牛、
象、狗和吃狗者。〔註29〕

第14、15、16頌是對靈魂、陰陽氣稟、無上者的觀照，如是在玄智之照耀下，覺者知作非吾作，但為氣化之流行，於是小我之無明頓除，乃獨存於形骸萬物之外（無），而天地、陰陽、眾生、因果亦隨之各歸其位（常），覺者從而體證別有至尊主（太一），超越於天地、陰陽、眾生、因果之上而生化之、籠罩之、攝持之、左右之、安排之。於是覺者皈命「太一」，以全部身心性命相交託，「覺性、自我、信念、愛全交託給至尊主，如此證得圓滿的知識，疑

〔註29〕泰奧多著，徐達斯譯：《道從這裡講起》第五章，九州出版社，2013年版，P75。

慮一空」，此豈非「真人者，未始分於太一者也」？如斯「通於一」之覺者，已然打破二元之對待，能以平等心對待萬事萬物，故視婆羅門、母牛、象、狗、吃狗者，乃至吉凶、禍福、毀譽皆一體無別。

如果再從《薄伽梵歌》此節轉回《老子》第十六章，《老子》之宗旨便豁然貫通了，《老子》曰：

> 致虛極，守靜篤。萬物並作，吾以觀其復。夫物芸芸，各復歸其根。歸根曰靜，靜曰覆命。覆命曰常，知常曰明。不知常，妄作凶。知常容，容乃公，公乃王，王乃天，天乃道，道乃久，殁身不殆。

「致虛極」是從「有」入「無」，「守靜篤」是守「常」生明，知「常」故不執著二元對立，故能容能公，成就內聖外王，以至於參贊天地之化育，行窮神盡化之功，最後上通大「道」，歸根覆命，這裡的「道」，就是文子所謂的「太一」，應該也對應於《薄伽梵歌》中的「至尊主」。《淮南子》「真人者，未始分於太一者也」，實在是「歸根覆命」的最好注釋。

至此，上古華夏融玄學—神學—宇宙論、天地人、常有無為一體的既超越而又內在的本體界真容已經露出端倪，其與古印度吠陀之思想一脈相通，也已大體清晰。方東美先生看出了這套宗教體系的複雜性和精妙性，謂之「萬有在神論」，以與泛神論和希伯來的一神論相區別，他認為：

> 中國古代的宗教情操，所有的不是單純的宗教智慧，而是極其複雜的宗教智慧……由殷代的祭祀看，表面上可稱為泛神論，而事實上應叫做「萬有在神論」。〔註30〕

方東美先生曾就《洪範九疇》之「皇極大中」意符，對華夏上古之「萬有通神論」或「天、地、人圓道周流、三極一貫」之大《易》哲學進行了一番提煉闡說，其說曰：

> 中國上古宗教含藏一套饒有機體主義精神之宇宙觀，不以現實人生之此界與超絕神力之彼界為兩者懸隔，如希伯來或基督教所云。此外，人生界與客觀自然亦了無間隔，蓋人與自然同為一大神聖宏力所彌貫，故為二者所同具。神、人、自然三者合一，形成不可分割之有機整體，雖有威權、尊嚴、實在、價值等程度之別，而畢竟一以貫之。……上帝或天乃是既超越且內在者，而非超絕。……神

〔註30〕 方東美：《中國哲學精神及其發展》上，第二章，中華書局，2012 年版，P85。

力既遍在萬有，則自然界之諸形形色色，萬般風貌，乃得以保合，
而人生之重重境界，乃得以提升。上帝為本初神聖，自然與人乃後
得神聖，參與上帝神性而反映之……

⋯⋯據儒家看來，祭禮之微言大義，胥在乎是：「反古復始以厚
其本，不忘其所由生也」。是之謂「返本復始說」。是故種種祭禮在
精神上之象徵意義皆蘊有「升中於天」之效。

歸攝天地神人於「皇極」的「大中」之道，與奧羅頻多在《薄伽梵歌論》
裏所說的透過「犧牲之三聯」以自我奉獻愛敬於「無上者」、「大全者」的宇宙
秘鑰何其相似！並且，方東美先生還認為，「皇極」、「大中」之深微奧義隱藏
在一套「洪荒上古時代之本體論諸原理之縮寫符號」裏，而這套「象徵意符」，
也存在於很多上古文化之中，其中包括蘇末兒之經文與「印度之天上模範之城
與《吠陀詩》」。方東美先生的弟子孫智燊先生更進一解，將「萬有在神論」譯
為「萬有通神論」，取「格於上下」之「格」之祭告而感通意解釋「通」字，
強調神與萬有之旁通交感，其意尤為顯豁〔註31〕。《薄伽梵歌》倡至上瑜伽道，
瑜伽者，相應也，感通也。而奧氏之「犧牲」，也是從祭祀（yajna）延伸而來
的。

五、復情歸於太一

方東美先生將原始儒家和大易哲學歸納入上古華夏的「皇極大中」宗教體
系，可謂慧眼獨具。《太一生水》篇雖然是道家的著作，但對儒家的影響也極
為深遠。歐陽禎人先生在《「太一生水」與先秦儒家性情論》一文中認為，先
秦儒家的哲學構架是始於性情論，而又終於性情論的。在先秦儒家的思想體系
中，人的性情是天玄地黃、陰陽大化、風雨薄施的摩蕩結果。先秦儒家吸收了
《太一生水》的自然哲學思想。這不僅體現在儒家哲學的表述方式上，更為重
要的是對儒家性情論，乃至整個儒家哲學的整體架構的建立，都產生了深遠的
影響〔註32〕。不過，據我看來，《禮記》將「禮」歸本於「太一」，又有「復情
歸於太一」之說，使生命向本原逆轉，可見《太一生水》篇對儒家的影響不光
在自然哲學方面，也在本體和工夫層面。

〔註31〕 方東美：《中國哲學精神及其發展》上，第二章，中華書局，2012 年版，譯注
部分。

〔註32〕 此文發表在《文化中國》（加拿大）2001 年九月號，又見於《孔子研究》2002
年第一期。

　　儒家不談有、無，而直接從正面說太極、乾坤、天地，其立論則多從人與萬物之「性」入手。乾主創造，坤主成聚，用吠檀多的語言說，就是有能者（shaktiman）和能（shakti）。因為「乾道變化，各正性命」、「天命之謂性」，「性」從天命、乾道之向下貫注而來，所以儒家用「復情、復性」的方法來上達天命、乾道以至太一。郭店楚簡《性自命出》有「性自命出，命自天降，情生於性，道始於情」之說，可以說是儒家「復情復性」說的核心表述。按儒家所謂「性」，可以與吠陀的 Dharma 即「法」的本義互相參證。《摩奴法論》論及無上者那羅衍那之創世，其中說到：

> 有害或無害，溫和或兇殘，法或非法，真實或虛妄，他在創造時把其中哪一種品性賦予哪一種生物，那一種生物就本能地獲得那一種品性。

> 正如在季節輪換過程中各季節本能地獲得各自的季節特徵，眾生也同樣地各有各的行為。〔註33〕

　　「最勝我」那羅衍那或「太一」不但是最原始的存在者，也在創造過程中賦予萬事萬物以特有的屬性，以及與其屬性相應的行為或職分。萬事萬物所稟賦於至上者的特有的屬性，以及與其屬性相應的行為或職分，便是其 Dharma 也即「法」，《易傳》謂之「乾道變化，各正性命」，《老子》謂之「德」，《老子》三十九章云：

> 昔之得一者，天得一以清；地得一以寧；神得一以靈；谷得一以盈，萬物得一以生；侯王得一以為天下正。

　　宇宙間的所有一切都分有了道的屬性，天有天性、地有地性，人有人性，火有火性、水有水性，王有王性，萬事萬物，其所以成為其所是的本性，都是道賦予的。萬物得之，乃成其「德」，「德」者得也，《老子》曰：

> 道生之，德畜之，物形之，勢成之。是以萬物莫不尊道而貴德。

> 道之尊，德之貴，夫莫之命而常自然。

　　道是根本因，德是形式因，物是質料因，而勢則是動力因。萬事萬物得以順其本性而為，所以既是「各正性命」，也是「莫之命而常自然」。

　　《禮記‧樂記》論人之「性」云：

> 人生而靜，天之性也；感於物而動，性之欲也。物至知知，然後好惡形焉。好惡無節於內，知誘於外，不能反己，天理滅矣。

〔註33〕參考《道從這裡講起》序言部分。

從屬天一面而言，人生而靜，靜為其「天之性」；但此形上超越之性亦受「物」或「氣」的影響，而為好惡外境所擾動，在二元對立之執著中無法逆轉向內，終至喪失其本來之「靜」性，故其「德」不彰，其所稟賦之一段天理亦隨之泯滅。這裡所謂的「反己」，實際就是老子所說的「致虛極，守靜篤」一類從「有」入「無」的工夫，而「天理」即是「常」或「明」。《文子‧道原》也有幾乎同樣的一段文字，這正說明儒道在天理人性之根本上是相通的。孔子所謂的「吾道一以貫之」決非如其弟子所理解的但只「忠恕」而已，其背後必定有一套形而上義理及其修煉工夫。《論語‧憲問》中透出一絲端倪：

　　　　子曰：不怨天，不尤人，下學而上達。知我者其天乎？

「下學而上達」，即「由建立於彼及吾人精神自性之行業，作整體之自我發現」；「不怨天，不尤人」即破除私我，超越人我、善惡、禍福之二元對立而入於「常」境，達到「整體之自我轉變」；最後欲以「天」為知音，將全部身心寄託於天命，即「向此無上者以吾人全部有體作整個自我歸順」。奧氏所謂「犧牲之三聯」，開啟無上微密之秘鑰，宛然具在。

　　不過，儒家和道家為達到反己復性，所採取的工夫路徑是不同的。《文子》講「遺物」，《莊子》講「外物」，《易傳》講「開物」，而《中庸》講「格物」，是以動態的「中庸」達性命之正。儒家採取的是禮樂實踐，近於《薄伽梵歌》所推揚的「業瑜伽」（Karma Yoga），而道家摶氣守靜，應該屬於「禪瑜伽」（Dhyana Yoga）。《易》窮究天地陰陽之理，明顯歸於「智瑜伽」（Jnana Yoga）一路，《薄伽梵歌》謂之僧佉（sankhya），也即數論。三種瑜伽並非互相排斥，而是相輔相成、互補互生，構成一道使身心靈不斷向上超昇的階梯，其頂端是巴克提瑜伽（Bhakti Yoga），也即奧羅頻多所推舉的向無上者返歸的「敬愛道」。莊子謂之「通於一而萬事畢，無心得而鬼神服」，在涵融天人、有無的通「一」之境，以無所得之不執心，奉獻於眾生與神明，如是參贊天地之化育，與天地相參、與神明相配（配神明，醇天地）。《易‧說卦》謂之「和順於道德而理於義，窮理盡性以至於命」，「和順於道德」屬業瑜伽；「窮理盡性」是智瑜伽，但也涵有定安靜慮之禪瑜伽成分；上達天命為巴克提瑜伽，而一以貫之的是「理」，也就是「法」。

　　饒宗頤先生認為「禮」不僅是「禮儀」，「禮」實為「理」之同義詞，並且禮之經以德為其基礎，下以順人心，上以合天時。他引《禮記‧禮器》之言曰：

先王之立禮也，有本有文。忠信，禮之本也；義理，禮之文也。
無本不立，無文不行。禮也者，合於天時，設於地財，順於鬼神，
合於人心，理萬物者也。

又引《左傳·昭公二十五年》記：

夫禮，天之經也，地之義也，民之行也。天地之經，而民實則
之。則天之明，因地之性，生其六氣，用其五行。氣為五味，發為
五色，章為五聲。淫則昏亂，民失其性。是故為禮以奉之⋯⋯

禮為上下之紀，天地之經緯，是天理、民德、氣性之表顯，故饒宗頤先生
認為「禮」具「宇宙義」，並與《梨俱吠陀》之 Rta 相似。他在《〈禮經〉及重
要禮論》中指出：

根據燕京大學《引得》，《左傳》全書中禮字共見四百五十三次，
又言「禮制」者十條，出現的頻率可和印度《梨俱吠陀》中 Rta 一
字出現超過三百次，互相比擬。《吠陀》的 Rta，意義是指天地的秩
序，這種秩序是代表禮儀上道德上的宇宙性的經常之道，它和「禮」
表示天經地義的「禮經」，有點相似。〔註34〕

Rta 在後起的吠陀諸經裏被表述為 Dharma，也就是「法」。在吠陀思想體
系裏，「法」是一個涵蓋乾坤式的概念，表現滲透於宇宙、人性、社會各個層
面，奧羅頻多在《薄伽梵歌論》裏論述之如下：

「達摩」在印度概念中，非但為善，為正道，為道德，為公理，
為倫理，而且為人與一切眾生之關係之全部統率，此亦攝與自然與
上帝之關係。論其出自一神聖原則觀點，此原則乃自發為業行之形
式與律則，自發為內中與外表之生活形式，世間任何關係種類之命
令也。「達摩」者，軌持，吾人所可持，又能綜合攝持吾人內中與外
表活動者也。在其本初意義中，原指吾人自性之基本律則，秘密規
定吾人一切行動者；在此義度中，則每一有體、典型、種類、個人、
群眾，皆有其自法。其次，吾人內中有一自當發展而顯示之神聖性；
依此義則「達摩」為內中工事之律則，以此而神聖性在吾人有體中
生長者也。再其次，則為一種律則，吾人用以管制外發之思想、行
為，及吾人彼此間之關係，以至最能一面助成吾人自體之成長，一

〔註34〕饒宗頤：《饒宗頤二十世紀學術文集》之《春秋左傳之「禮經」及重要禮論》，
臺北新文豐出版，第六冊卷四，P293。

面助成人類之生長，以趨向神聖理想者也。

就其為「管制外發之思想、行為，及吾人彼此間之關係」一面來說，「法」相當於儒家之「禮」；就其為「自性之基本律則」一面來說，「法」相當於道家之「德」、儒家之「性」；就其為「內中工事之律則，以此而神聖性在吾人有體中生長者也」，以及「人與一切眾生之關係之全部統率，此亦攝與自然與上帝之關係」一面來說，「法」相當於儒家之「理」，或《易》所謂的統合天地人的「三才之道」。據《摩奴法論》，「法」源於無上者或「最勝我」那羅衍那，而《有無歌》則歸之於「熱」，即向宇宙本根逆轉之苦修獻祭力，乃「最勝我」之內在能量，或世界創化之形式因。

通過在不同的層面上闡釋、運用「法」，《薄伽梵歌》將入世與出世、形下與形上、人事與天道、禮法與自然皆打成一片，從而呈現出一種「極高明而道中庸」的生命境界，此即向作為「整體大全」的無上者或「太一」返回，並在其裏面也即宇宙─神─人三個維度尋求圓融感通的「巴克提」（bhakti）或虔敬道所代表的境界，也就是方東美先生所定義的華夏上古之「萬有通神論」。所通之神則自三代以來一脈相沿，丁山先生斷言「這個至高無上的天神，夏后氏曰天，殷商曰上帝，周人尚文，初乃混合天與上帝為一名曰：皇天上帝，音或訛為昊天上帝，省稱曰皇天，或昊天。」〔註35〕。而「上帝」即是「太一」、伏羲、「最勝我」、無上者毗濕努、那羅衍那。

《莊子·大宗師》裏有一份解說「道」之傳承的「大宗師譜」，敘述「古之道術」的承載者，其文曰：

> 夫道，有情有信，無為無形，可傳而不可受，可得而不可見。自本自根，未有天地，自古以固存；神鬼神帝，生天生地，在太極之先，而不為高；在六極之下，而不為深；先天地生，而不為久，長於上古，而不為老。狶韋氏得之，以挈天地，伏戲氏得之，以襲氣母，維斗得之，終古不忒；日月得之，終古不息；堪壞得之，以襲崑崙；馮夷得之，以遊大川；肩吾得之，以處大山；黃帝得之，以登雲天；顓頊得之，以處玄宮；禺強得之，立乎北極；西王母得之，坐乎少廣。莫知其始，莫知其終。彭祖得之，上及有虞，下及五伯；傅說得之，以相武丁，奄有天下，乘東維，騎箕尾，而比於列星。

〔註35〕奧羅頻多著，徐梵澄譯，《薄伽梵歌論》，第一系之十三，商務印書館，2003年版，P96。

　　第一段文字總論道體，接著便出現了「大宗師譜」，「道」排在第一位，後面從神仙至於君相，從太古之初至於三代，序列宛然可見。其中的豨韋氏、伏戲氏、西王母、黃帝，據我在《世界文明孤獨史》裏考證，分別與吠陀的大神濕婆（Siva）、毗濕努（Vishnu）、難近母（Durga）、梵天（Brahma）對應，並且，《薄伽梵歌》也講到，日神為上古「薄伽梵道」之傳承者之一。尤其是黃帝，被認為是「黃老道」的開山鼻祖，而梵天也恰好是《吠陀經》的授予者和保管者，混沌之初，開闢之前，他從至上者毗濕努那裡聽聞到了《吠陀經》。據說，隱藏了華夏至高哲學秘密的洪荒上古之書──《洪範九疇》，是夏禹得之於伏羲的天啟聖書，而《易》也是伏羲氏所傳，是為「河圖洛書」，假如伏羲即毗濕努（Vishnu）之推論成立的話，那麼所有的疑團全都迎刃而解了。華夏與古吠陀時代可能分享了同樣一套玄學─神學─宇宙論體系，上古華梵是一個精神共同體，一如中古大唐之世。如此，華梵之間的會通，不但能復原早已破碎消隱的華夏上古「道術」，而且也能反過來對同樣沉淪失據的上古吠陀文明進行深度的闡釋和實證。或許，丁山先生的大膽推測是成立的：《吠陀經》流傳於華夏上古，即「楚使倚相所讀的三墳」，而為《老子》《莊子》《九歌》《天問》一類楚文學之胚胎。〔註36〕

〔註36〕丁山先生、蘇雪林先生、饒宗頤先生都曾論述過《天問》文體與《吠陀經》之創造讚歌的淵源關係。關於楚文學與《吠陀經》及吠陀思想的比較，我在《世界文明孤獨史》裏有專章闡說。

梵解《中庸》：
一個華梵經典對讀互勘的案例

圖一

圖二

【說明】在四千多年前的印度河陶印上，太一／北極主神被描繪成戴著一對水牛角盤
腿而坐的四面大神的形象（圖1），他是《梨俱吠陀》中的水神，居於最高天
監視眾生、獎善罰惡的筏樓那（Varuna），也是後來印度教三大神毗濕奴、梵
天、濕婆的祖型與集合體。並且，印度河陶印上還出現了宇宙中央神樹及雙
頭龍所護擁的「建鼓」（圖2），象徵了「建中立極」的意象。牛角北極主神
的形象，在華夏演變為殷周最常見的饕餮紋。

郭店竹簡性情四句教四料簡（作者自題）

注：郭店竹簡《性自命出》篇云：性自命出，命自天降，道始於情，情生
於性。此四句教實已開啟中庸之三合一架構，乃古聖相傳之最高心法。

情源窮盡翻情瀾，堪歎人間情最難，

對話華梵宗四句，配天閣外石榴丹。（之一）

道始於情不遠人，情生於性體遂淳，

性從命出天人貫，命自天降復性真。（之二）

理欲天人費論排，復情太一自調諧，

百家裂道由穿鑿，大美至今苦隱埋。（之三）

禮卑合敬樂合愛，愛敬由來本性情，

敬以事天愛事地，孝通天地光神明。（之四）

六經根本吠陀同，上古巫風天下通，

可奈書生泥字紙，不知性命無西東。（之五）

庚子年秋分徐達斯寫於元源書院配天閣

序言　聞中

（一）

　　幾年前的暑期，我記得自己有好一些時日，是漫遊在了喜馬拉雅山的群山莽林之間，後來，我一個人到了西姆拉，剛好遇上了這著名的山城，在它的中心廣場附近一座西式的樓房裏，舉辦他們的山城圖書節。我在裏面購得了一些印度書籍，行走之際，赫然發現了德國作家赫爾曼・黑塞的小說《悉達多》，幾乎無處不在，擺在了每一家書店的顯眼位置。

　　我當然知道，印度人喜歡這個小說，原因是他們認定這裡寫的是印度，是印度的婆羅門悟道的故事，至少，也是與他們的佛陀，或佛教有關；而我以為，這小說裏面的真實精神，除了印度的元素之外，黑塞的靈感，同時也是借之於古中國的，尤其是悉達多在水邊的最後悟道，與中國上古以降的中庸哲學所顯示的天人妙義密不可分。

　　我當時在山中行走時，也緣此而寫了一段話語，大意是：

　　　　天資雄拔的婆羅門少年悉達多為求真理，他的森林功課與情愛功課都得了滿分，他的出世與入世的行動，都不是依照別人的認知與教育，而是自心的尋覓，才有最後實實在在的覺醒、實實在在的慈悲。此種覺醒與慈悲，原本不是靠外在的點化而一朝一夕成就的。其中，多少的甘苦、多少的歡喜與沉痛，才會餵養出一顆自由的靈魂。人生說白了，原是不能假手於奇蹟，借途於他人的。換言之，

它是生命自身的平衡藝術，是生命自我擺渡的藝術，它行走於兩岸
之間，非偏非倚。惟是致力於根基之純粹，那神奇的造化，倒是於
斯才得以借力發力，轉眼之間，你或許已是輕舟遠颺，臻入了言語
道斷之真生命的妙境界了。

大概與此同時，徐達斯正在撰寫他精心妙構的《梵解中庸》，俾以鑿通中
印文化當中至為幽微的心性與天道之間的性命學問。彼時，我感覺探賾研幾、
鉤深致遠的徐達斯像極了那位婆羅門少年悉達多的尋覓，仁智勇兼備，天地人
共參，行走中印，會通華梵，提澌第一義諦，以古天竺的一脈無上梵學，來印
證華夏文明裏面的那種氣勢最為恢弘的中和大道，試圖為時代的文化開顯許
多新義理、新境界。

在這方面，徐達斯其實早已有他開掘此間學問的發軔之作《文明的基因》。
是書深入存在界的共同奧秘，厚植深耕，遂鑿天根月窟之故地，種種新見，令
人側目而激賞。而隨後的兩部譯作也是值得人們關注的：一部是《薄伽梵歌》
的翻譯與疏證——《道從這裡講起》，上溯至鴻濛開闢、通天人之際，下迄於
倫常日用，得身心調御。而儒道古法，蘊蓄其中，他說：

> 《薄伽梵歌》所推出的聖境，融攝儒家之仁愛、道家之玄理，
> 呈現出一種原始大道渾樸純全的氣象，或許，這部世界第一玄理詩
> 能為中國文化的復興提供一條帶動全局的線索。

後來，他又有了另外一部重要的史詩《薄伽梵往世書》的編譯，徐達斯借
著莊周在《天下篇》的一句揭示上古道術所在的話語來冥會之，契悟之：

> 古之人其備乎！配神明，醇天地，育萬物，和天下，澤及百姓，
> 明於本數，繫於末度，六通四辟，小大精粗，其運無乎不在。

欲為華夏的上古神話乃至天人學說尋覓更深厚的家山，更邃古的淵源。

而如今，他又孤軍深入，為中國先秦的儒家重要典籍《中庸》復造就一部
嶄新的梵解，見地迥出於凡輩之論，既悅人眼目，又開人胸襟。然後又證之以
印度的《薄伽梵歌》等聖典的中道義。

今也此書既已問世，正是互勘相證，重振吾域儒宗雄風之良時也，所謂他
山之石，可以攻錯；一樹之在，復睹古聖千秋之同心也。

（二）

中國哲學包含深廣，但傳統上皆以儒釋道為中心而分途展開，即便中國的
學術史是一部曖昧之史，且學隨術變。然而，若是吾人閱讀過一些文明元典之

後，即能曉悟，無論各家各派，其至高明處，皆是窮究天人，以中道為常，以幾道為變，藉此作為學脈之圭臬，來演繹自家所悟到的天地大道與聖學。

譬如先秦的莊子，在他的《大宗師》中云：「知天之所為，知人之所為者，至矣！知天之所為者，天而生也；知人之所為者，以其知之所知以養其知之所不知，終其天年而不中道夭者，是知之盛也。雖然，有患：夫知有所待而後當，其所待者特未定也。庸詎知吾所謂天之非人乎？所謂人之非天乎？且有真人而後有真知。」

而在《中庸》裏面，我們更會注意到所指向的一種恢弘之大道，即「發育萬物，峻極於天」的聖學，其文云：「本諸身，征諸庶民，考諸三王而不繆，建諸天地而不悖，質諸鬼神而無疑，百世以俟聖人而不惑。」此處的「質諸鬼神而無疑」，可謂知天也；「百世以俟聖人而不惑」，可謂知人也。天人之間的關係，乃是中華學問的原府地帶，是諸子百家著力處，誠如錢穆先生晚年所云：

> 就人生論之，人生最大相標、最高宗旨，即在能發明天命。孔子為儒家所奉稱最知天命者，其他自顏淵以下，其人品德性之高下，即各以其離於天命遠近為分別。這是中國古代論人生之最高宗旨，後代人亦與此不遠，這可說是我中華民族論學分別之大體所在。

錢穆生平的最後一篇文字稿，就是獨標斯義，尤重視「天人合一」之道，所謂「天即是人，人即是天，一切人生盡是天命的天人合一觀」。

而近代以來，因國是丕變劇烈，加之中國文士自身把持不住，士氣不振，最終令整個中華文化花果飄零。如今，徐達斯因各種機緣，悟得天人之微際、人神之真趣。故而其言學也，必以妙道為宗旨；言人也，必以神聖為真諦。此正是真理追求者的特徵。善讀書者，自當如是以求義理之真際，而絕不死守章句，成了餖飣於字句之間的文字儒！

關於中印學術的關係，印度的前總理尼赫魯曾有一段話，他說：

> 中國曾向印度學到了許多東西，可是由於中國人經常有充分的堅強性格和自信心，能以自己的方式吸取所學，並把它運用到自己的生活體系中去。甚至佛教和佛教的高深哲學在中國也染有孔子和老子的色彩。佛教哲學的消極看法未能改變或是抑制中國人對於人生的愛好和愉快的情懷。

此話頗有批評之意，但恰恰是中國文化的主體精神之所在，現代大儒梁漱溟專門論儒佛之異同，他便舉《論語》與《心經》為例：

儒書足以徵見當初孔門傳授心要者宜莫如《論語》；而佛典如《般
若心經》則在其大乘教中最為精粹，世所公認。

《論語》辟首即拈出悅樂字樣，其後樂字復層見迭出，僂指難
計，而通體卻不見一苦字。相反地，《般若心經》總不過二百數十字
之文，而苦之一字前後凡三見，卻絕不見有樂字。

此一比較對照值得省思，未可以為文字形跡之末，或事出偶然也。

中國人的悅樂精神是真實的，哲學正如食物，皆是快樂之源，故云「理義
之悅我心，猶芻豢之悅我口」，而偏偏又是極高明而道中庸，故光明俊偉，上
下與天地同流，皆當悅樂在其中。然生命如深海聚沫，其微瀾之興，在佛教的
教義裏面，常被目為根本無明，並滋蔓其他種種之惑妄，遍嘗諸苦，終於無窮
際之未來也。起惑、造業、受苦，三者相因而迭至，密不可分。故此，在佛家
看來，人生之起落，實與苦諦相始終。

<h2 style="text-align:center">（三）</h2>

我們這裡暫不追問佛陀原始真切之意思，然佛教確實有此類教訓卻是確
鑿無疑的。只是常人莫知印度另有一剛健雄拔，復又怡悅如詩的宗風所在。那
就是徐達斯較為用情的巴克提哲學，兼攝智仁勇，得以成就「不惑、不憂、不
懼」的神聖品格。直截言來，即印度聖典《薄伽梵歌》裏面的精神，徐達斯特
別拈提出其中的「菩提瑜伽」（bhuddhi yoga）來與中國的極高明而道中庸的學
問相互印證，他說道：

流傳於佛教興起之前的古印度聖典《薄伽梵歌》也闡揚了一種
將入世與出世、形上與形下、人事與神愛、正法與解脫皆打成一片
的菩提瑜伽，或智慧指引下的行動，從而使平常日用得以靈性化，
成為超越性自我之表現與神愛之流注。

熟悉《薄伽梵歌》的學人會知道，在其卷 11 里面，克里希那突然顯示其
秘密真身。雖具身形，而無量限，無端，無末，亦無中間。人天眾生，悉包其
中。於是，克里希那復告阿周那云：

汝所見余之身，至難得見，即神祇亦常希望見之而不得。非由
吠陀，非由苦行，非由布施，非由祠祀，我可被見如汝所見者。唯
由篤信，我則可知，則可見其真，可與我為一。若能作事，能全依
託我，能篤信我，無所執著，不懷嗔恨，乃可歸我。

《薄伽梵歌》便特別提出「信仰」與「奉愛」一義示人，講行業轉化為祭

祀。信仰本在人心，不假外鑠，循此熱烈情感之活動，人可與萬物同體，與天帝合而為一。如湯用彤先生所言：

> 蓋執一邊法，宇宙為一大我，眾生有自我精神。無執著以作業（業解脫道），悟澈天地密意（智解脫道）。自證本源，擴芥子為須彌，令小我合於最上大我。……達此境界，作業智慧，實為助因。而要須能誠心悅服，以世界精神為自我本來所寄託，是即篤信之解脫說也。

《薄伽梵歌》是綜合性的典籍，然裏面的此一脈精神，就有利於中國的學人，譬如徐梵澄、徐達斯等人有希望借著中印學問所共同關心的「天人關係」，把此內在心性與彼外在神明溝通了起來，也就是把中國的心學與印度的神學，做了一個頗有義趣的會通。就此，徐達斯在他的《道從這裡講起》中說道：

> 　從表面看來，中國哲學所注重的，是家國人群，不是宇宙神明；是人倫日用，不是地獄天堂；是今生行義，不是來世解脫。但其實，中國哲學並非如此簡單膚淺。
>
> 　按照馮友蘭先生在《新原道》中的看法，中國哲學所追求的最高境界，是超越人倫日用而又即在人倫日用之中，它是「不離日用常行內，直到先天未畫前」。因其不離人倫日用，所以是世間的，是「道中庸」；因其超越人倫日用，所以是出世間的，是「極高明」。不離人倫日用而又超越人倫日用，即世間而出世間，就是所謂「極高明而道中庸」，馮先生謂之「超世間」。
>
> 　中國哲學的根本精神之一就是解決高明與中庸的對立，出世與入世的對立，內聖與外王的對立，玄遠與俗務的對立，本與末的對立，精與粗的對立，靜與動的對立。在超世間的哲學與生活中，這些對立都已不復是對立。其不復是對立，並不是這些些對立都已簡單地被被取消，而是在超世間的哲學及生活中，這些對立雖仍是對立，但已被統一起來。
>
> 　然則中國哲學是如何統一這個對立的呢？馮先生認為關鍵在於覺解，以及由踐履此覺解而生成的境界。

但是，我們知道，中，在中國的學問裏面，是有著盛大恢弘的意味的，它雖然首先體現為方位，成位乎天地之中，尊位大中，上下應之；繼而體現為時

間，因時變通，協於大中，謂之時中；而更加要緊的，則它還是一種生命哲學，這即體現在了上古聖學的十六字心傳了：

> 人心惟危，道心惟微；惟精惟一，允執厥中。

就此，明代大哲學家王陽明的話可以總括其大義，云：

> 昔堯、舜、禹開示學端以相授受，曰「允執厥中，四海困窮，天祿永終。」噫！此三言者，萬世聖學之宗與？「執中」，不離乎四海也。「中」也者，人心之靈，同體萬物之仁也。「執中」而離乎四海，則天地萬物失其體矣。故堯稱峻德，以自親九族，以至和萬邦；舜稱玄德，必自定父子以化天下。堯、舜之為帝，禹、湯、文、武之為王，所以致唐虞之隆，成三代之盛治者，謂其能明是學也。後世聖學不明，人失其宗，紛紛役役，疲極四海，不知「中」為何物。

所以，「中字最難識，須是默識心通」。中，既跟時位有關係，亦跟人生的境界有關，因時因地因人而幾變，卻又隨時隨地而皆處中，這就把恒道、常道，一轉而為幾道、變道，在《中庸》裏面，這被叫做「絜矩之道」：

> 所惡於上，毋以使下；所惡於下，毋以事上；所惡於前，毋以先後；所惡於後，毋以從前；所惡於右，毋以交於左；所惡於左，毋以交於右。此之謂絜矩之道。

於是，六爻發揮，調和鼎鼐，復又因得中和之正，旁皇四達，成就大人之盛業，純粹精一、并攝有無之「太一」的境界，在現實的時空當中，翻轉為大易生生之「乾道變化，各正性命」與天地萬物之「保合太和」。這正是徐達斯在很多地方揭示的，特別是他論「太一之容」的那些文字文章。

而中國的太一，在印度正好對應了吠陀文獻《無有歌》中的「那位唯一者」（tad ekam）或「彼一」（that One）。在《無有歌》的影響下，「有」（sat）與「無」（asat）這兩個觀念，最後構成了印度精神之兩翼，此亦為區別正統與非正統、存在主義與虛無主義，這兩大哲學體系之分野：一是「有見」，即肯定一個永恆的實在；一是「無見」，即否定存有一個永恆的實體。前者代表著六派哲學等主流的印度哲學，而後者則是非正統派的耆那教、佛教、順世論等哲學思想。耐人尋味的是，《無有歌》本身卻是以「彼一」為實在之道樞，並沒有將「有無、常斷」加以對立。此一脈線索，於中國，則正好追溯到《中庸》，甚至上古《洪範》篇的源頭，即「皇極大中」之真容。

（四）

在人類的各大文明體系裏邊，一直潛伏著某種特殊而又強健有力的文化追求，這是一種以尋求智慧、尋求覺悟與解脫為特徵的靈性追求，它們構成了世界文明史上至為動人的奇葩之一，而在古典時期，印度的奧義書智慧堪稱傑出代表，蔚為大觀。

奧義書（Upanishad）是印度婆羅門教的重要經典，也是印度哲學的根本源頭，隸屬於四部吠陀文獻。古典時代的印度人相信，吠陀是神的呼吸，是永恆的真理，是由神直接啟示給他們偉大的仙人的神聖智慧。而奧義書是這吠陀最後的部分，故又名「吠檀多」（Vedanta），即吠陀的終結──意味著吠陀經典的靈性智慧，至此已經發展到了最高的精神境界。

流傳於後世的奧義書多達幾百種，但最為重要的通常認為是包括《廣林奧義書》《歌者奧義書》《羯陀奧義書》等在內的十三部。而《伊莎奧義書》（Isa Upanishad，以下簡稱「伊薩」）在其中卻具有矚目的位置，它原歸屬於《白夜柔吠陀》（Sukla Yajur-Veda），居於其末章，黑白《夜柔吠陀》的形成故事，在印度自有其神話故事，頗有意趣，足堪一記：

> ……於是，聖者維亞薩將四部《吠陀經》傳給了他四個最偉大的門徒，讓他們來負責保管。其中，他將《夜柔吠陀》（Yajur Veda）傳於婆薩帕亞（Vaishampaya）。而婆薩帕亞有一位天秉極為罕見的門徒雅伽瓦克亞（Yajnavalkya）。然而，由於老師和門徒之間存有一些重大的分歧與誤解，雅伽瓦克亞便被命令返回他從老師那裡學到的一切。這也深深激怒了雅伽瓦克亞，於是，他將自己學到的一切夜柔知識全部嘔吐出來。之後，老師婆薩帕亞要求他的其他門徒化身為鷓鴣鳥的形式，將吐了一地的吠陀知識全部吃了進來，使它便於保存。門徒們依照老師的吩咐這樣做了。

> 而天才的弟子雅伽瓦克亞從此就離開他的上師，並發誓不再拜任何的人間老師做為自己的導師。他便坐下，面對太陽神，實踐極強烈的苦行（Tapasya），於是，天神將嶄新的夜柔吠陀（Yajur Veda）啟示給他。這個嶄新的版本，就被稱為白夜柔吠陀（Shukla Yajur Veda）。而原來的那個一個，即留給了婆薩帕亞的其他門徒者，便以黑夜柔吠陀（Krishna Yajur Veda）被後人所知。因為這裡面涉及了知識的獲取過程之分別。從那個時候起，便一直存有兩個不同版本的

《夜柔吠陀》，雖然它們的內容，在本質上並沒有什麼太大的不同。

《伊薩》雖是篇幅最短的奧義書之一，卻也被認為是所有奧義書智慧的基石。這精短的內容，甚至可以被人們印在一張小卡片上而不遺一字，但卻包蘊著打開所有至高真理的密鑰。徐梵澄先生曾云：

> 全書寥寥 18 頌……而吠檀多學之菁華皆攝……梵文簡古……
> 竊意讀是書者，數行即宜掩卷深思，或三復乃有當於心，確然知其
> 理之不可易也。

故此，歷來注疏者甚夥，而歷代大師們也幾乎一致地將其視為靈性的瑰寶，如自商羯羅、羅摩奴闍始，一直至近現代的羅姆摩罕·羅易、辨喜、奧羅頻多、甘地、泰戈爾、拉達·克里希南，等等，在他們的論著中皆有所反應。

《伊薩》僅 18 個簡約的偈頌，可是生命中所有重要問題幾乎都可以在裏面找到答案，含攝了「宇宙—神—人」的各個維度。比如生命的藝術、世界的成住壞空、人神之間的關係，甚至死亡的藝術等種種奧秘皆隱現其中；而關於存在的有無，萬物的生滅，祭祀與崇拜，行動瑜伽與智慧瑜伽，真實與虛幻等也精微的提示。但其核心主題乃真我的知識，或曰「自我知識」（Self-knowledge）。

對「自我」本來面目的尋找，其實也算是東西方哲學共同的母題了，而這一點在注重靈性智慧的印度尤為顯著。英國著名小說家毛姆曾引用了《羯陀奧義書》中的一句話，作為其小說《刀鋒》的扉頁語錄：「智者說，通向自我之路是艱難的，正如同行於刀鋒之間。」而《伊薩》就是對這個艱難的「通向自我之路」問題的深度探索，並交出來的一份重要答卷。

該奧義書的首尾，俱由一首祈禱詞來開合：

> 唵。彼梵是無限的，此現象界亦是無限的，但『此』僅僅是『彼』
> 的投射。（然而，）若『此』消失，『彼』仍與原來一樣，仍是無限
> 的。唵。平安歸於各人，平安歸於大地，平安歸於眾生界。

此禱詞最初來自於《廣林奧義書》的第五章，它不但表達了圓滿與無限，既存在於梵界，也存在於現象界的道理，而更重要的是——它還表達出了存在本身的一體性，這種一體性不但指向宇宙萬有，而且還指宇宙與超宇宙之間也是一體的道理。這也正好是西哲海德格爾（Martin Heidegger）所運思的方向，他在《形而上學導論》的開篇就質問道：「究竟為什麼『在者』在而『無』反倒不在？」

而奧義書的聖者一開始就立足於海氏所謂「無」的界面，答曰：「無」不但在，而且「在者」因『無』而來。只是這些聖者更為透徹，因其還告知我們：此兩者本是一體無二，無非是顯隱幽明之別罷了。

印度聖者辨喜曾提及這一禱詞云：「梵是一，卻以兩種方式呈現──變化的和不變的，可言說的和不可言說的。切記那知者與被知者是一，即知者與被知者、以及知識本身是三位一體，而其被呈現出的是這個宇宙萬有。」

無疑，此禱詞所包蘊的精義，與整個《伊薩》所要表達的意思剛好相契，故而被拿來用做引語。所以其開篇第一句話，就涉及神聖者──「isavasyam idam sarvam」，其漢語大意即「宇宙間的萬物皆被神所充滿」，按照商羯羅的注釋：Isa 即神或者主人，其真實形式呈現為「自我」；而 vasyam，意即覆蓋著、充滿著。即萬有皆是神聖的，宇宙間的一片草葉，甚至一粒微塵都閃耀著神性的光輝。

於是，《伊薩》的第6、7兩頌就說，一個人如果「在自己之中看到萬有，而在萬有之中看到自己的人，對任何事物再不生憎恨。一個人一旦知道自己即萬物，並明白了萬物皆為一體。對任何事物，他又如何能生出憎恨與貪求？」

該奧義書之可貴還在於它傳達出了一種偉大的中道智慧，自第9頌開始，一直到第14頌，都在傳達這種非凡的平衡精神。其中第14頌幾乎就是對老子「知其雄，守其雌，為天下溪。為天下溪，常德不離，復歸於嬰兒。知其白，守其黑，為天下式。為天下式，常德不忒，復歸於無極」的意譯，有趣的是，這種「知白守黑」的精神，也被德國的海德格爾所深喜，並時常引用。可見這是古今聖賢共同默認的一種智慧，它從中體現出來的是一種道器不二、顯隱非異的整體覺知。印度思想家拉達克里希南（S. Radhakrishnan）在介紹《伊薩》時，說道：

> ……然而，更為重要的是，這裡邊傳達出來的教益──既不是超自然的知識，也不單是自然知識，足以促成的真正的智慧。

（五）

毫無疑問，這種堂廡閎大、剛健中正的平衡智慧的直接衣缽，就是後來的《薄伽梵歌》裏邊所傳遞出來的浩蕩胸襟，惜乎從整部印度哲學史來看，這種精神似乎逸出了後來的哲學走向，沒能很好繼承，以致於耗費了幾代印度先知的努力，使其哲學回撥到古典的中道精神。就此而言，近代印度歷史上的思想家，諸如羅姆摩罕·羅易、維韋卡南達、甘地、拉達·克里希南等的事功，皆

可視為是對純正奧義書精神的復蘇。

　　而《伊薩》的最後兩頌，則是非常好的臨終教導。時至今日，人們早已認識到「如何面對死亡」乃是一門重要的人生功課，而不同的死，其趨向的死亡質量則全然不同，虛無主義者常以為死是同質的，故會有「及時行樂，對酒當歌」的人生信條。而洞見到存在深處本質的奧義書聖者則不然，故而《伊薩》以立足於此岸與彼岸、可見與不可見之間的平衡精神，來傳達死亡的藝術，須謹記善行，心懷善念地融入宇宙的整體能量之中。

　　據傳，死前會將一人的生平事蹟瞬間回放，印度學者洛克斯瓦南達尊者如是解釋：「當我們死日，我們的個體靈魂離開了粗糙的身體後，但是它仍然會在精微身裏停留。」故此，死後的意識將會有較長時間的滯留，其所遭遇到的種種不測也許會在此顯現。而畢生端方之人必能安然面對，反之，則很可能會布滿畏懼而失去了對自我的掌控。

　　故什麼樣的生，將決定什麼樣的死。因至高的甘露，只有在生命的容器裏才會攪拌而出，那麼我們則會問，於此世，究竟要以何種態度度過此生呢？這個重要的答案就在整部《伊薩》的開篇：

> 在這無常之世，一切都處於變化之中。但是，萬物皆被神所充滿。踐行棄絕和對真我的強烈覺知，勿追逐人之財富。一個人可以渴望一百年的壽命，只要他履行經典所規定的義務。哦，人吶，如果你以這種方式實踐你之職責，則你所行的業報都不會尾隨於你。
> 別無他途。

　　首先是要有「不執」的藝術，這是可以貫穿畢生的精神，而俗世的財富、名利和權位皆非我們所必有，因其俱出乎神，甚至連我們個體本身亦非屬自己。只有帶著這種「不執」的精神，生命的真正享受才緣此而來。而我們尤需注意的是，「不執」絕不意味懈怠或不努力，更不是指不行動，只是這種行動的特殊性在於它的「不黏縛」——按《薄伽梵歌》的教誨，即將結果作為祭品交給神，無論好壞。而百年的壽命也必因實踐經典的啟示而得以澄澈。唯有不執地行動，不執地盡心與盡責，那穿越生死的羯磨（Karma）才不會尾隨而至。否則，該人就成了靈魂的盲者，其命運則必是「被黑暗所包圍，正如盲者的經驗……無視於追求自我知識的人，他們已殺死了自己，換言之，他們死後，注定要進入這些黑暗的世界。」

　　從生講到死，從 Isha 到 Agni，《伊薩》的頌辭皆以神的力量遍及充滿，其

實無論是伊薩神，還是火神，都指向了那同一位至高者，在她那裡，我們的生命完成了循環，從她而來，又復歸於她。這部《伊薩》以其完美的智慧對這個塵世的行走做綱領性的指導，以至於甘地在《上帝的子民》中的評價它時洋溢著無比的自豪，說道：

> 我現在已作出結論，它就是，如果所有奧義書及所有其他聖典突然被燒成灰燼，但只要《伊莎奧義書》的第一節詩頌仍完整地留在印度教徒的記憶中，則我相信印度教仍將長存。

（六）

鑒於佛教對中國文化的影響之深遠，而中國的僧家傳統卻又一律視非佛教的印度傳統為外道。現在，我們還得為印度的婆羅門文化辯護幾句，誠如日本的梵學巨擘中村元先生的判斷：

> 原始佛教徒嚴厲批評婆羅門祭司，說他們沉迷於尋求生活享樂，貪積財寶：擁有大群美女，哀歎他們不比世俗王者好多少。無論怎樣，從歷史上說這種批評是失實的。事實上，最早的婆羅門祭司為了現世的普遍幸福和利益而從事祈禱咒術。我們在以後一些時期看到，有些德高的婆羅門祭司過著與世隔絕和出家修行的生活，佛教徒無視歷史事實，一味倡立昔日黃金時代的理想，一味憎惡同時代的所有一切。

此語當與治佛教史者同參。我們都知道，宗教書不是歷史書，宗教的精神與歷史的精神，在起步之初，其目的論的指向就是不同的，故而造成了非歷史的宗教書，充滿了神話與想像的宗教書，最後卻被當成了歷史書來閱讀。

無論是前佛教的印度，還是後佛教的印度，皆有聖道在，只是因為信仰的宣稱，而耽誤了文化的認知。譬如像《薄伽梵歌》這麼一部代表了印度民族幾千年來的正道大典，極神聖的經文，卻在有著一千多年的譯經史，兩千多年的中印精神友誼的互相交往當中，居然一直沒有一種中文譯本。即使是外道與邪命，至少也要做到知己知彼！然此情形迄至今日之時代，實在頗匪夷所思矣。我們只能理解為，是印度與中國的佛教僧人那種致命的保守所致也。

但是，無論佛梵，看印度之真學問，還是得以華夏精神參證，否則亦失。因印度人的一超直入、過度超越的精神，其主流餘波皆容易失落「道中庸」一脈心思。而中國的學問之根本，亦廣大亦精微，非洞明六合之內外諸多異境，豈能合內外之聖道。此宋儒張載有言：「內外發明，此合內外之道也。」

故真正的中國式修持，大體相當於道家之終，儒家之始，以超越的精神入了無為法，來渡處處都是有為法的世界；人世的生活，當咀嚼文化的深度滋味來參悟，正如調味的技藝，是為了一種美好的生活，一種存在的歡悅。無它，或是得了悟境，畢竟少了一番藝術的滋味。自然，再是圓滿，無法替代文化與人類的參贊其中，故而文化悲情，由文化的殘損與不圓滿而來的悲情，於人之存在，意義亦是極大。

惟是得中華文化之真諦者，愈發稀少、愈發罕見，就像儒家，也是假儒、腐儒太多，故而難以顯明吾夏此中至健至弘至偉岸之聖道於萬一。古印度之吠檀多三聖典，《薄伽梵歌》最是雄健浩大，貫通天人，堪稱一體翕闢，同流共運，體大思精之聖典也，其中的行動瑜伽，重知行合一，加上《奧義書》之吠檀多哲學，重中道的平衡，與《中庸》之旨趣，深相符契。重續、甚至重開此千古絕學，對此間學術之對勘，對話，頗有矚望矣。尤其是在文化全球化時代的今日，我們更是需要一些客觀的觀察，非評判的觀察，然後就其實質之所善，來豐富自家文化的內蘊與精神。

（七）

當代英國的作家阿姆斯特朗於《軸心時代》一書中曾說過，後軸心時代的人們，在接受一種精神性的生活方式之前，習慣於假定一個大前提，即首先設立一個精神原則，然後去理解它，進而適應它，「人們往往假定，信仰大概就是相信某些教義命題。的確，人們一般都將信奉宗教的人稱作信徒，似乎認同那些宗教信條便是他們的主要活動。」

但是，真正的軸心時代之賢哲們則不同，無論是佛陀，還是孔子，他們都與黑塞的小說《悉達多》裏面的主人公一樣，到處漫遊，尋覓真道。若是把宗教邏輯凌駕於文化邏輯，甚至凌駕於真理本身，則一律認為是本末倒置。故阿姆斯特朗說道：「……然而，大多軸心時代的哲人對任何教條，或玄學都不感興趣。」

所以，若是熟悉《悉達多》這部小說，我們就知道，悉達多所秉持的，是真正元氣淋漓的創造性人生，也正是人類文明當中至今惟有一遇的彼種軸心精神，即自己是存在的軸心，是朝聖的岡仁波齊。而所有的外在之朝聖，外在的宗教，都只能是一種對自我的提醒，行程萬里、抵入自心。

阿姆斯特朗在《軸心時代》所指向的，正是悉達多這樣的人生行走，他們經驗著人世與超越的雙重真實，穿過了無數的此岸與彼岸穿過形形色色的各

種宗教與靈性訓練，經驗各種靈魂的功課。最後，那個婆羅門少年乃是在中國人的那種流水哲學中悟道了，「他看到河水無間斷地流轉不居，而同時卻又恆常不變地存在著；河水永無遷變卻又刻刻常新。」在流水當中，聽懂了存在界的深層次奧秘。他也因此成了河流與大道的本身，可以擺渡無數活在此岸與彼岸的尋道者。所以，他就是偉大的軸心精神、甚至是中庸精神的化身。我在《從大吉嶺到克什米爾》一書中，曾有一段話，可以拿來作為此文的結束：

> 我們的生命哲學，簡言之，即「執乎兩端用其中，得乎其中應無窮」，這個「中」，別名也叫做「樞」，萬物之所繫，而一化之所待也，它代表了存在的圓心，它是後世的道與禪所推崇的「一時無兩、當下風光」的至尊鼻祖，所謂『莫得其偶，謂之道樞』，故講究兩忘之道，講究中央之帝。緣督以為經，道兩忘而化。

> 若是結合了奧義書的精神，則此方向也可以認定是「自我」（Atman）之所在，是生命大問題「我是誰」的終極歸宿，它藏著一個生命境界的問題，服膺其中，層層突破。其歷程之間，人們可以追求極致，但絕不會落入極端。其本質一維，可命之為『天人相運』的自然哲學，即是「夫藏舟於壑，藏山於澤」的思想，莫若『藏天下於天下』的大自在。其根本精神藏在先秦百家遠未分化之前的哲學元典《尚書》與《周易》裏面：中央之帝是洪範，緣督為經的用中之道，立命之道；四面八方是周易，應對無窮的絜矩之道，運化之道。

基於此，我就大體可以認定，德國小說家黑塞之《悉達多》的靈感，同時也是借之於古中國的，尤其是水邊的最後悟道，就是用中之道與運化之道相結合而顯示出來的天人妙義密不可分。「而徐達斯在此書中所尋索的，也正是此義之大體；至於他本人，何嘗不是此時代的一位悉達多，遍覓群典，搜羅百家，酌天竺靈窟之聖水，來播華夏人文之根種。

是為序！

中庸題解

中庸，鄭玄《禮記正義》注曰：「中和之為用也」。朱子曰：「中者，不偏不倚、無過不及之名。庸，平常也」。程子曰：「不偏之謂中，不易之謂庸。中者，天下之正道；庸者，天下之定理」。大抵程朱以體言，漢儒由境入。綜合

言之，處中和之境，以中道施於倫常日用，契合平常不易之理，從而實踐天命、體現天道，是為中庸，朱子所謂：「平常之理，乃天命所當然，精微之極致也。」中蘊於內，而庸發於外，故中庸融攝體用、工夫與境界。

《清華大學藏戰國竹簡（三）》之《周公之琴舞》之「九啟」有曰：「思豐其復，惟福思庸」，言豐大其庇護，配天命而行，則福祉自得光大，與《詩·大雅·文王》：「永言配命，自求多福」之意略同。「庸」整理者訓為大。在周人的思想觀念中，天命靡常，須勤勉於事才能保有大福。《禮記·禮器》：「祭祀不祈」，《鄭注》：「祭祀不為求福也。《詩》云：『自求多福』，福由己耳。」故「庸」之意應為順應天命而勤勉於事，以自求多福〔註1〕，其中已蘊涵內則純粹奉獻、外則積極用世的「兩行」旨趣。

按中庸乃上古聖賢明王所傳內聖外王心法，並非孔門之所獨有。唐韓愈著《原道》，以為中庸傳上古聖神繼天立極之道統，從堯、舜之傳心法要而來。堯曰：「允執厥中」；舜曰：「人心惟危，道心惟微，惟精惟一，允執厥中」。《尚書》之《洪範》篇，乃殷遺臣箕子向周武王陳述的據說傳自夏禹的「天地大法」，其「九畤」第五之「建立皇極」有曰：「無偏無陂，遵王之義；無有作好，遵王之道；無有作惡，尊王之路。無偏無黨，王道蕩蕩；無黨無偏，王道平平；無反無側，王道正直。會其有極，歸其有極」，即建中立極之意。極字本是中而高的意思，字源為房屋的大梁，以其位於房屋的正中處和最高處，為仰望所止，於是也引申為準則義。《洪範》以極喻天道而贊之曰皇。《詩經》屢歎：「昊天罔極」，《周禮》恒言：「以為民極」，都是取其中正、崇高和準則的意思。中，象物平分對折之處，故中有平義；又像旂之正，故中有正義；《說文》釋「中」云：「下上通也」，故中又有通義。中是立極的方法、路徑，極為建中的準則、歸結。皇極即太極、太一，涵攝未發之中與已發之和，為整體大全（complete wholeness）；就其能動性、人格性一面，謂之天、帝；就其客觀性、規律性、普遍性一面，謂之常、道。「大哉聖人之道！洋洋乎！發育萬物，峻極於天」，乃《中庸》之形容「建立皇極」。是故中庸不僅合內外，亦統上下，其道乃寓超越於內在，攝人理以歸天命，在實踐中體現為性情合一、知行合一與天人合一。《易·坤卦·文言》曰：「君子黃中通理，正位居體，美在其中，而暢於四肢，發於事業，美之至也」，此之謂也。

〔註1〕 參看姚小鷗主編：《清華簡與先秦經學文獻研究》，三聯書店，2016 年版，第 209 頁。

達到中庸之內明工夫就在《大學》之格物、致知、正心、誠意，由此超脫我執二見，獨立守神，歸根立極，覺證天地萬物本來一體，進而以最高的絕對真理來統攝種種看似對立矛盾的相對真理，如是相對真理亦在整體中獲得其意義與存在之合理性、神聖性，呈現出即內在又超越、即超越又內在的特質。因此，到立極之境，中又表顯出公、容、全的特徵，遂開出修身、齊家、治國、平天下之外王一路。民國天才學者劉咸炘嘗總結中與兩的全面關係，可謂要約的當。其說曰：

> 不言公容全，不足以極中之狀。不言無，不足以探中之本。而不言間兩，不足以定中之處。故道貴周於多而必先致其一，而欲致於一，必先明於兩。〔註2〕

「無」即破執入虛。道包有兩而又超乎兩，從而能「周於多」即涵蓋解釋一切。是為中庸之包、超、導三種表現形式。道家與儒家分享了同一個源自上古的道術傳統，所以道家對中也有其深刻的認識。劉咸炘於《左右》篇曰：「凡事皆有兩端」；「道家明於縱之兩，故以常道御反覆焉」；「橫言之則為反對」，「儒家明乎橫之兩，故以中行折狂狷焉」。是以「子思作《中庸》以正諸子，儒家之旨在中，人所知也」；「道家者流則謂之半，老子嘗言不欲盈，去泰去盛」，「蓋半者，縱之中也」。半者縱之中也，此說可謂精妙絕倫。《莊子·齊物論》云：「庸也者用也，用也者通也，通也者得也」，惟用中而後可以亨通得道也。莊子《天下》篇總結老子的哲學：「主之以太一，建之以常無有」，常超越有無兩邊，其實就是中，由常上達太一，即建立皇極，如此而成太一四位。近代印度哲聖奧羅頻多氏從吠檀多之根本經《薄伽梵歌》中鉤玄提要，拈出「犧牲之三聯」說：

> 據現代印度思想，理念有足使人迷惑者，即「自性」之自體抹煞，此則代之以博大解決，即在神聖「自性」中一種自我圓成之原則。在敬愛道諸教派之後代發展，此至少有其預示。出乎吾等尋常格位以外者，隱藏於吾人生活其間之私我有體後方者，吾人第一種經驗，在《薄伽梵歌》，則仍調為一浩大非個人性、非變易性自我之寂靜，在其平等與一性中，吾人乃失去其小小私我人格，在其平靜純潔中，乃棄去吾人之一切欲望熱情之狹窄動機。然第二種更完全之識見，則啟示吾人一生動之「無極者」，一神聖不可量之「本體」，

〔註2〕引自龐樸著：《一分為三》，上海古籍出版社，2003年版，第155頁。

凡吾人之為吾人者，皆自此出，凡吾人之為吾人者，皆歸屬焉，自我、自性、世界、精神，皆歸屬焉。時若吾人在自我與精神上與彼為一，則不但不失去自我，竟且重新發現吾人之真自我，安定於彼中居於此「無極者」之超上性內。此可一時以三種同時之運動而致，一，由建立於彼及吾人精神自性之行業，作整體之自我發現；二，以「神聖本體」之智識──此「神聖本體」即是一切，一切亦存在其中，──而作整體之自我轉變；三，在三種運動中最具決定性而且最尊嚴者，即由敬愛虔誠，向此「大全者」與此「無上者」以吾人全部有體作整個自我投順，歸依吾人行業之「主宰」，吾人內心之「寓居者」，一切吾人知覺之能涵者。對彼凡吾人是為吾人之淵源，吾人奉獻以凡吾人是為吾人者，此堅心之奉獻，則且化一切吾人所知者為彼之智識，化一切吾人所為者為彼權能之光明，吾人自我奉獻之敬愛熱忱，將吾人舉升入彼，而啟彼本體內中深心之神秘。敬愛遂完成犧牲之三聯，作為啟此無上微密之三而為一之秘鑰。〔註3〕

所謂「犧牲之三聯」，即是從「有」（行業）入「無」（失去其小小私我人格），從「無」入「常」（浩大非個人性、非變易性自我之寂靜、在其平等與一性中），由「常」上達於「太一」（大全者、無上者、神聖本體）的由太一四位所構成的天人貫通之梯。故「犧牲之三聯」與太一之四位其實是殊途而同歸。《大學》謂之「大學之道，在明明德，在親民，在止於至善」。「明明德」乃從「有」入「無」，「親民」則從「無」入「常」，「止於至善」即由「常」上達於「太一」。老子曰：「道生一，一生二，二生三，三生萬物，萬物負陰而抱陽，沖氣以為和」，此「一」非太一，而是指「常」，道才在「太一」位；「二」即「無」和「有」，「三」指陰、陽、中和三氣，「沖」即「中」。陰、陽、中和三氣化生萬物，相當於古印度數論從三德（tri-guna）之相互作用解釋萬物之屬性及其生成變化。陰對應於三德之答磨（tama guna），陽對應於羅闍（raja-guna），中和對應於薩埵。

與中庸天人一貫即超越又內在的「兩行」路數一致，流傳於佛教興起之前的古印度聖典《薄伽梵歌》也闡揚了一種將入世與出世、形上與形下、人事與神愛、正法與解脫皆打成一片的「菩提瑜伽」（bhuddhi yoga），或智慧指引下的行動，從而使平常日用得以靈性化，成為超越性自我之表現與神愛之流注。

〔註3〕 奧羅頻多著，徐梵澄譯：《薄伽梵歌論》，商務印書館，2003年版，第192頁。

而隱伏在「菩提瑜伽」底下，作為其義理根基的，是吠檀多之梵我「不一不異論」哲學。由此即超越又內在之本體論（sambanda-tattava），乃開出即超越又內在之工夫（abhideya），以及隨之而來的即超越又內在之境界（prayojana）。《薄伽梵歌》第二章論「菩提瑜伽」云：

> 此為僧佉之學，再說菩提瑜伽，以菩提而妙用，脫業力之鎖枷。（之三十九）

> 決定之智，守一不變，小智間間，多頭枝蔓。（之四十一）

> 吠陀無外業行，爾當超乎氣稟；離對待而不二，乃常住於清淨；身安利養不計，歸然立乎真性。（之四十五）

> 但盡爾分，無執業果，勿以果自許，勿不盡爾分。（之四十七）

> 穩處瑜伽，踐禮守義，斷除執著，成敗等視；執中守和，瑜伽如是。（之四十八）

> 以菩提瑜伽之力而盡棄惡行，爾其於菩提之中歸命太一，檀南遮耶！執著業果者既吝且鄙！（之四十九）

> 但以菩提而妙用，遠離苦樂於物表，是故勤力於瑜伽，彼為萬行之妙道。（之五十）

> 以菩提而妙用，已捨離乎業果，解脫死生之際，離諸苦而得樂。（之五十一）

> 於時爾之智慧，得脫迷幻之林；會當無動於衷，於將聞與已聞。（之五十二）

> 無惑於吠陀華藻，智慧堅定而不搖，但居三昧而不動，時則瑜伽之能調。（之五十三）〔註4〕

「菩提」即出離我執二見的中道智慧，「以菩提而妙用」即以中道智慧而入世踐行、紅塵煉心，最終覺悟真我、歸命太一。由踐行世間法（dharma）而通向解脫（moksha）、覺明，意味著從形而下世界向形而上世界的陞轉。在證入形而上世界的旅途中，形而下的「法」即道德實踐的世界並沒有被拋置一旁，而是作為手段或形式被保留、運用，塵世的瑣屑成了通天之梯的材料，《舊約》的律法鋪就了《新約》的超越，這就是「以菩提而妙用」或「菩提瑜伽」的真義。「法」（dharma）雖然有多重涵義，但在這裡明顯與儒家所說的「禮」極為接近。子曰：「不怨天，不尤人，下學而上達，知我者其天乎？」，下學而上達，

〔註4〕徐達斯譯：《薄伽梵歌》，西藏古籍出版社，2015 年版，第 17～19 頁。

調適而上遂，由踐禮而知天，與「菩提瑜伽」可謂異曲而同工。「不怨天，不尤人」，意謂返身內求，進而超越我執，表現出深層動機的轉變與昇華，是即中庸所謂「暗然而日章」之「明德」，所謂「君子之所不可及者，其唯人之所不可見乎」。菩提瑜伽融合了偏重世間踐行的行動瑜伽、追求超世智慧的智慧瑜伽、存養心性的禪瑜伽和虔敬奉獻的巴克提瑜伽，乃是四大瑜伽體系的綜合運用，如果把巴克提擴充至替天行道的外王向度，那麼菩提瑜伽之修煉就與臻達中庸之《大學》八目（格、致、誠、正、修、齊、治、平）可謂異曲而同工、百慮而一致了。

　　必定有一套自古相傳的天人學說，隱伏在《中庸》理路的深層，由於中國語言、學問的詩性特徵，以及在概念闡述、邏輯演繹、體系建立方面的欠缺，加之傳承方面的問題，這套華夏最根本的古老學問始終晦而不明、鬱而不發，而《中庸》之大體亦無從彰顯。今以同樣傳自邃古之初的古印度瑜伽體系和吠檀多天人義理，與《中庸》相抉發相輝映，再以近來出土思孟派經說簡帛《五行》篇為參證，或可使後人窺見古人之純與大道之全。近世徐梵澄先生明確指出，儒家內聖外王之學，亦為「《薄伽梵歌》所修也」。《薄伽梵歌》所皈命的「我」與儒家所謂「天」相通，其所謂的「皈命於我」，與儒家的「由人而聖而希天」契合無間。在儒家，聖者窮神知化、上與天通，「下盡乎人情，上達乎天德，道無不通，明無不照」；在《薄伽梵歌》，透過菩提瑜伽之修持，上可達於形而上之「神我」本體，下可通於社會人生之無邊大用。簡而言之，中、印所同者，皆為「體天而立人極」；所異者，先生言：「必不得已勉強立一義曰：極人理之圜中，由是以推之象外者，儒宗；超以象外反得人理之圜中者，彼教」。一從人理以順成，終至攝用歸體；一歸神我而逆轉，再從體起用，要之皆不出中庸之體用雙彰、內聖外王。

　　天下大亂，賢聖不明，皆由中庸之廢壞。從天竺一面言之，古吠陀之學先為佛教所變亂，自是出世寂滅之風大暢，而宇宙人生皆從虛空無明生起，遂至於人理廢而天道息。公元八世紀雖有商羯羅興起，力倡吠檀多古學，但其「不二論」（Advaita vada）與「摩耶說」（Mayavada）深受佛教影響，所謂「唯梵獨真，一切皆幻」（Brahma satya，Jagath mithya），依然不脫佛家空論窠臼。

　　至十一世紀後羅摩奴闍（Ramanuja）、摩多婆（Madhva）、力天（Baladeva）始排斥佛教與摩耶論，大闡吠檀多天人絕學。但是「空」宗積重難返，以至於到十九世紀，印度「哲聖」奧羅頻多尚慨歎於出世寂滅思想對印度民族性懦弱

散漫虛浮一面之深厚影響。佛法東傳，既給華夏文化輸入了新的生機和血液，卻也帶來了西天逃虛蹈空的作派。只是由於跟儒、道的結合，中國佛教才一變極端厭世的宗趣，從而避免了原始佛教在印度本土徹底衰亡的命運。與此同時，深受禪宗濡染的理學，也從天人根柢處被敗壞，肆意將「太極」消解為「無極」，將「天命」歸結為「良知」、「理」，將「天心」、「帝心」混同於人心，雖有內外之合，卻失上下之序，貌似「道中庸」卻自墮於「極高明」，不但未開出外王政治，「建中立極」之皇古大義，遂亦被其所淹沒而失傳。倒是後世的君主乘機將「皇極」占為己有，成就了以人僭天、以天下為私有的獨裁政治。自此天人解紐、乾坤失序，中庸保世之古學斫喪殆盡。徐梵澄先生於《薄伽梵歌論》第一系十一《神聖行業之原則》後有按語曰：「保世滋大，吾華之所重也。……唐尊佛法，而五季之亂為史所罕有；元崇密乘，亦八十餘年而止，皆其明驗也。漢尊儒術，成光武之中興，其末猶成蜀漢鼎峙之局，宋彰理學，其能保偏安，且二百餘年，保世滋大之效也。」保世滋大，其本在於中庸，即建中立極、知幾達變之內聖外王大道。〔註5〕

中庸並非出於人為的構思設想，而是宇宙性的律則或達磨（Dharma）。不但印度，就歐西文明而言，其實在某種程度上，也有對中庸的解悟與實踐，只是形式和表現有所不同而已。古希臘畢達哥拉斯、蘇格拉底都討論過中道；柏拉圖認為需要中的原則，以論證絕對精確的真理。

亞里士多德論人的德行時曾說：「中在過渡和不及之間，在兩種惡事之間。在感受和行為中都有不及和超越應有的限度，德行則尋求和選取中間。所以，不論就實體而論，還是就其所是的原理而論，德性就是中間性，中是最高的善和極端的美。」他進而列數九種美德：「在魯莽和怯懦之間是勇敢，在放縱和拘謹之間是節制，在吝嗇和揮霍之間是慷慨，在矯情和好名之間是淡泊，在暴躁和蔫弱之間是溫和，在吹牛和自貶之間是真誠，在虛榮和自卑之間是自重，在奉承和慢待之間是好客。在諂媚和傲慢之間是友誼，在羞怯和無恥之間是謙和，在嫉妒和樂禍之間是義憤，在戲謔和木訥之間是機智」（見《尼各馬科倫理學》，第二卷）。亞里士多德的中道思想，對是非善惡的區別，是有著嚴格的界限的鮮明的態度的，與那種在是非善惡之間模棱兩可、不偏不倚的折衷主義，毫無共同之處。

〔註5〕參考徐梵澄譯《薄伽梵歌》之 1957 年海外初版序言，室利・阿羅頻多《薄伽梵歌論》（商務印書館，2010 年版）。

　　基督教興起之後又有所謂「雅典與耶路撒冷」，即哲學與宗教、人文與神學、經驗與超驗、理性與信仰之間的對立與調和。在西方文化的語境裏，哲學要求置疑一切，而宗教的基礎則是對神啟謙卑的服從，兩者之間似乎形同水火。啟蒙主義哲學矛頭所向，就是宗教帶來的蒙昧主義和對世人的欺騙。施特勞斯認為，作為自由民主主義基礎的啟蒙運動存在一個根本性的問題，那就是它一方面相信可以用哲學啟蒙全體民眾，因而將「意見」（doxa，即社會通行的信仰與觀念，宗教是其主要的部分）作為迷信和偏見加以拒斥，從而瓦解了社會的道德與宗教紐帶，另一方面為了實現這一目標，又人為地降低了哲學的標準，使之建立在「更低然而更堅實的」基礎之上（經驗、邏輯、數理等等），其結果則是理性主義的「自我毀滅」——這種宣稱一切價值絕對平等的思想或者意識形態導致價值上的相對主義乃至虛無主義，從而既有可能導致人類精神的坍塌，也有可能導致人們無批判地接受類似法西斯主義那樣的毀滅人性的群氓政治、暴民政治。現代自由民主制及其教育制度的問題，不僅在於這種教育往往蛻化為專業化知識的傳授，更在於它雖然宣稱承認和保護價值追求的多樣性，結果卻因為強調這些價值之間的絕對平等而抹殺了它們的高下之別，從而封閉了人類不斷走向完善的可能，使其教育對象要麼成為「沒有精神的專業人士」，要麼成為「沒有心肝的酒肉之徒」（韋伯語）。簡言之，歐西文明在「尊德性而道問學」的環節上出現了嚴重的衝突，據施特勞斯看來，其原因即在於啟蒙主義自由教育放棄了古典式自由教育所保持的中道立場。

　　哲學的首要問題是哲學家在社會生活中如何自處的問題。也正是在這個意義上，施特勞斯斷言哲學首先是政治哲學，哲學和宗教的關係也就成了神學—政治問題。古典式自由教育強調人格、德性和心智的培養，它傳授的是整全的、綜合性的知識，是「文化教育或以文化教養為目的的教育。它的成品是一個有文化修養的人」。其次，它注重對人的全面塑造，因而不僅是知識的傳播，更是心智的培養，是對「崇高的簡樸與沉靜的莊嚴」的追求（《中庸》所謂「君子之道，淡而不厭，簡而文，溫而理」）。作為自由教育最高階段的哲學家的教育，是讓受教育者最終養成豁達大度的心胸，它兼具中道與勇敢的特性。它是中道的，因為它要求受教育者知道自我約束與自我限制，知道人類自身的無知，並且對其無知之物包括宗教保持敬畏之情，同時在實踐中學會審時度勢，因為「智慧不能與中道分離」，「中道使我們能夠避免雙重危險，一方面是對政治出於幻想的期待，另一方面則是對政治軟弱的蔑視。因此所有受到過自由教

育的人會成為政治上堅守中道的人」。它又是勇敢的，因為它意味著受教育者敢於與周遭喧囂浮華的世界徹底決裂。「極高明而道中庸」，正是自由教育的核心，是保障政治與哲學能夠兩立，並且相互激蕩，又相得益彰的根本途徑。這種教育之所以被古人稱為「自由教育」，正因為它相信「一切人出於自然都會追求善、而非傳統與舊習」，因此它首先意味著心靈上徹底的自由；同時，由於「所謂自由就是踐行豁達的美德」，所以它又是實踐的自由。換言之，它是「尊德性而道問學」的君子教育。施特勞斯相信，自由民主制要免於墮落，就必須著力培養一批又一批既追求自由，同時又能夠超越價值相對主義的人，施特勞斯稱之為「gentleman」。他們具備從長遠來看民主制所必需的一些高貴品質：「奉獻、專注、廣博和深刻」（《中庸》所謂：「肫肫其仁，淵淵其淵，浩浩其天」）。與大眾文化相對的古典式自由教育則是培養這種人的唯一途徑。據施特勞斯看來，古典政治哲學之所以清明，是因為它始終沒有忘記宗教這個最根本的對手（或者朋友）；而宗教之所以始終不能被哲學忘懷，則是因為西方的宗教，特別是猶太教本身包含了高度的理性與智慧，而且對哲學發出永恆的挑戰。施特勞斯的一個基本立場就是，耶路撒冷與雅典的對立與衝突，是西方文明的生命所在。而在以《薄伽梵歌》為代表的吠檀多體系裏，我們將看到哲學和宗教也即非人格性梵理與人格性神我（purusa，Ishvara，Bhagavam）之間或菩提與瑜伽（指行動瑜伽，合乎正法的行動）即哲學與政治之間所具有的對立、互攝與統一的關係。這種關係，用莊子《天下篇》的話說，就是「醇（通準）天地」與「配神明」，就是「內聖」與「外王」；用《中庸》的話來說，就是「尊德性而道問學，致廣大而盡精微，極高明而道中庸」，它指向哲學、宗教、政治、道德的完美融合。

一、天命章

> 天命之謂性，率性之謂道，修道之謂教。

達斯按：《中庸》劈頭一句，便點出內聖之見地、工夫，與外王之事業。見地不離於天命、人性，其本質為一套天人學說；戒慎恐懼，乃修道之工夫，不外乎對天人關係之體證；位天地、育萬物，乃修道之事業，不出於對天人義理之運用。

康有為《中庸注》於此條注曰：「人非人能為，天所生也。性者，生之質也，稟於天氣以為神明，非傳於父母以為體魄者，故本之於天。易曰：『乾道

變化，各正性命也』」；又於「故君子尊德性而道問學」條下云：「性有質性，有德性。德性者，天生我明德之性，附氣質之中，而昭靈不昧者也。粗者為知氣，精者為神明。古稱明德，後世稱為義理之性，或言靈魂，或言性識，諸說之名不同，其發明此實則一也」（《中庸注》，第 230 頁）。性德發源於天，可證之於《黃帝內經》：「天之在我者德也，地之在我者氣也。德流氣薄而生者也。」

「性」為天命之下貫，從在我一面，謂之性；從得之於天一面，謂之命。故性與命為一體之兩面。郭店楚簡《性自命出》篇有云：「性自命出，命自天降。」《語叢》曰：「有天有命，有物有名」，《大戴禮記》曰：「分於道謂之命，形於一謂之性」，天與命之間，命自天降，命是天之所命，天具有發命或施命的特權。性來自天命，是屬於天賦、不自人為的東西。故授命是天之道，稟命為人之性，授命與稟命把天道、人性聯結貫通起來。是故此「性」超越，本屬先天，絕非由陰陽五行之氣化而來，反而超越於陰陽萬物之上，牟宗三先生於此剖判甚明：

> 《莊子·知北遊》篇所謂「性命非汝有，是天地之委順也」，似乎就是只從天地氣化來說委順之性，這也似乎就是「天命之謂性」了。然而在儒家，根據天命、天道下貫而為性這一老傳統而說的「天命之謂性」，卻不是只就氣化委下來而說的性。這個性當然是偏重「道」方面說的，偏重「天命流行之體」、創造真幾方面說的。此是道邊事、神邊事、不是氣邊事。此是道之一，神之一，而不是氣之多。此決不可誤會。我們可以說，從氣化提起來，而說寂感真幾、說天命流行、說天命流行而為性，那便是中庸所謂「天命之謂性」了。〔註6〕

人之性雖然稟受天命，具有高等的知覺性，但由於其個體偶在性，卻受到陰陽氣化或物質自然的染污，反而為外物妄心所覆蔽迷惑，遺忘了屬天的本性，由此內心產生無明妄念，力圖以私欲小我主宰、受用外物，遂陷於煩惱執著不能自拔，此即《樂記》所謂的「滅天理而窮人慾」。所以要使人恢復其本性，必須踐行一套「率性」的工夫。

超越的天道下貫到個體，內在於人而成為人之性，成為內在於人的宇宙律令，所以天道既是超越的（transcendent），又是內在的（Immanent），天道既超越又內在，可謂兼具宗教與道德，宗教重超越義，而道德重內在義。道德的根

〔註6〕牟宗三著：《中國哲學的特質》，吉林出版集團，2010 年版，第 65 頁。

本在宗教或超越性的存在，人性亦無法離開天命而獨立生成、保全。另一方面，天命、天道既下降而為人之主體，則人的「真實的主體性」（real subjectivity）立即形成。這主體不是形而下的，不是作為苦罪根源的肉身，而是形而上的、體現價值的、真實無妄的主體。孔子所說的「仁」、孟子所說的「性善」，皆由此真實主體而流出。也就是說，道德主體成了超越性天道、天命的流露和呈現，通過道德主體的率性工夫、自我肯定，天道、天命步步下貫，體現其悠久、博厚與高明。與此同時，主體的道德踐行也使人性得到復原和圓滿，從而能夠在中和慧境中上達天命、天道，此即孟子所謂：「盡其心者，知其性也；知其性，則知天矣」，以及《易傳》所謂：「和順於道德而理於義，窮理盡性以至於命」。中國古代的「天」具有人格神的意味，例如《尚書・召誥》語：「今天其命哲，命吉凶，命歷年」，分明說出「天」可以降命，也可以撤命。由此看來，中庸實在是一個將宗教、哲學、道德、政治結合為一體的知行體系，所謂「六通四辟，小大精粗，其運無乎不在」。

踐行「菩提瑜伽」的關鍵亦在於對自我真性（svarupa）之覺知。《薄伽梵歌》論述菩提瑜伽之第二章第四十五頌云：

> 吠陀無外業行，爾當超乎氣稟；離對待而不二，乃常住於清淨；
> 身安利養不計，歸然立乎真性。

讓菩提瑜伽與《吠陀經》所提倡的業（karma）和法（Dharma）相區別的，並非外在的行為本身，而是對本來真性或自我之梵性的覺解，以及由此而生發、操存的一種超然的態度、動機、覺知和境界。這種覺解，來自對形骸、私欲、情見和我執的超脫出離，從而使踐行者返身而誠，洞見真我、阿特曼（atman）具足梵性，清淨無生，原本與大梵、至上為一體。

也就是在這種覺解下，身心靈才能獲得自在安和，進而生起種種大機大用，所謂瑜伽，所謂奉愛，皆從這裡生發展開。現代吠檀多學者 A.C.巴克提韋丹塔・斯瓦米（A.C. Bhaktivedanta Swami）於其名著《薄伽梵歌如是說》之導論中闡釋了靈魂與神我的關係，以及由此而生成的「本來真性」：

> 我們在目前的生命境況中，忘記了至尊者，也忘記了我們跟至尊者的永恆關係。無量數生命中的任何一個，跟至尊者都有某種永恆關係。這關係稱為「本來真性」（Svarupa）。通過奉愛服務，可恢復個體的本來真性，這境界名為「成就本來真性」（svarupa-siddhi），

亦即個體命定地位之圓成。〔註7〕

具有形而上意義的天命，構成了天與人的關係，正是這種關係形成了自我或靈魂的「本來真性」，而基於對天人關係之覺解的「奉愛服務」（bhakti）或「菩提瑜伽」，即是「率性之謂道」。《薄伽梵歌》第十五章第7頌講到個體與至上神我的關係：

> 我分為極微以永存，於情命界化作有情；
>
> 彼遂鼓六根以求生，受桎梏而困於氣形。

此頌道破了有情的位分。個我（jiva）是最高我或至上原人的部分和微粒——他永遠如此。他並不是在生命受拘限時體現出個體性，等到了解脫之境便跟最高我合而為一。他永遠呈現為碎片化的狀態，但作為最高我的部分和微粒，其性與最高我或大梵為一，正如金子的部分和微粒，也一樣是金子。個我既蘊涵在全體之中，又是獨立的存在。一旦脫離形氣情識的桎梏，個體命我便能恢復與最高我的關係，並重獲其永恆梵性。最高我是根源，個我只是大梵的派生物，其關係猶如火與火花、太陽與太陽光。最高我是宇宙成立的根源，是世界的支配者，而個我並不具備創造或毀滅世界的能力，它只是從屬者。另外，大梵超越一切罪業苦樂，而個我卻要感受果報所帶來的苦樂。此即吠檀多《梵經》學派之不一不異論（bhedabheda vada），與《大戴禮記》所說的「分於道謂之命，形於一謂之性」頗為契合。分於道故不異，形於一故不一，由此天人感應互動才成為可能。

不一不異論即肯認了人的「真實的主體性」與主體的超越性，又能綱維住天道的無限莊嚴和天人間應有的張力。反觀西方宗教，只注重人的原罪，神性永遠屬於上帝一邊，人神之間具有永遠無法跨越的鴻溝，人陷落下來成為無本的了，自然無法表達其倫理的道德性，使下貫於人心的天道、天命於人倫日用間做順成的表現，造形為禮樂文明。是故西方只有宗教的道德性，宗教與道德、哲學、政治並無內在的關合，即便有相互間的拼湊容忍，然而一旦

「意見」式宗教在信仰上無法維持，道德、哲學、政治便在價值相對主義和虛無主義的攻擊下化為碎片，只能聽憑功利化的經驗和理性也即形氣情識的宰治。就儒學一面而言，由於受到法、道、佛的影響，過於強調天道的內在性和功用一面，把人格神的天轉化為非人格性的「形而上實體」，以人性收攝

〔註7〕A.C. 巴克提韋丹塔·斯瓦米著，徐達斯譯：《薄伽梵歌如是說》，西藏古籍出版社，2020 年版，序言。

天理，完全打破了性與天命的分際，進而造成天人合一的格局。人的主體性過於膨脹，淹沒了天的獨一性和外在超越性，天人秩序不復存在。天道下墜，主體的內在超越性亦無法維持，最終墮入氣化一邊。隨著宗教維度的淡出，道德、哲學、政治都成了僭天而立者的精神武器、統治工具和愚民說教。最令人齒冷的事是，至今學者們仍然津津以中國文化之無宗教或去宗教為榮，以為中國比西方中古更具有現代性，殊不知華夏原有的上古宗教實與歐西中古「意見」式宗教大相徑庭，其融攝哲學、道德、政治為一體而表現出之「尊德性而道問學，致廣大而盡精微，極高明而道中庸」，遠邁一神論宗教之粗陋武斷。此誠所謂「拋卻自家無盡藏，沿門托缽效貧兒」矣。

高倡天理心性無別的宋明理學演變至清代，便走向其反面。大呼理學殺人的樸學大師戴震公然宣稱，「性成於陰陽五行，理義根於性」，人性是由「氣類」生成的，其具體表現就是「血氣心知」，乃是人性的唯一內在規定性，所以人性是形體氣質之性，其內容即欲、情、知，除此以外，就不存在所謂的天理之性，懷生畏死、趨利避害、情慾衝動無非是人性的自然本能的表現。這種觀點，以人的氣質之性論「性」而徹底否定天理之性的存在，從「超人」性質的天人不二墮落為唯物論的平庸凡俗，為中國文化在「三千年未有之大變局」下徹底解體埋下了伏筆。民初學者大多以樸學為尚，以清末義理之學為師，接軌從西方傳來的現代啟蒙主義、科學思想。非常明顯的一個案例是，民初學者陳柱曾先後兩次注疏《中庸》。第一次為《中庸通義》，出版於民國五年，其自敘言：「人者天地之心，萬物之靈也，今乃自入於禽門，豈非失天地之心，而逆天地之命也哉？」，所謂禽門，語出楊雄《法言》：「天下有三門，由於情慾，入自禽門；由於禮義，入自人門；由於獨知，入自聖門」。嚴守人禽之辨，純是理學家的語氣口吻。到了民國十九年第二次出《中庸注參》，作者明言：「所輯各家之注，自戴東原以下，多近代大家之言，均深受時代學術之影響，無陳腐之習氣。」其注「天命之謂性」一句曰：「謂天生之自然者謂之性……好生而惡死，此生物之性也。」又引劉師培之語：「告子曰：『生之謂性』……蓋血氣心知，即性之實體。」可謂不打自招，分明已經落入以食色為性的告子一路。〔註8〕

從印度方面來看，商羯羅繼《梵經》的「不一不異論」後提出了「無分別不二論」。根據提蒲（G. Thibaut）的評價，《梵經》與商羯羅的《梵經注》有四

〔註8〕陳柱著：《中庸通義・中庸注參》，自敘，華東師範大學出版社，2011 年版。

點不同之處：《梵經》對實在本體梵沒有區分「上智」（即認識與對象的同一）和「下智」；沒有區分絕對梵與人格神；不承認宇宙非實在論；不承認個我與最高我的絕對同一。以上四點正是商羯羅「無分別不二論」的主要觀點，其核心就是「梵、我、幻」的絕對同一。很明顯，商羯羅的哲學是一套經過佛學洗禮的吠檀多論，與代表《奧義書》思想精髓的《梵經》相比，偏離了古代的神學—哲學傳統，使宇宙成為虛妄不實的幻象，使絕對梵與人格神分裂，使個我與最高我之間的張力消失，所謂覺悟成了從自我走向自我的虛假朝聖，人神之間的敬畏愛慕自此也失去真實的根基，化為無明之迷霧。商羯羅掃清了佛教在印度的勢力和影響，但與此同時，他也造成了吠陀古義的扭曲和失落。印度文明自吠陀時代以後，拜佛陀和商羯羅之賜，一直在虛無主義和非人格主義的籠罩之下，度過了兩千多年沉空落寂的日子。由於失去「建中立極」所帶來的平衡、統一與向心力，泛神論、多神論大行其道，整個社會四分五裂，一次又一次被奉行一神教的強悍民族所奴役，再也無法恢復昔日婆羅多的榮光。

> 道也者，不可須臾離也，可離非道也，是故君子戒慎乎其所不見，恐懼乎其所不聞。莫見乎隱，莫顯乎微，故君子必慎其獨也。

達斯按：「其所不見」、「其所不聞」者，道也。道非感官、經驗所能見聞察知，老子所謂：「視之不見名曰夷，聽之不聞名曰希，搏之不得名曰微」，謂道體也，而道之用固無處不在、無時不運、無事不貫，雖平常日用亦不可離。道體無形無象，寂然不動，卻又無處不在，感而遂通，是故君子對其生起戒慎恐懼之心。龐樸先生曾經對「無」字做過考證，以為「無」通「舞」，甲骨文「無」字像人兩手操牛尾或茅草而舞。「無」又通「巫」，《說文》釋巫：「祝也。女能事無形以舞降神也。」巫的本領正是能事無形，其手段則是舞。在這裡，巫是主體，無是對象，舞是聯結主體和對象的手段。巫、舞、無是一件事的三個方面。因而，這三個字，不僅一個發音，原本也是一個形。龐樸先生認為：

> 這個「無」不等於沒有，只是無形無象，視之不見，聽之不聞，搏之不得而已。也正因此，它倒不受時空條件限制，全無掛礙，無時不有，無時不在。更加上它被想像成事事物物的主宰，因而它不僅等於沒有，簡直成了統治萬有的大有。這樣一種無形而大有的對象，難以描摹，只得以同它打交道的動作來表示。〔註9〕

天道、神明就是「無」，於冥冥中監照主宰萬有，「莫見乎隱，莫顯乎微」，

〔註9〕龐樸著：《一分為三》，海天出版社，1995年版，第275頁。

理應成為君子戒慎恐懼的對象。關於慎獨，朱子注：「獨者，人所不知而己所獨知也……所以遏人慾於將萌，而不使其滋長於隱微之中，以至離道之遠也」，是有見於己之所獨知，而未揭示道之體用，蓋君子不但省察於己，亦敬畏於天。《詩・大明》云：「小心翼翼，昭事上帝……上帝臨汝，無貳爾心」，才是本句的正根正源。曹植謂：「祗畏神明，敬惟慎獨」（語出《卞太后誄》）。康有為《中庸注》此條注云：「人所不睹，神之格也；物所不聞，天之監也」；「蓋至誠為對天之本，故以慎獨為保性之方。」《白虎通・天地》云：「天者，何也？天之為言鎮也，居高理下，為人鎮也」。《論語》記孔子言及「天」者甚多：

> 子曰：「君子有三畏，畏天、畏大人、謂聖人之言。」

> 王孫賈問曰：「與其媚於奧，寧媚於灶，何謂也？」子曰：「不然，獲罪於天，無所禱也。」

> 子疾病，子路使門人為臣。病間，曰：「久矣夫由之行詐也，無臣而為有臣，吾誰欺，欺天乎？」。

> 子疾病，子路請禱。子曰：「有諸？」子路對曰：「有之，誄曰：『禱爾於上下神祇。』」子曰：「丘之禱久矣。」

對於天，孔子念茲在茲、無時或忘，天與天命實為孔子安身立命之處。牟宗三先生從孔子「知我者其天乎」一語，判定「孔子的生命與超越者的遙契關係實比較近乎宗教意識」、「孔子所說的天比較含有宗教上人格神（Personal God）的意味」。〔註10〕華夏傳統向來以天為本，敬天畏天，戒慎恐懼，未敢隕越。《尚書・召誥》曰：

> 嗚呼！天亦哀於四方民，其眷命用懋。王其疾敬德！相古先民有夏，天迪從子保，面稽天若；今時既墜厥命。今相有殷，天迪格保，面稽天若；今時既墜厥命。今沖子嗣，則無遺壽考，曰其稽我古人之德，矧曰其有能稽謀自天？

《召誥》為召公奭告誡成王之辭。王國維先生以為「文、武、周公所以治天下之精義大法，胥在於此」（《殷周制度論》）。以上引文，召公回顧了華夏祖先的人文教訓、歷史經驗。文中講到夏朝，「天迪從子保」；講到殷朝，「天迪格保」。保即保養，佑護。從子即旅，旅為祭上帝之尸。古者祭天有尸，尸是用來象徵神明、與天感通的媒介。意為夏、殷兩朝皆賴神明之力得以保有大命。文中又兩次講到「面稽天若」，謂借神明之力，可

〔註10〕牟宗三著：《中國哲學的特質》，吉林出版集團，2010年版，第41頁。

以察知天意而得天之順佑。《尚書》之《堯典》《皋陶謨》皆以「粵若稽古」起句，《尚書緯》訓「稽，同也；古，天也」，稽古即稽天。召誥再三言「稽古」，表明夏、殷之大命皆在同天合德、天人相應，否則必「墜厥命」。墜天之命，則必不獲天之臨照扶翼。由此召公告誡成王：「眷命用懋。王其疾敬德」，上天的眷顧來自「德」，也就是使天人關係得以確立的性德。按「天」為周遍義，「帝」為主宰義，「上」為超越義，皆指至上之人格神。「面稽天若」，即是承天之教。「天命不可錯」，三代以來，莫不惶惶汲汲於是。《周誥》於格知天命，語尤懇摯。《周書》云：「祈天永命」、「惟天明畏」、「時惟天命」，《大雅》云：「敬恭明神，宜無悔怒」。

根據《梵經》一派吠檀多學說，梵有不同的面相、維度。梵，梵文 Brahman，字根為 brmh，意為「長育」「生長」。《吠檀多經》第 2 偈對梵的定義是：Janmadyasya yatha，意即「一切由此流生」。梵者，至大無外，至小無內，是涵蓋天地人的大全，一切物質和精神現象之本質皆為梵。《唱贊奧義書》4.14 云：

> 信然，梵即是世界之全體。彼由意所成，體即生氣，形即光明，思即真理，自我即虛空，包含一切業、一切欲、一切味，一切嗅，包含這全世界，一切無言者、被遺忘者……細於穀粒，甚至燕麥之芒，……而大於地，大於空界、大於天、大於諸世界。〔註11〕

梵在一切之中，卻又是一切存在之本體和根源。《羯陀奧義書》第四頌把世界比作一棵大樹，而梵則是此樹的根：

> 其根在上界，枝葉乃下垂，永恆宇宙樹！其根實清淨，彼即為大梵。彼名不滅者，諸世界依止，無人能超越，信然此即彼！

又《薄伽梵歌》第七章云：

> 更無一物，凌我之上，萬有在我，如線貫珠。
>
> 我為水之甘味兮，為日月光明，為吠陀真言兮，為人中之力空中之音。
>
> 我為萬有之種子兮，無盡無窮，又為智者之智兮，勇者之勇。
>
> 元氣化生，皆來自我，非我在彼，彼咸在我。

這裡的「我」是指絕對本體，兼體用而言。梵超越萬有，卻又遍透一切，看似對立矛盾的事物、觀念在絕對無二的梵裏面不可思議地得以和諧並存。但消除一切分別界限的非人格性之梵，並非「道」或「無上者」之究竟。「道」

〔註11〕引自徐梵澄譯：《五十奧義書》，中國社會科學出版社，1995 年版。

在平等遍漫的梵之上呈示為具有內在性、獨一性的最高我或「超我」，梵語謂之 paramatma。最高我既是宇宙創造、長養、壞滅的唯一根源，又內在於天人之中，主宰萬物的運行，並為個體命我的精神演進劃出方向。《薄伽梵歌》第十三章頌讚「神我」云：

予將告爾以所知分，知之者得享永生：無始大梵以我為歸極分，超乎因果而獨存。

光明之光，超乎明暗，兼知所知，知之所至，一切有情，心內居停。

有歆享者，亦居此身，為寂觀者，為感應者，為自在主，為至上神，斯乃真宰，涵蓋乾坤。

見其平等遍滿兮，知真宰與眾生同住，如是靈不與心俱墮兮，踐履乎天人之途。

最高我彌綸天地，遍覆萬物，也進入眾生心中，與靈魂相伴，作為觀監者、引導者而存在。《奧義書》將此二我的關係比喻為兩隻鳥的關係，一隻鳥為個我（Jiva，吉瓦，命我），另一隻為入乎內心之神我。兩隻鳥同在一棵樹上，一隻在吃樹上果實，另一隻在旁觀看，等待老友轉頭相認。個我進入生死輪迴，承受善惡果報；神我則清靜無為，永恆自在，始終以朋友的姿態在靜觀對方，並以種種不可思議的方式在身心內外警醒、指引、成就個我。

用華夏的語言來說，此神我是心中之心、知中之知，是「無聲無臭獨知時」所證入的乾坤萬有基、萬化根源、定盤針。君子所戒慎恐懼的，正是這為其所不知、為其所不聞卻又明察隱微、照燭心幾的至上道體、最高神我。正是這份時刻不忘的戒慎恐懼，讓靈魂能守住其性命之正，不隨著飄搖動盪的心念情識而墮入陰陽氣化的糾纏流變，進而持中守和、率性覆命、上達天道。這也正是三代孔子以來「敬天」、「畏天」思想之落實。所謂「慎其獨」者，獨非真獨，冥冥中自有神明照臨，曾子曰：「十目所視，十手所指，其嚴乎！」，言其可畏之甚也。孔子曰：「鬼神之為德，其盛矣乎？視之而不見，聽之而不聞，體物而不可遺」，言微之顯，神明之不可欺也。所以君子尤加戒懼，遏人慾於將萌，而不使其滋長於隱微之中，以至於遺忘其性與天命，失去人之所以為人之根本。

孔孟以後，儒家逐漸失去了與天感通的能力，變而為荀子之重偽崇利，「不求知天」，但「治天時地財而用之」。董仲舒以陰陽五行說天，重祥瑞感應，基

本上還是在宇宙論層面，未調適而上遂至形而上高度，對天人關係覺解的深度已大為減退。一直到宋明儒，理學用一個「無情意、無計較」（朱子語）的抽象的非人格性的「理」代替了「天」的位置，而「性即理」，所以實際是一種佛性化的儒學。心學則自稱「吾心即是宇宙，宇宙即是吾心」，其實質是把個體認同為宇宙大我，且將兩者混為一談，結果是以人代天，趨入狂路。陽明之弊，正是以心為萬有基、萬化源，混同人心於天心，從而倒置天人、錯設乾坤，讓脆弱的人心、惟危的人性背上了不可承受之重、不可約束之幻，同時也失去了來自超越維度的警醒、提撕、指引、啟明、慰藉和關愛。人就像一個以自我為中心的被寵壞的頑童，在宇宙中孤獨而狂妄地自我放大、恣意而為。這就是中國式「人文主義」的根源。畢竟，個我只是最高我的部分和微粒（amsha），若放棄最高我的庇護，隨時會被塵世所淹沒。

但《中庸》所說的戒慎恐懼，絕非西方宗教面對上帝所產生的恐怖（dread）或怖栗（tremble），如克爾凱郭爾在《恐怖的概念》中所說的，而是源於憂患意識。其所憂所患者並非人與生俱來的原罪或上帝對人間罪惡的懲罰，也非佛教所要脫離的苦業煩惱及其束縛，而是德之未修與學之未講，以至遺忘、失落其天命之性與天人位分，也即自我乃至整個人類及萬物與天的關係。誠如牟宗三先生所說，它有正視主體性與道德性的特色。但尤其重要的是，它有 bhakti 的特色，即對於天人間無法割捨的超越性虔敬親情的關注。此時，上帝不再是高高在上的異己存在或宇宙大法官，而是一心護持、成就小我的宇宙大我，猶如《奧義書》所說的，他是個我永恆的朋友，而個我則是從屬於他的部分和微粒。害怕與天和天命隔離，才是這戒慎恐懼的根源，而不僅僅是工夫層面的個人之德之未修與學之未講。反之，如果道體只是如朱子所說的「無情意、無計較」的無生命、非人格性的「理」，或者如陽明所說的自心、良知，那麼君子如何會對它生起戒慎恐懼這樣強烈的感情？看來，無論朱子的無情哲學，還是陽明的超人哲學，都無法契入天人關係的堂奧，而宋明以後的整部中國思想史，可以說就是在無情和超人之間徘徊跳躍，始終無法回到天人關係的正常狀態，其原因就在佛教的去本體化、非人格化對華夏原有天人學說的根本性侵蝕。

馬王堆帛書《五行》與郭店楚簡《五行》都有「慎獨」之說，其文云：「『鳲鳩在桑，其子七兮。淑人君子，其儀一兮』，能為一，然後能為君子，君子慎其獨也」，此處「慎獨」指內心的專注、專一。《五行》傳文又說「獨也者，捨

體也」,「捨其體而獨其心」。「捨體」即捨棄身體感官對外物的見聞覺受,「獨」就是排除了感官、意識活動後,內在、先驗的心靈狀態。《莊子‧大宗師》也講到「獨」,其文曰:

> 三日而後能外天下;已外天下矣,吾又守之,七日而後能外物,
> 已外物矣,吾又守之,九日而後能外生;已外生矣,而後能朝徹;
> 朝徹,而後能見獨;見獨,而後能無古今;無古今,而後能入於不
> 死不生。殺生者不死,生生者不生。其為物,無不將也,無不迎也;
> 無不毀也,無不成也。其名為攖寧。攖寧也者,攖而後成者也。

莊子所謂「外天下」、「外物」、「外生」,類似竹簡《五行》篇所說的「捨體」,「獨」即「獨其心」,「見獨」即覺證本心、真我。莊子對心體的證悟尤其精到,言其「無古今」、「不死不生」等等,與《薄伽梵歌》對真我、阿特曼、靈魂的形容可說印契無間。「無古今」、「不死不生」即永無變易,不壞常存;「其為物,無不將也,無不迎也;無不毀也,無不成也」,意為任物來去,超然物外,無預萬事之往來成敗。

由此看來,所謂「慎其獨」,意思是君子當慎守其具有超越性的天命之性或本來真性,使其不致為外物私欲所奪。

> 喜怒哀樂之未發,謂之中;發而皆中節,謂之和。中也者,天
> 下之大本也,和也者,天下之達道也。

達斯按:前兩節都是從天道下貫來講,進而落實到天人關係。本節便從契入、運用此天人關係(道)之工夫入手。蓋不率性則亡道,不修道則失性,率性修道,莫先於養氣。《莊子》曰:「人大喜邪,毗於陽;大怒邪,毗於陰;陰陽並毗,四時不至,寒暑之和不成」,此言喜怒哀樂之不可不中和,而致中和在於養氣。

「已發之中」為情,其根柢在「未發之中」,即性。由體會涵養「未發之中」,便可以發明心性,進而戒慎恐懼、上達天命,所謂「性本天」、「性與道俱」是也。所謂繼之者善,成之者性,與天相應與道為一,自然得性之中和。性中和,則「發而皆中節」,即情亦無往而不中正矣。

辜鴻銘先生將此節譯為:「當諸如喜怒哀樂這樣的情感尚未激發出來的時候,此種狀態就是我們的真我(中)或者道德存在狀態。而一旦這些情感激發出來,並且每種情感都達到了恰當的程度之後,那種狀態就是道德秩序(和)。」據他解釋,「我們的真我」——照字面意思來說,就是指我們內心深處(中)

的自我，或者像馬修‧阿諾德所稱的，是「道德存在中將我們與普遍秩序聯繫起來的就核心線索」。阿諾德亦將其稱作是我們「永恆的自我」，因此，它是我們的生存之本。阿諾德曾說：「我們內心所有的力量和脾性，都像我們恰當的核心道德脾性，雖說它們本身是仁慈的，但需要與這一核心（道德）脾性和諧協調起來才行。」〔註12〕

朱子曰：「喜怒哀樂，情也，其未發，則性也」。然則「喜怒哀樂之未發」究竟是怎樣一種生命體驗？怎樣一種生命狀態？《禮記‧樂記》有一段話，透露出一點消息，其論人之「性」云：

> 人生而靜，天之性也；感於物而動，性之欲也。物至知知，然後好惡形焉。好惡無節於內，知誘於外，不能反躬，天理滅矣。夫物之感人無窮，而人之好惡無節，則是物至而人化物也。人化物也者，滅天理而窮人欲者也。於是有悖逆詐偽之心，有淫泆作亂之事。

「靜」，即喜怒哀樂之未發；「感於物而動」，即喜怒哀樂之已發。人生而靜，靜為其「天之性」；但此形上超越之「性」墮入器世界，便受到「物」或「氣」的影響，而為好惡外境所擾動，在二元對待之執著中無法逆轉向內，終至喪失其本來之「靜」性，故其「德」不彰，其所稟賦之一段天理亦隨之泯滅。此「靜」呈現為純粹中和之氣，而「感於物而動」便是莊子所謂「毗於陰陽」。《文子》之《道原篇》也有幾乎同樣的一段文字，這正說明儒道在天命人性之根本上是相通的。《老子》曰：

> 致虛極，守靜篤。萬物並作，吾以觀其復。夫物芸芸，各復歸其根。歸根曰靜，靜曰覆命。覆命曰常，知常曰明。

《樂記》所謂「反躬」，即從好惡知見中逆轉，觀喜怒哀樂之未發，實際就是老子所說的「致虛極，守靜篤」一類致中和的工夫，所以老子也說「知和曰常，知常曰明」，「和」即是中和。性與天命只有在「靜」或中和之境裏才能呈露出來。屬於黃老一系的管子也說：「外敬而內靜者，必反其性」（《心術下》）。康有為《中庸注》於此條注云：「孔子涵養其性於寂然不動，通淵合漠之時，以戒慎恐懼，時時顧諟天命，日監在茲，洗心藏密，淨徹靈明，故能上合乾元，與天同體，正其性命，保合太和」。

由此看來，孔子所謂的「吾道一以貫之」決非如其弟子所理解的但只「忠恕」而已，其背後必定有一套自古相承的儒道共享的形而上義理及其修煉工

〔註12〕辜鴻銘譯注：《中庸》，天津社會科學出版社，2015年版，第247頁。

夫。這套見性覆命的修煉工夫，在古印度謂之瑜伽。《瑜伽經》起手就從心性說起，把瑜伽定義為對心性的修證。經首第 2、3、4 偈云：

> 瑜伽即止息心之波動。（yogas citta-vrtti-nirodhah）
>
> 彼時，看者便安住於本來真性。（tada drastuh svarupe vasthanam）
>
> 否則，仍將認同於心之波動。（vrtti-sarupyam itaratra）

這裡的「心」，梵文為 Citta，指的是整體上的生命知覺、意識、思維、情緒和意欲，也包括更高級的心智活動、判斷力等等。Citta 一般分為三個層次，mana（mind）、buddhi（intelligence）、ahamkara（ego），即心意、智性、我慢。Vrtti 即意識上的波動、變化、活動、運行；nirodhah 意謂停止、抑制、結束、消除、控制，轉化。

心意的作用是透過感官獲取經驗和印象，並產生好惡、取捨等情緒、意欲。心意就像猿猴，在各種情緒、意欲之間跳動不息，遵循著一個單純而本能的程序，即「重複快樂、逃避痛苦」。因此，即時滿足的誘惑對心意極難抵禦。智性具有觀察、判斷、選擇的功能，但自私、僵化的心智模式卻使智性受到污染和束縛，無法作出合乎實相的觀察、判斷和選擇。

我慢與外界的接觸通過意識和感官。這種接觸將所有記憶、欲望、經驗、情結、意見、偏見都附著在「我」之上。於是自我肆行擴張，變得粗糙而厚重。每當外界的某個事件或對象被感官記錄下來時，心便會產生波動，我慢就將自身認同於這一波動。如果這一意識波動是令心意愉悅的，我慢就感覺到「我是快樂的」；如果令心意不悅，它就感覺到「我不快樂」。這種虛假的認同是所有無明、煩惱的根源。因為這使自我受制於短暫易變的喜怒哀樂等意識波動，而意識波動則源於不斷矛盾衝突的陰陽氣性（guna，德，屬性）。

在《瑜伽經》看來，心並不是認知者，而只是認知的工具，真正的認知者是真我、阿特曼（梵文 atma），即「觀者」（梵文 drastuh）。將認知者與認知工具認同，便使自我認同於心之波動，從而迷失本性，認賊作父。《瑜伽經》2.20偈云：「觀者清淨無染，有觀的能力，但卻要透過心來觀。」而心卻被習氣所淹沒，受到種種分別計較的折磨。就如《瑜伽經》2.15 偈所說：「對於有分別心的人，所有的經驗都將是痛苦的。即使是當前的快樂也是痛苦的，因為我們已在擔心會失去它。過去的快樂是痛苦的，因為它留在我們心中的印跡會讓我們再度渴求它。如果快樂僅僅依賴於我們的心情，它怎麼能持久？心情總在不斷變化，因為相互衝突、不斷推擠的三極氣性總會輪流操控我們的心。」結論

是，「煩惱來自將觀者錯誤地認同於所觀，那是可以避免的」（2.17）。於是，觀者被分離孤立出來，與所觀（梵文 drisya）劃開了界限。觀者不復認同於所看以及由此而來的苦樂、善惡等二元相對觀念，無明被徹底擊碎，此時此刻，真我呈露，解脫飄然而至，「無明一消除，這種認同也就停止。不再有束縛，觀者於是恢復了獨立和自由」（2.25）。

因此，真我即非作者，也非主宰者和享受者，他只是「觀者」。《薄伽梵歌》第五章第8～9偈云：

> 知真者自思：余惟妙用，了無所作。觸嗅聽視，言行食息；排
>
> 泄攝持，目開目閉；諸根觸塵，我則遠離。

意思是，在本來覺性中的人，雖然視、聽、觸、嗅、食、走動、睡覺、呼吸，其內心卻總是知道，實際上真我並沒有做什麼。他非常清楚，說話、排泄、攝食、開眼、閉眼的時候，只是物質感官在接觸感官對象，而真我並未參與。故真我寂然不動，而又獨為知者，為獨存之主體，絕對之主觀，深密不可言說。《薄伽梵歌》第二章進一步闡述了阿特曼的本性：

> 遍漫軀體者不可滅；不滅者人無能滅。
>
> 彼不朽者，身內居停，不生不滅，不減不增；身有生滅，旋滅
>
> 旋生，婆羅多兮，何惜一命！
>
> 或以此為能殺，或以此為所殺；二者皆入無明，魂非能亦非所。
>
> 未嘗或生，亦未嘗死，既非已是，又非將是，無生不死，長存
>
> 泰始，身雖被戮，魂不可弒！
>
> 無法分割，不能溶解，無法燒毀，不會萎敗，不變不動，永恆
>
> 如一，魂神不朽，無乎不在。
>
> 玄妙難測，無形無相，魂神永在，不變恒常，如是了然，何故
>
> 憂傷！

這裡的魂或魂神即阿特曼，其本來真性純粹無染，不變不動，永恆如一。不過，阿特曼並非抽象的形而上本體，其知覺遍漫軀體，妙用無窮，《薄伽梵歌》第13章論道：

> 靈遍身田，知覺出入，猶日一輪，照徹天地。
>
> 無始兮無盡，無為兮無染，真我兮超乎象外，有身兮不為身礙。
>
> 雖遍在於四體，魂不與身為一；若空性之微妙，彌漫萬有而獨立。

真我即遍在於四體，卻又不與軀體為一，寂然不動；其知覺即出入於六根，

卻又無為無染，了了虛明。從真我的體用出發，《由誰奧義書》問道：

> 由誰促進，飛越遠出之心靈？由誰令行，逸出最初之氣息？由誰促進，此諸語言始經人道？眼乎耳乎何神令行？
>
> 他乃耳官之耳，心官之心，語言之聲，氣息之氣，視官之目——經此解脫，智者當此世時，遂得不死。
>
> 彼處目不見，語不達，心亦不至。吾人不知，吾人不識，應如何解說他。實則渠出已知之外，且直超乎不知。
>
> 非語言之能言，而語言因之而言——此真為梵，非如人之所拜禮者。
>
> 非心之所思，而心之所以思——此真為梵，非如人之所拜禮者。
>
> 非目之所見，而目因之以見——此真為梵，非如人之所拜禮者。
>
> 非耳之所聞，而耳因之以聞——此真為梵，非如人之所拜禮者。
>
> 非氣息之所呼吸，而實氣息之所以通——此真為梵，非如人之所拜禮者。

是誰在命令心思考？是誰讓軀體存活？是誰讓舌頭說話？是何種光輝的存在將我們的視線引向形狀和色彩，將我們的耳引向聲音？阿特曼就是耳之耳，心之心，眼之眼，言語之言語，呼吸之呼吸。一旦不再將阿特曼錯誤地認同於感官和心識，而證悟到阿特曼即梵，智者就找到真我，變得不朽了，《薄伽梵歌》云：「梵性不滅，即真我兮」（8.3），《蒙查羯奧義書》3.1.8 及 3.1.9 云：

> 不可以眼見，亦非語言攝，不由余諸識，苦行或事業；唯由智清淨，心地化純潔，靜定乃見彼，無分是太一。
>
> 此一微妙靈，唯當以心悟，生命之氣息，五分此中赴。凡一切眾生，心與氣交織，其內倘淨化，性靈自輝赫。

經過淨化而證得真我的覺悟者，於中和之氣中守住本來覺性，乃洞見感官、感官對象及其相互作用，乃至心識情念皆與真我無涉，無非是三極氣性（guna，德，屬性）之變化推移，而在陰陽背後的是讓陰陽得以出神入化地運作的神我、宇宙大我。如是，此一「微妙靈」體悟到真我與太一原本一體共存，乃是其部分與微粒。

這個覺悟過程，用華夏天人之學的術語來表述，就是「升中於天」。其關鍵就在自我從「喜怒哀樂之已發」中撤回，回歸「喜怒哀樂之未發」之「中」，從而不復認同於形骸情見、私欲小我，證得真我與太一元是同體。《文子·自

然》論上通「太一」之術：

> 天氣為魂，地氣為魄，反之玄妙，各處其宅，守之勿失，上通
> 太一。太一之精，通合於天，天道默然，無容無則，大不可極，深
> 不可測，常與人化，智不能得。

打破對包括軀殼心智在內的虛假小我的執著（有），在「無我」之境，虛明朗照之下，天地、陰陽、魂魄各歸其位，如是守之勿失，乃入乎與天地並生、與萬物為一之「常」境，常則生明（知常曰明），於是上通「太一」，天人之際，得以窮神而盡化。此即莊子所總結的老子學問之精髓：「主之以太一，建之以常、無、有」。儒家方面，則有孟子所謂「萬物皆備於我」，程子所謂：「仁者與天地萬物為一體」，張載所謂：「乾稱父，坤稱母；予茲藐焉，乃混然中處。故天地之塞，吾其體；天地之帥，吾其性。民，吾同胞；物，吾與也」，皆是對「升中於天」之境界的表述，不過，孔孟以後，儒家之「天」已經降至「常」位，而未能超拔至「太一」位，故其超越性、人格性皆已呈現萎縮。孟子云：

> 盡其心者，知其性也。知其性，則知天矣。存其心，養其性，
> 所以事天也。夭壽不貳，修身以俟之，所以立命也。

此語可說是中和為天下之大本、達道的最佳解說。惟中和，乃可以盡心知性知天，此天下之大本也；惟中和，乃可以存心養性事天，此天下之達道也。「夭壽不貳」，即已打破形骸情念之拘限，平等生心；「修身以俟之，所以立命也」，即存養中和，從而上達天命。《說文》云：中者，下上通也，故中有通義。《薄伽梵歌》第十四章形容超越氣性者，與孟子此語正可對勘：

> 阿周那曰：我主！若有人分外陰陽，現何相分持何行？彼如何
> 分遠氣性？
>
> 室利薄伽梵曰：
>
> 無厭憎兮值啟明、執著、幻惑現前，無冀望兮迨夫諸心象既遷。
>
> 沖漠守中，心無變易，湛然了知，作唯三極。
>
> 等苦樂以自持，視土石與金無異；齊好惡而堅穩，無分別褒貶
> 揚抑。
>
> 平等齊觀，榮辱友敵，執出世道，一切捨離，據說斯人，超乎
> 三極。
>
> 孰歸命於我而無退轉兮，持巴克提道以事我；彼乃離乎陰陽兮，
> 證入梵境而解脫。

　　我為永生，大梵所宅，其性極樂，長存不壞。

　　這裡的「我」相當於「太一」，於孟子為「天」。超越氣性者安住純粹中和氣性（suddha-sattva-guna），甚至超越了與陰陽相對因而勢必轉化的中和氣性，其特徵為一種無所不在的平等心。克里希那聲稱，一個人必須通過巴克提瑜伽即瑜伽式（即中和氣性之下）的對「我」的奉獻，超絕世俗及三極氣性。巴克提之道，或對「我」的奉獻，乃是掙脫氣性之纏縛的途徑，能讓人證入大梵之境，而「我」是大梵之所宅，其性極樂、真常、靈明，故而永在純粹中和之境。事奉「我」者，便能獲得跟「我」一樣的神聖體性，並由此超越陰陽、獲得解脫。若參之於孟子，簡直可以說，巴克提瑜伽就是一套完備的「所以知天」、「所以事天」的修身率性之道。

　　饒宗頤先生認為，中國沒有西方國家的神，但中國人看宇宙，卻很強調神明。神明兼具天、人二義，一個是天上的神明，一個是心中的神明：「天上的神明，就是人以外的一個主宰：心中的神明，即為一種至上神，或者說『精神我』」。莊子《天下》篇云：「神何以降？明何由出？聖有所生，王有所成，皆原於一」，溝通神明為內聖外王事業根本，而皆歸本於太一。〔註13〕

　　在西方，古希臘柏拉圖也提出了靈魂說。在他的靈魂說裏，靈魂雖然已經與肉體分離，但卻並不曾與《瑜伽經》所說的「心」（citta）分離，倒是完全與後者混同，因而靈魂也被賦予了性情、理性的特徵，呈現出各種品級和色彩的差異。也就是說，西方的靈魂並不曾超越「心」的波動，以及隨之而來的陰陽氣性的作用，所以也無法超越二元對立。並且，個體靈魂呈現為獨立的單體，與宇宙靈魂並無性命上的內在關聯。這兩個因素，為「原罪說」打開了缺口，靈肉、天人對立的困局也就勢不可免了。從這樣的靈魂說出發，西方宗教往往被種族、教派、道德觀念所限制，無法體現出超越陰陽氣性的平等心，以及打通真俗與天地萬物為一體的「極高明而道中庸」的境界。如是，人與人，人與自然，塵世與上帝之國的對立也就勢不可免了。

　　佛家禪宗以明心見性為宗。馬祖所謂「靈光獨耀，迥脫根塵，體露真常，不拘文字」，意即心離妄緣，剷滅情識，則當下體露真常，頓悟本性。然而禪宗言性不言命，切斷了天人之間的關係，未能「升中於天」，故而落入孤寂偏單一路，於天道、人情、物性全不理會，皆作夢幻泡影看。不知一旦「升中於天」、歸本太一，則一真一切真，世界、人生、社會皆成為太一之呈現，具有

〔註13〕參見饒宗頤著：《文學與神明》，三聯書店，2011 年版，第 123 頁。

了神聖之意義，從而開出文明之化成。因此，禪宗所見之「性」，無法造型為文明，必須借助融合儒家的入世思想，才能立足於華夏社會。

就儒家而言，達到中和之境的工夫步驟，即《大學》之格物、致知、誠意、正心。格物其實就是《樂記》所說的物至而不化於物，格物是化物的對立面，也就是以天理、道義而非人慾來處世接物，相當於有為而不求功利的行動瑜伽階段。致知之知非一般的知識，特指對自我本性以及天人關係的認知覺悟，即經行動瑜伽之世間踐行而上達追求超世智慧的智慧瑜伽。誠意為收攝感官、控制心意之慎獨工夫，小人見君子乃知有所收斂，君子畏天故慎其獨，曾子所謂：「十目所視，十手所指，其嚴乎！」；正心則不為忿懥、恐懼、好樂、憂患所擾，安住當下，乃進於瑜伽之「止息心之波動」、「安住本來真性」，即《中庸》所謂「不勉而中，不思而得，從容中道」之誠體；修身須打破我執，從而超脫二元對待，穩處中和，無所偏執於親愛、賤惡、畏敬、哀矜、敖惰、好惡，故能洞見實相，此即《莊子》所謂：「在己無居，形物自著」，其境界為「其動若水，其靜若鏡，其應若響。芴乎若亡，寂乎若清」。《大學》將這個內修的過程稱為「明明德」。《大學》引《康誥》曰：「克明德」；《太甲》曰：「顧諟天之明命」；《帝典》曰：「克明峻德」，故「明德」即《中庸》之誠、天命之性，也就是《瑜伽經》所說原人之「本來真性」。菩提瑜伽融合了偏重世間踐行的行動瑜伽、追求超世智慧的智慧瑜伽、明心見性的禪瑜伽和虔敬奉獻至上者的巴克提瑜伽，乃是四大瑜伽體系的綜合運用，如果把巴克提擴充至替天行道的外王向度，那麼菩提瑜伽之修煉與達到中庸之《大學》八目（格、致、誠、正、修、齊、治、平）就可謂異曲而同工、百慮而一致了。而《大學》之三綱：明明德，親民、止於至善，實際已經涵蓋了菩提瑜伽的全部維度和旨趣。

> 致中和，天地位焉，萬物育焉。

達斯按：此節就中和之大用而言，《易傳》所謂：「天地設位，聖人成能」。致者，推而極之。推中和之性以至於純粹至極，自我從形骸情見退轉，天命之性炳然呈露，天地人之間的關係亦隨之變得分明起來。《鶡冠子》之《泰鴻篇》云：

> 泰皇問泰一曰：「天地人者，三者孰急？」泰一曰：「愛精養神內端者，所以希天。天也者，神明之所根也。醇化四時，陶埏無形，刻鏤未萌，離文將然者也。地者，承天之演，備載以寧者也。吾將告汝神明之極，天地人事三者復一也……

愛精養神內端，即存養中和之氣，乃可以知性而上達於天，知天則知地之所以能長養載持萬物，而天地人事三者復歸於太一，是以太一統攝天地人。東漢劉陶上書曰：

> 人非天地，無以為生；天地非人，無以為靈。是故帝非人不立，
> 人非帝不寧。夫天之與帝，帝之於人，猶頭之與足，相須而行也。

帝、天、地、人之間的關係就像人的首足身體，相攝相生。帝是最高級的宇宙神，實際包有天地人而統攝之，相當於《泰鴻篇》裏的太一。《中庸》曰：「郊、社之禮，所以事上帝也」。郊是祭天，社是祭地，都是事上帝之禮。歸本太一，則天地人自然各歸其位、各守其分，從而相生相養，不至睽違隔絕、相殺相抗。關於歸本太一所達到的窮神盡化的境界，《文子》論述道：

> 帝者體太一，王者法陰陽，霸者則四時，王者用六律。體太一
> 者，明乎天地之情，通於道德之倫，聰明照於日月，精神通乎萬物，
> 動靜調乎陰陽，喜怒和乎四時，覆露皆道，博洽而無私，翾飛蠕動，
> 莫不仰德而生。

天地、陰陽、日月、四時、萬物既然都在「太一」之內，而歸本「太一」者已與「太一」結合，其身心靈自然成了天地、陰陽、日月、四時、萬物釋放其潛在神能的「容器」，從而成就不可思議之功業。簡而言之，就是《中庸》這句「天地位，萬物育」了。《易傳》：「大人者，與天地合其德，與日月合其明，與四時合其序，與鬼神合其吉凶。先天而天弗違，後天而奉天時」，應該也是對契應太一者之大機大用的形容。儒家把這套歸本於太一的帝王術稱之為「禮」，《禮記・禮運》云：

> 是故夫禮，必本於大一，分而為天地，轉而為陰陽，變而為四
> 時，列而為鬼神，其降曰命，其官於天也。夫禮必本於天，動而之
> 地，列而之事，變而從時，協於分藝。其居人也曰養，其行之以貨
> 力、辭讓、飲食、冠昏、喪祭、射御、朝聘。故禮義也者，人之大端
> 也，所以講信修睦，而固人之肌膚之會、筋骸之束也。所以養生、
> 送死、事鬼神之大端也，所以達天道，順人情之大竇也。

大一即太一。以禮治國，歸本太一，則天地、陰陽、四時、鬼神、人情皆通達順暢，如是道行天下，萬物得所，以至大同降臨：

> 故天不愛其道，地不愛其寶，人不愛其情。天降膏露，地出醴
> 泉，山出器車，河出馬圖，鳳皇麒麟，皆在郊陬。龜龍在宮沼，其

餘鳥獸之卵胎，皆可俯而窺也。則是無故，先王能修禮以達義，體
信以達順，故此順之實也。

華夏的天下觀即根基於這種對天地人關係的領悟。錢穆先生認為，中國古
人常有一個天下觀念超乎國家觀念之上。他們常願超越國家的疆界，來行道於
天下，來求天下太平……正如天空的群星，圍拱一個北斗，底面的諸川，全都
朝宗於大海。國家並非最高最後的，這在很早已成為中國人觀念之一了……諸
夏同盟的完成，證明他們多不抱狹義的國家觀念」〔註14〕。《天下體系》的作
者趙汀陽提出：

「天下」是一個融會了地理、心理和政治理想三個層次的綜合
性的理念，「天下」意味著一種哲學、一種世界觀。它是理解世界、
事物、人民和文化的基礎。天下所指的世界是個「有制度的世界」，
是個已經完成了從 chaos 到 kosmos 的轉變的世界，是個兼備了人文
和物理含義的世界。〔註15〕

概括言之，天下是一個天地人一體共融的世界，指向一種世界一家的理
想，《禮運》所謂：「故聖人耐以天下為一家，以中國為一人者。」此天下觀之
終極政治理想即「天下為公」。《呂氏春秋》在論及「天下為公」時說：「昔先
聖王之治天下也必先公，公則天下平矣」，並斷言：「天下非一人之天下也，天
下之天下也」。錢穆先生認為，由於這種天下觀，「中國人常把民族觀念融入人
類觀念裏，也常把國家觀念消融在天下或世界的觀念裏。他們只把民族和國家
當作一個文化機體，並不存有狹義的民族觀與狹義的國家觀，民族與國家都只
為文化而存在，因此兩者間常如影隨形，有其很親密的聯繫」，錢穆先生所說
的「文化」，便是華夏歷代聖賢所傳承的天地人一體共融的文化。此「文化」
之所以能超越民族、國家的侷限，即在於它對人性的認知能脫開形骸情見的束
縛。反之，西方宗教與西方文化對人性的理解恰恰常為身體、情感、心智所限，
是故始終無法從種族、階級、國家、意識形態等等非本質性的身份認同中掙脫
出來，從而造成種族之間、階級之間、國家之間、意識形態之間無止境的對立
紛爭。天下觀為世界和平帶來了希望，為世界擺脫現代民族國家之間殺伐爭霸
的困境指出了通路。但是，重建天下觀，絕非僅靠外交內政可以完成，最關鍵
的還是「建中立極」——歸本太一、復性歸命。

〔註14〕錢穆著：《中國文化史導論》，商務印書館，2010 年版，第 127 頁。
〔註15〕趙汀陽著：《天下體系》，中國人民大學出版社，2011 年版，導論。

　　毫不奇怪，「天下一家」、「天人合一」並非中國獨有的價值觀。在最古老的東方寓言集，約公元前三世紀成書的印度《五卷書》（*Panchatantra*）第一卷中有一句箴言：Vasudhaiva Kutumbakam，可以譯為「天下神眷」，意思是：眾生皆為最高神 Vasudeva 的眷屬。譚中先生認為，此可視為與中國世界大同觀念或「天下一家」具有同樣價值內涵的箴言；此外，中國的「天人合一」與印度的「Brahmatmaikya（梵我一如）亦相互輝映，兩者打造出東方文明相似的精神氣質，即對宇宙—神—人之和諧關係的追求〔註16〕。但這種相似的精神氣質，在兩國的歷史中卻經歷了不同的實踐：在中國，中國王朝一統天下及王朝循環的歷史，真正實踐了（並非實現）天下一家以及天人合一的理想。而在印度，雖然沒有統一王朝的循環歷史，但印度沒有通過武力就將自己的文明擴張到亞洲廣大地區，應該是一個更值得思索的話題。換言之，中國走的是偏向「外王」的路子，而印度走的是偏向「內聖」的路子。這跟中國剎帝利（帝王）獨大而印度婆羅門獨尊的社會結構有關，也跟文明基因在中印不同的演變有關。其中，祭天權即神權之被帝王壟斷，以及太一信仰之衰落消隱，對中國兩千年王權專制之影響至為深重；而佛教虛無主義之興起與梵之非人格化，則造成印度社會失去了對內凝聚、對外開拓的精神動力。看來，兩國都應回到文明的源頭，重新審視宇宙—神—人之永恆關係。

　　古印度數論有 tri-guna 說，舊譯三德，乃合成物質自性（prakrti，原質）之三種實體或材質，同時也指其品質、屬性。諸物質元素之化生流變，皆出於三德之作用。湯用彤先生論三德之體相曰：

> 　　數論之三德，則自性即由其相合而成，非僅為屬性。蓋宇宙萬有或具輕微光照之象，則理智是。或具沉重遮覆之象，如物質是。而理智物質之錯綜，必有使動及動者在。即以人生論之，輕明則官感（諸根）能了別對象（執塵）。若笨暗則感知鈍拙。而有時心欲爭持，躁動不安。因舉凡事物咸有此三方面而立三德：一曰薩埵（sattva），輕光為其相，其功用在照別。二余答磨（tamas），重覆為其相，其功用為繫縛。三曰羅闍（raja），持動為其相，其功用為造作。此三者果為何物，則極難解。惟《金七十論》第十二偈曰：喜憂暗為薩埵、羅闍、答磨之體，則似數論人分析萬有而最終歸之情

〔註16〕參考譚中著：《東方文明的氣質與中印研究的關係》，載《東南亞南亞研究》，2009 年第一期。

感，於苦感樂感之外，人常有麻木沉悶之情感，三者實為萬有之本體，宇宙之變化，無非三者之分合。（一）或此勝彼伏。（二）或彼此相依賴。（三）或彼此相生。（四）或同時並行。（五）或可同時引起不同之事（如喜生喜而又同時生憂）。〔註17〕

湯先生反覆考論，終覺「此三者果為何物，則極難解」。不過，從湯先生所舉三德之體相來看，數論之三德，實際相當於《易·繫辭》所說的三極或三才：

《易》之為書也，廣大悉備。有天道焉，有人道焉，有地道焉。兼三才而兩之，故六。六者，非它也，三才之道也。道有變動，故曰爻。爻有等，故曰物。物相雜，故曰文。文不當，故吉凶生焉。

《易》之為書也，原始要終以為質也。六爻相雜，唯其時物也。

三極即天道、人道、地道，諸道變動而生六爻，六爻相雜而成萬物之森然。《道德經》云：「道生一，一生二，二生三，三生萬物。萬物負陰而抱陽，沖氣以為和。」道或太一，轉為天一，天一生出地二，地二化為三氣，三氣資生萬物。據高亨《老子正詁》，三者，陰氣、陽氣、和氣；《莊子·田子方》亦云：「至陰肅肅，至陽赫赫。肅肅出乎地，赫赫發乎天，兩者交通成和而物生焉」。是故老子所謂「萬物負陰而抱陽，沖氣以為和」，即言三氣為萬有之本體、宇宙變化之根源，其作用一如數論之三德。是故三才、三極即三氣，相當於數論之三德。按數論之宇宙演化順序，則大梵示現為神我（purusa，原人），神我流生自性（即元氣，原質），自性（原質）化生為三德，三德演變分合創生宇宙萬物。

數論之三德即薩埵（sattva）、答磨（tamas）、羅闍（rajas）。薩埵輕光屬天道，為中和氣性；答磨重覆屬地道，為濁陰性氣；羅闍造作屬人道，為強陽氣性。據《薄伽梵歌》第十四章論述，諸氣性的運化並不穩定，在不同的時候，不同的組合佔優勢。某一氣性之增勝，可以根據各種徵兆來判定；如是，當軀體眾門受到控制，明顯處於瑜伽狀態時，須知此時中和氣性佔優勢。躁動不息、貪求不止是強陽氣性的徵兆，怠惰、迷惘、瘋狂表明濁陰氣性發露。臨終時的狀態也根據氣性來判明，相應地，來生也被確定下來；中和引向更高的星宿，強陽讓人投生於追逐果報者中間，濁陰導致投胎畜生，這種下生自然更加愚昧、晦暗。從業果或結局來看，帶來清淨無染之結果的行為必然受中和影響，

〔註17〕湯用彤著：《印度哲學史略》，上海世紀出版集團，2005年版，第76頁。

帶來某種煩惱的行為是強陽裏面的行為，造成愚昧的行為一定是在最低等的氣性——濁陰的影響之下。還有一種檢測氣性的方式：真知生於中和，貪求出於強陽，愚頑來自濁陰。宇宙性的進化原則再次得到肯定：安住中和氣性，漸昇天界；處強陽氣性，生息中土；處濁陰氣性，墮入地獄。三極氣性不僅賦予生命或精或粗的特質，而且還活躍地將其拘制於各種纏縛之中。如是，每一氣性皆以某種特殊的方式捆縛生命個體；中和——透過執著安樂和知識，強陽——通過執著業行和業果，濁陰——透過迷幻、懶惰和瘋狂。諸氣性不但拘制，而且為每一個體鋪設下存有之軌轍；如此，每一個體皆按照或多或少已經被預先設定的路徑演進，隨順纏縛他的諸氣性。如此，他以某種方式行為，並承受相應的業報，這些業報讓他被限制在同一個氣性之場內。總之，整個世界是在諸氣性的作用下運化，以致於除此之外，別無其他作為者在作為。保有這種洞見乃是解脫的先決條件；甚且，透過完全超越三極氣性，進入不受陰陽影響的純粹中和之境，就能擺脫生死，獲得永生。所謂解脫，按照《薄伽梵歌》一系吠檀多的觀點，就是個體覺悟其本來真性，復歸於自我與最高我的先驗性命定關係之中。

《薄伽梵歌》第十七、十八章詳細論及三極氣性在人類生活中的作用，謂彼廣泛表現於人的信仰、崇拜、食物、獻祭、布施、苦行、捨離、知行、智慧、念力、快樂和社會階層之劃分。而在三極氣性裏，中和氣性維持了人類生活的正常運轉和身心、行為的純正品質，成為人類生活的普遍原則。比如食物，根據氣性的概念，蔬菜、水果、鮮奶、豆類等組成了中和之性食物；強陽性食物也是素食，但是過於刺激，不太精緻，比如油炸的食物，某些奶酪，以及某些堅果，而濁陰性食物則包括肉、魚、蛋、含酒精飲料和醃製發黴的食物。

在中國文化裏，中和同樣具有普遍原則的地位，宇宙、社會、性情皆以中和為本。並且，中和原則滲透到哲學、政治、道德、藝術、養生等人類生活的各個層面，政教和倫理尤為其適用重點。比如《易傳》：「乾道變化，各正性命，保合太和，乃利貞」；董仲舒《春秋繁露》：「能以中和理天下者，其德大盛；能以中和養其身者，其壽極命」；淮南子《泰族訓》：「上無煩亂之治，下無怨望之心，則百殘除而中和作矣」。

據《薄伽梵歌》第十八章所論，四種姓是根據統轄其天性的氣性來定義的：婆羅門為中和所支配；剎帝利為較大份量的強陽所支配；毗舍受制於較低等的氣性即強陽與濁陰的雜糅，而首陀羅則受制於更低等的諸氣性之雜糅。看起

來，其中所隱含的邏輯是，每個階級都在不同的覺知層面運作。婆羅門冥思梵或至高真理；剎帝利擅於統領大眾，以及通過政治、軍事手段控制他們；毗舍專長飼養家畜、種植五穀，並以之為交易；而首陀羅的活動範圍則更受侷限，故此在其他人的指導下服務最適合其天性。與此相似，古希臘哲人柏拉圖在其政治學名著《理想國》中，也提出了城邦中的四種人及其相關稟賦。柏拉圖認為，人都具有理性、意志和欲望。理性即智慧和知識，當理性支配意志和欲望時，後兩者則表現為勇敢和節制。在城邦生活中，各人從事的工作取決於各自的德性：具有智慧品性的哲人由金鑄成，應成為城邦的統治者；具有勇敢品性的人由銀鑄成，將成為保護國家的軍人和武士；欲望則為廣大自由民所共有，它由銅和鐵鑄成。每個人的天性在出生時由神鑄造，它決定了每個人的社會地位是不可任意更改的。《理想國》認為正義的概念是「個人做自己分內的事情」，因為每個人在他生來就有自己屬於自己的稟賦，而他的稟賦決定了他所應該從事的事業，那是正義的。所謂「當理性支配意志和欲望時」，應該屬於中和氣性的表現，而熱愛智慧和冥思的哲人明顯稟賦了中和之性。

　　《裴多篇》中的蘇格拉底揭示，世人的靈魂天性有高低等級之分——靈魂品質的高低就像大人比小孩高。蘇格拉底把靈魂等級分為九品：第一品屬於熱愛智慧或熱愛美（高貴）之人，第二品屬於好君王，第三品是善於齊家治國的治邦者。專事摹仿的詩人或藝術家的靈魂為第六品，僅高於第七品的工匠或農人。蘇格拉底由此提出了一套靈魂政治學，只有熱愛智慧和美的靈魂才理解和關心何為高貴、何為正義這類嚴肅的問題，而品級低下的靈魂根本不在乎真實的正確和不正確、真實的好和壞，比如善於蠱惑人心的智術師。民主政治文化基於普遍人性論，由於這種人性論抹去了世人靈魂的品級差異，無論詩人還是公共知識人（智術師）的寫作就很容易成為自我欲望的表達，僅僅追求吸引眼球，憑靠三寸不爛之舌或生花妙筆鼓吹時髦的政治偏見，以此獲得烏合之眾的吹捧。在這些人的靈魂中，不再有蘇格拉底所說的那種熱愛智慧和美的熱情。顯然，蘇格拉底的靈魂品級說對應於氣性影響下的人類性情，熱愛智慧和美的靈魂屬於中和氣性，外顯為哲人或婆羅門。普遍人性論忽略了性情的差異和品級，必然導致劣幣取代良幣的逆向淘汰，造成貴賤失位、尊卑倒置。一味迎合大眾低級趣味和動物性情的智術師、僭主乘機竊取高位，敗壞整個社會的德性。因為，猶如亞里士多德在《尼各馬可倫理學》中所指出的，「多數人」追求享樂，其生活方式是奴性的、動物式的受自然欲望支配的未經選擇的生活，

「把快樂等同於善或幸福」。只有採取沉思的生活方式的「靜觀人」，才是自足、高尚、公道的。

不過，從東方的觀點去看西方，普遍人性論和靈魂品級論之間的對立衝突，其實源於西方哲人對靈魂和心識的分辨不夠徹底，讓本應平等一味的靈魂染上了性情的五顏六色，或者把本來性屬超越的靈魂推落到形而下維度，以此實現社會平等的訴求。可以說，兩種觀點都走入極端，違背了中庸之道。在差異中看到平等，在平等中看到差異，差異不礙平等，平等無妨差異，才是吠檀多「不一不異」的智慧，才是中庸的妙用。

《薄伽梵歌》所說的氣性與梵性，在理學則謂之氣質之性與天地之性。張載曰：「形而後有氣質之性，善反之，則天地之性存焉」（《正蒙·誠明》）。二程贊同此說。認為「論性不論氣，不備；論氣不論性，不明。二之則不是」（《二程遺書》卷六）。「性即是理，理則自堯舜至於塗人，一也。才稟於氣，氣有清濁。稟其清者為賢，稟於濁者為愚」（《二程遺書》卷十八）。明確將人性分為「天地之性」與「氣質之性」。「天地之性」即「理」，即「五常」，聖人、凡人皆同。「氣質之性」，亦稱「才性」，則因人出生時所稟氣之清濁而異。「天地之性」降落於個體層面即是「性」，猶《薄伽梵歌》之阿特曼所具之梵性。氣有清濁，稟於個人則有賢、愚不同之氣質。賢近於《薄伽梵歌》所謂中和氣性（sattva guna，薩埵之德），愚近於《薄伽梵歌》所謂濁陰氣性（tama guna，答磨之德）。孟子倡「養氣」，道學家「變化氣質」、「觀聖人氣象」，都是指存養中和之氣，進而復歸天地之性。《易·繫辭》曰「一陰一陽謂之道」，一陰一陽，陰了又陽，陽了又陰，這樣才可以通過陰陽兩面而有變化，這種變化就是所謂氣化。但氣化本身並不是道，程伊川解釋：「陰陽是氣，所以陰陽才是道」，陰陽氣化是形而下的，道才是產生氣化的形而上本源，相當於超越氣性的大梵。

在對心性體用的認識上，瑜伽體系在心、阿特曼之外，還提出了第三種力量，即物質自性（prakrti，原質）之三極氣性或三德。心即是阿特曼發起認識作用的工具，卻也受到氣性的操縱，而且其本身就是原質的產物。因此在阿特曼與心、心與氣之間始終存在著張力。中國禪宗受佛教唯識宗的影響，認為「一切唯心，萬法唯識」，把四大、身體也歸於心識的變現。有混淆性、氣，把認知工具當作靈明作用的傾向，因此受到「以血氣心知為性」（呂澂語）的批評。這種絕對唯心的言路，消解了性與心、心與氣之間的張力，易使參禪者陷入幻妄。關於氣的問題，在佛學史上，僧肇、宗密都提出過，例如宗密《原人論·

會通本末》云：

> 稟氣受質（自注：會彼所說，以氣為本），氣則頓具四大，漸成四根。心則頓具四蘊，漸成諸識。十月滿足，生來名人。即我等今者身心是也。故知身心各有其本，二類和合，方成一人。……然所稟之氣，展轉推本，即混一之元氣也。所起之心，展轉窮源，即真一之靈也。究竟言之，心外的無別法，元氣亦從心之所變，屬前轉識所現之境，是阿賴耶識相分所攝。

宗密欲會通儒道之氣論於佛說，但最後還是攝氣於心，用心來統攝、消解氣。《大乘起信論》提出「一心二門」說，以一心收攝心真如門和心生滅門，本質也是以心來統攝、消解氣的生滅作用。而《瑜伽經》認為心、經驗對象都受三極氣性支配，這樣，心性、心氣之間就產生了巨大的張力，需要持續的修煉分辨去消弭磨合，絕非一夕頓悟即可至佛地。顯然，瑜伽體系的三德說更接近儒道之氣論。

二、時中章

> 仲尼曰：君子中庸，小人反中庸。君子之中庸也，君子而時中；小人之中庸也，小人而無忌憚也。

三、鮮能章

> 子曰：中庸其至矣乎！民鮮能久矣。

達斯按：君子內具中和之德，明見本性，又敬畏於天，所以二六時中、時時刻刻戒慎恐懼，不讓自身受強陽、濁陰氣性之激發左右，故而其所知所行能夠做到不偏不倚、無過不及，如是於平常之理中，體認天命所當然，此即知行合一、由用見體，精微之極致也。小人之本性為陰陽氣性所覆蔽，故執著形骸之私，一切皆從小我情見出發，所知所行渾無忌憚，全不知心中自有神明觀監、天地間不外天道流行。小人所謂中庸，不過是出於利害計較，肆欲妄行。

《薄伽梵歌》第十八章第 18～28 頌根據三極氣性對知、行和作為者進行了辨析：

> 知、業、作者，各分為三，氣性所成，爾其細參。
>
> 於萬有中，乃見一致，殊而不分，體一不易，如是而知，中和稱之。

於萬有中，但見分別，性異質殊，不齊紛離，彼知如是，必屬
強陽。

執偏為全，滯著癡迷，無見真諦，瑣屑支離，彼知如是，濁陰
生之。

守乎禮義，離於執著，無染愛憎，不求業果，業而如是，和氣
所作。

行於我慢，追逐欲利，為而不捨，操之尤力，業而如是，強陽
所詣。

始於幻妄，肆意無度，賊人傷害，作繭自縛，業而如是，濁陰
所務。

離貪祛慢，無染我執，成敗不計，乾健不息，作者如是，中和
所依。

執著業果，不厭求索，貪穢嫉妒，悲喜交迫，如是作者，強陽
所惑。

浮蕩粗鄙，頑梗詐偽，陰鷙怠惰，因循頹廢，如是作者，陰濁
是謂。

　　從氣性的角度來說，知、行之間並不存在真正的對立，相反，二者互為補
充。知、行都可以在中和、強陽、濁陰之境中運作。故此，知、行和作為者都
可以按照三極氣性被劃分為三類，活在中和之境受到推崇，而強陽、濁陰之境
應予拒斥。活在中和之境的作為者不染貪著和我執，堅決果敢，無論成敗皆健
行不息。他的知識是這樣的：他見到多中之一，或一切存在中的獨一不壞之真
如。他行為的方式皆不違禮法經教，無所執著，不為好惡所動，不求功利業果。
活在強陽之境的作為者貪圖業果，有害、激情、不純，為喜怒所擾。他的知識
是這樣的：他見到實在以種種方式被分割。他的行動帶著滿足私欲的動機，出
之以艱辛掙扎和虛誇的我執。活在濁陰之境的作為者任性胡為、粗野、固執、
懶散、憂鬱、拖拉；他的見識卑陋淺小，全無理性的根據，根本與真理無緣。
他行為從不考慮後果、利弊或對他人的傷害，也不管自己是否有能力做到。如
是，知與行的對立被一種新的對立，即在中和氣性裏的高級行為方式和源於強
陽、濁陰氣性的低級行為方式之間的對立所取代。這一步達成後，知與行至此
被交織在一起。據此，擁有正確覺解或正見的人，行於中和氣性，遵循正法，
不計業果。這種行為方式構成了更深奧的奧義書式覺解的基礎，按照《奧義書》

的說法，各種靈性真理是通過對平常職分的踐履而呈露的，又是通過由人而聖而希天的道德階梯被逐步表達出來的。

《薄伽梵歌》所謂「活在中和之境的作為者」，對應於儒家的「君子」。儒家以中庸之目標舉君子，《中庸》云：「君子中庸，小人反中庸」。鄭玄釋中庸：「名曰中庸者，以記其中和之為用也。庸，用也」；程頤解讀為：「庸，常也，中和可常行之德也」，故中庸兼攝德行，為君子之常德常行。

君子之德行表現為仁義。仁是君子在天地境界裏的覺知狀態，所謂「仁者與天地萬物同體」，其在認識上的表現為「天地之塞吾其體，天地之帥吾其性；民吾同胞，物吾與也」，這種覺解，跟本節所論述的中和之知相印契：「雖然芸芸眾生被無量數軀體所隔絕，卻能看到其中不可分割的同體靈性」。

義是對基本價值尺度的貫徹，君子行事只管合義與否，其他利害好惡皆非所計，《論語》曰：「君子義以為上」；「君子之於天下也，無適也，無莫也，義之與比」；「不義而富且貴，於我如浮雲」，這種「明其道不計其功，正其義不謀其利」（董仲舒語）的行為方式，顯然屬於「中和之境的行為方式」。

小人，作為君子的反面，其知其行無疑受制於陰陽氣性，強陽氣性下則過，濁陰氣性下則不及，如此其心念亦動輒為好惡喜怒所左右。孔子喜歡將君子、小人對舉，以彰顯君子的中和之德，比如《論語》裏講：「君子喻於義，小人喻於利」；「君子周而不比，小人比而不周」；「君子和而不同，小人同而不和」；「君子坦蕩蕩，小人長戚戚」；「君子成人之美，不成人之惡，小人反是」；「君子固窮，小人窮斯濫矣」；「君子求諸己，小人求諸人」。

由此看來，與其說中庸意味著在對立的兩端之間進行平衡、調和、折衷、妥協，不如說是對比如一多、上下、同異、成敗、得失、愛捨、好惡等二元對立及其衍生情態的超越。正是憑藉著這種超越，君子才能把握和踐行天命、天道，蓋天道具有中正之德，《易傳》之《文言‧乾》云：

> 大哉乾乎！剛健中正，純粹精也；六爻發揮，旁通精也；時乘
>
> 六龍，以御天也；雲行雨施，天下平也。

朱子注曰：「剛以體言，健兼用言。中者，其行無過不及；正者，其立不偏。四者乾之德也」。因為不執滯於兩端，所以才能無過不及；因為平等包容萬有，所以才能其立不偏。《薄伽梵歌》第九章第9、29、30頌云：

> 檀南遮耶！我為無為而不受繫縛，守虛靜以淡泊。
>
> 我於眾生皆平等兮，無所憎亦無所愛重，抑有人而事我以愛敬

兮，彼獨在我中我亦在彼中。

此宇宙大我或太一，虛靜不執、平等無私，可謂大中至正，其德與乾之德無異。以愛敬事彼者，亦須稟賦純粹中和氣性。相應地，君子戒慎恐懼，踐行天命、天道，無疑也是一種愛敬的呈露，但必須出之以中和之性，此即「升中於天」之內在義。《詩·大雅·皇矣》曰：「帝謂文王：予懷明德，不大聲以色，不長夏以革，不識不知，順帝之則。」明德即中和之德，故溫良恭順，不為情識知見所拘縛，但以天命、天道為歸極。

《易傳》之《中孚·彖》云：「中孚以利貞，乃應乎天也。」意謂誠敬守中，以利持正，如此便可上與天道相應。是故守中、持正、應天，本為一體三面，不可偏廢。離開正，則中容易被誤解為折衷、妥協；離開中，則正會趨於形式化，產生過與不及；而離開天道，中與正都將失去終極的參照和歸宿。

當位為正，失位為不正，正關乎人在天地、倫常間之位置。《家人·彖》曰：「女正乎內，男正乎外。男女正，天地之大義也。家人有嚴君焉，父母之謂也。父父、子子、兄兄、弟弟、夫夫、婦婦，而家道正；正家而天下定矣。」《同人·彖》曰：「文明以健，中正而應。君子，正也，唯君子為能通天下之志。」《大壯·彖》曰：「大者正也，正大而天地之情可見矣。」

融守中、持正、應天為一的中德主體，發而為用則表現為和。《易傳》之《文言·乾》云：

> 九二曰：「見龍在田，利見大人」，何謂也？子曰：「龍德而正中者也。庸言之信，庸行之謹，閑邪存其誠，善世而不伐，德博而化。
>
> 易曰：「見龍在田，利見大人。」君德也。

龍德即中正之德。閑者，防也；閑邪存其誠，故中而且正。「善世而不伐，德博而化」，為和之呈現、效用。《乾·彖》曰：「乾道變化，各正性命，保合太和，乃利貞。首出庶物，萬國咸寧」。「乾道變化，各正性命」，從守中、持正、應天來，其作用為「保合太和」，保持、匯聚天與地、天與人、人與地、人與人之間的和，故萬處不和、無物不和、無人不和，此謂太和。和主柔、主順、主合、主生，屬坤德。《鼎·彖》曰：「聖人亨以享上帝，而大亨以養聖賢。巽而耳目聰明，柔進而上行，得中而應乎剛，是以元亨。」聖人調和鼎鼐，烹飪以祭上帝、養聖賢，其事皆賴巽順柔和，故能守中而與上帝之剛健正大相應。這讓我們又回到了菩提瑜伽之道，《薄伽梵歌》第三章48～50頌曰：

> 穩處瑜伽，踐禮守義，斷除執著，成敗等視；執中守和，瑜伽

如是。

以菩提瑜伽之力而盡棄惡行，爾其於菩提之中歸命太一，檀南遮耶！執著業果者既吝且鄙！

但以菩提而妙用，遠離苦樂於物表，是故勤力於瑜伽，彼為萬行之妙道。

菩提「遠離苦樂於物表」，即「中」的超越性智慧，而瑜伽之妙用則體現為庸言之信、庸行之謹。「斷除執著，成敗等視」，所以能善世而不伐；「彼為萬行之妙道」，故德博而化。這裡的瑜伽，特指行動瑜伽，即以踐行正法（Dharma，達磨）、守分盡職為提升心性之道。行動瑜伽之菩提妙用，與中庸之旨可謂絲絲入扣。

中道也是佛家的核心教義。佛家各派都有中道說，比如小乘以八正道為中道，《中阿含經》卷五十六：「有二邊行，諸為道者，所不當學，……捨此二邊，有取中道，成眼成智，成就於定而得自在，趣智趣覺趣於涅槃，謂八正道」；中觀派之《中論頌》謂：「眾因緣生法，我說即是空，亦為是假名，亦是中道義」；天台宗依此演繹為空、假、中「一心三觀」，以中道為第一義諦；三論宗的「八不中道」，即「不生不滅，不斷不常，不一不異，不去不來」，反之「生、滅、斷、常、一、異、去、來」就是「八迷」；唯識宗提出「故說一切法，非空非不空，有無及有故，亦即是中道」。總的來看，雖然佛家之中道也是對二元對立的超越，但佛家的中是從空發展出來的，是對空的進一步認識，落腳點終究不離「畢竟空」。龍樹喜歡強調「中」是「離有無二邊的」、不著邊際的超越者；卻忘了中與邊雖相反卻相因，一旦真的離開了「邊」，「中」也便不復存在了。龍樹中觀二諦說發展到天台宗的「三諦圓融」，以一心收攝空、假、中，而成其所謂「一心三觀」，至此佛家的三分思想和方法，才幾近成熟，但卻仍不能避免以人心凌駕於現實之上的還原論弊端。儒家之中庸旨在「升中於天」、「建中立極」，不但要在人倫日用內體現出極高明的中的智慧，進而生發造型為一套禮樂文明，而且要在中的境界裏遙契天命、天道，實現內外兩方面的超越。佛家之中以空、假為階，而儒家之中融攝正、大與和，兩者間差異之根柢還是在對心性本體的認知。儒家之中庸有「誠」作為本體從容推動，而佛家根本否認本體性之存在，故而佛家之中道缺乏剛健正大之氣象，猶滯於打通有無之「常」境，尚未上達純粹精一之「太一」境以包攝有無，從而化存有界為一「萬物並育而不相害，道並行而不相悖」之廣大和諧神聖世界。在這裡，

現象界之緣起性空，翻轉為大易生生之「乾道變化，各正性命」與天地萬物之「保合太和」。

　　另外一方面，由於缺失對「中」所內涵的超、包、導三境的認知以及隨之而來的「經虛涉曠」，西方宗教的上帝往往淪為賞善罰惡的宇宙大法官，失去了應有的超越性維度。由是道德的上帝取代超越的上帝，上帝之愛亦被肉體所捆綁。這就是保羅式基督教的本質。尼采試圖從保羅的基督教手裏奪回基督的真精神和自我的真價值，他一針見血地指出「宗教毀於對道德的信仰。基督教的道德意義上的上帝是不牢固的：結果必然只能是無神論。」（尼采著：《反基督》，陳君華譯，河北教育出版社，2003 年出版，185 頁）真正的宗教源於超越肉體的真正的生命，超越了世俗道德的善惡對立。尼采在《權力意志》第 166 節裏說：

　　　　和日常的那種生命相對立，耶穌提出了真正的生命，一種真理中的生命：因為他最討厭的莫過於那種笨拙的、毫無意義的「永恆化的彼得」、個人肉體生命的永恆延續。他鬥爭的對象就是「肉體的個人」的張狂：他怎麼可能會希望這種「肉體的個人」的張狂變得永恆呢？（引自《反基督》，同上，191 頁）

　　　　沒有對超越性上帝和生命的覺悟，基督教成了庸人的道德裁判所，「罪惡、寬恕、懲罰、獎勵等等概念——這些對原始基督教來說都不值一提甚至被排斥的東西——如今都走上了前臺。」（《反基督》，同上，193 頁）上帝成了庸人的奴僕：「用我們心中還殘存的那一點點的虔誠，我們應該會在適當的時候，發現一個治療傷風的上帝，或正當暴風雨來臨時帶我們上馬車的上帝，如果存在著這樣一種荒謬的上帝，我們應該揚棄他。上帝作為僕人、作為信差、作為報告時辰的人——事實上，這是用於所有偶然事件的最愚蠢的字眼。」（《反基督》，同上，148 頁）

　　　　讓上帝死去的並不是尼采，尼采只是揭開了那個「神聖的謊言」，宣布了保羅式上帝的死亡。「在保羅那裡，有的不再是一種新的實踐（像耶穌本人指點和教誨的那樣），而只是一種新的崇拜儀式、一種新的信仰、一種類似於奇蹟的變形（通過信仰而得到救贖）。」（《反基督，同上，192 頁）

在軀體和世俗道德的層面，不再有耶穌的寬容和基督之愛。相反，產生了

對異端的仇恨和渴望迫害的意志：

> 「後來的附加物」——整個的預言家和奇蹟創造者的態度，憤
> 怒，用魔法來召喚最高審判，乃是一種令人厭惡的敗壞。譬如：何
> 處的人不接待你們……我告訴你們說：真的，那將成為索多姆和蛾
> 摩拉（注：《舊約》中被毀滅的巴勒斯坦的城市名）。無花果樹：早
> 晨回城的時候，他餓了，看見路旁有一棵無花果樹，就走到跟前，
> 在樹上找不著什麼，不過有葉子，就對樹說，從今以後，你永不結
> 果子！那樹就立刻枯乾了。（《權力意志》，第一六四節，引自《反基
> 督》，同上，191 頁）

尼采於是大聲宣告，「一個替我們贖罪而死的上帝；一種由於信仰而得到
的拯救；一種死後的復活——所有這一切都不過是真正的基督徒的胡說八道。
人們必須叫那個不吉利的、頭腦古怪的人（保羅）為此負責」（《權力意志》，
第一六九節，引自《反基督》，同上，193 頁）由此，尼采從西方轉向東方，在
古印度《摩奴法典》中找到了體現出真正生命力和高貴價值的信仰：

> 當我讀《摩奴法典》的時候，我的感覺完全相反。這是一部無
> 與倫比的精神性的空前絕後的著作：聖經中的「罪」和《摩奴法典》
> 中的「精神」是不能相提並論的。在這裡人們立刻就會猜到，《摩奴
> 法典》的背後及骨子裏面有一種真正的哲學，它和充斥著法師的教
> 義和迷信的那種猶太教是完全不同的。……在《摩奴法典》中，高
> 貴的階層：哲學家和武士，相對於大眾來說是高高在上的：到處是
> 高貴的價值，一種完美的感覺，一種對生命的肯定，一種對自己和
> 生命凱旋般的喜悅——光輝照遍了這本書。（《反基督》，同上，155
> 頁）

如果說，基督教毀於對道德的信仰，那麼儒教同樣毀於超越性維度滑落所
招致的泛道德主義。對這方面的批判首先來自道家，莊子激烈批判儒家的仁義
學說，就是因為有一些儒家把仁義觀念抬到了學問思想的頂點，出現了「毀道
德以為仁義」的現象。在道家的立場看來，當然必須以超越性的「道德」統攝
仁義，而不能以世俗諦的仁義充塞「道德」。同樣道理，一旦抽去中庸所蘊涵
的「建中立極」的超越性維度，中庸就會坎陷為一種主張調和折衷的道德實用
主義原則，所以《中庸》才說：「君子之中庸也，君子而時中；小人之中庸也，
小人而無忌憚也。」時中，即隨時持守中的覺知。小人貌似中庸，實則拘限於

形骸情見,又無所戒慎恐懼於不聞不睹,故其選擇取捨無非出於私欲我執,是即所謂「小人而無忌憚也。」這是比較容易認識到的「小人而無忌憚」,更隱蔽也更具危害性的卻是宋明理學和心學所掀起的泛道德主義狂潮。前者為「不及則未至」,後者為「過則失中」。心性天理絕對一元論認為道德意志至高無上,憑藉道德意志,人就能臻達至善、裁成化育,所謂「萬化根源總在心」。如是,天地人皆被心或理的同一性深淵所吞沒,對真理的朝覲變成了「從獨一者走向獨一者」的自娛,人把自己轉化為上帝,以這樣的信念慰籍自己:最終的觀監者、慰籍者、佑助者沒有必要。建中而不立極,內在超越失去了外在超越的綱維,天人之間所應有的無限莊嚴和敬畏蕩然無存。現代自由主義者認為制度和法律是克制儒家泛道德主義的不二法寶,不知其根源卻在天人之間。如果沒有面對超越性、普遍性而生發的戒慎恐懼,制度和法律根本無從安立。另外一方面,一旦道德意志、道德主體代替了天,被捧上至尊的寶座,它就會變成沉重到不可承受的冠冕,使個體人格逐漸僵化、枯萎。正是在這個意義上,晚清諸儒發出了理學殺人的怒吼。聖道艱難,兩千年後,我們才能深刻地體會到孔子的喟歎:「中庸其至矣乎!民鮮能久矣!」

四、行明章

> 子曰:道之不行也,我知之矣,知者過之,愚者不及也;道之不明也,我知之矣,賢者過之,不肖者不及也。人莫不飲食也,鮮能知味也。

五、不行章

> 子曰:道其不行也夫!

達斯按:朱子注曰:「知者知之過,既以道為不足行;愚者不及知,又不知所以行,此道之所以常不行也。賢者行之過,既以道為不足知;不肖者不及行,又不求所以知,此道之常不明也。」這句話是從知行的角度來講中庸,智者過度追求智慧,輕視日常實踐;愚者智慧未開,埋頭事務,全不懂用智慧去引導行動。賢者過於注重踐行,以為道不離日用倫常,卻不知中庸自有其精微超越一面;不肖者既不踐行,也無意求取智慧。知行合一、智慧實踐並重,才算合乎中庸之道。

知行合一,絕非容易,雖智者賢者亦有偏重,產生過與不及之弊。《薄伽

梵歌》第三章開篇用戲劇化的場景揭示了這種困境以及解決之途徑：

> 阿周那曰：瞻納陀那！君言菩提勝業行，凱耶舍筏！胡為乎告余搏命於沙場？
>
> 兩可之辭令余智眩，請君益我以守一之教。
>
> 室利薄伽梵曰：人於斯世，道有二途，余昔曾言，無罪之士；智數之人，持智慧瑜伽，虔信之人，入行動瑜伽。
>
> 無所作為，未契無為，單執出離，圓成猶未。
>
> 咸不得已而有為，雖剎那而不能息，為陰陽之所驅迫，孰得逃離乎天地？
>
> 守業根而心猶戀塵，自欺者乃偽善之徒。
>
> 阿周那！心攝諸根，以為始基，業根發用，行乎瑜伽，人而無著，可謂超逸。
>
> 為所當為，勝於不為，無所作為，資生不備。

智數之人，相當於知者；虔信之人，相當於賢者。愚者有所偏執，不肖者無所作為。偽善自欺之徒即前文所謂小人。《薄伽梵歌》第三章以阿周那的問題開篇：智慧與行動，何者較勝？阿周那深感困惑：在前一章，當闡述靈魂時，克里希那從致知的路數說話，但隨之他又從踐行的路數說話。然而，主旨似乎還是模糊不清。克里希那說梵理勝於帶來行動的吠陀祭祀，又把行動的理想狀態描述為智慧或菩提之境。此外，他還強調，完美之人超脫於善惡業行。看起來，克里希那不過是用種種說辭，建議阿周那出離世間，成為一名出世僧，而這正是阿周那本人先前所提出的想法。阿周那與克里希那同時立馬沙場，克里希那催促阿周那領軍開戰，而這場戰爭無疑會引起一場大屠殺。因此，阿周那要求克里希那毫不含糊地明確他的態度：靈修還是戰鬥。潛伏在阿周那問題底下的假設是，踐行之途指向積極進取，為建立繁榮有道的人類社會而持守正法（dharma），而致知之途則似乎完全不同。

如是，阿周那認為致知之途指向對積極入世的否定，以利於旨在徹底解脫（mokṣa）於世間的沉思和苦修。然而，在對答當中，克里希那似乎是以不同的模式在思維；他似乎並不接受把智慧與行動、法與解脫截然二分的看法，相反，他認為行動與智慧兩者都是通向解脫的途徑。按照他的觀點，兩者都是引人趨向無上者的瑜伽之道，只不過前者強調有為，而後者強調默觀。踐行之途通過積極有為、持守禮法，引導人走向超越；而致知之途通過研索形而上學、

培養對靈魂及其與大梵之關係的真知，致人於究竟解脫。是故克里希那稱這兩條進路，一為踐行之途或行動瑜伽，一為致知之途或智慧瑜伽。他拿致知之途對比踐行之途，在稱揚致知之途的同時，又說踐行之途更為可取。克里希那辯說，由於受陰陽氣性（guna，德，屬性）之鼓動，人無奈被迫作為，因此在行動瑜伽中行動對他更為可取，這樣就能把他健動不已的狀態轉化為瑜伽修煉。比起出世苦修或冥思窮理，但內心卻因為受情識的不斷催迫而牽掛感官對象，行動瑜伽顯然更佳。克里希那提出各種理由，為他看重行動瑜伽作出解釋。他認為人不可能停止作為，人最終是無奈的，因為陰陽氣性會逼迫他去造作。更何況，若毫無作為，甚至連生活都無法維持。故此，他辯稱，若人不管怎樣得有所作為，那麼他或許可以在行動瑜伽中踐行，將他的業行用於心性的提升，而不是在陰陽之氣的操控下被迫造作。如此立論之後，克里希那又提出了一個新的理念──無作。不作與無作不同，因為作與不作跟身、心之活動或不活動有關，而業行與無作跟造業或不造業有關。業行造成一系列的業報，使人落入持續不斷的生死輪迴。相反，在無作之境，儘管有真實的行動，卻不會有一系列的業報產生。舉出的例子是，有人追求無作，但卻想用錯誤的方式做到：他外表拒絕造作，看上去像一個苦修者，但與此同時，他的思想移向了他所貪執的感官對象。這類人被目為偽善者、迷惘的靈魂。與此相對，在行動瑜伽中踐行的完美之人則樹立了積極的榜樣。這等完美之人身體力行，踐行禮法，並非出於想要獲取業果的欲望，而是作為一種按照禮法運用身、業的方法，憑藉心意之助，他控制了知根與作根。這種控制並不是力圖一概停止知根與作根的運作，而是一種讓諸根走上正路的行為，就像馴馬師調御他的馬，好讓它們一直向正確的方向前行。這種態度是克里希那所看重的，其中也包括了一些通常跟智慧瑜伽相關的因素。它讓人返身內照，因為身體在此被視為與自我截然不同的工具。還有，身體得服從某些外在的規則，也即陰陽之氣的影響，而這些規則未必直接地表達出靈魂的意願，故此身體被認為有別於靈魂。

對靈魂的覺知和認同，超脫於形骸我執的分隔拘限，才是智慧的本質。這種智慧來自止心攝根，就是中的智慧。再以此種超世覺知返身入世，發用諸根，便能做到行而無著、為而無為，雖作業而無業報，此即知行合一之竅要，也即中庸之實質。陽明《大學問》起手便從破除形骸我執發端：

> 大人者，以天地萬物為一體者也。其視天下猶一家，中國猶一
> 人焉。若夫間形骸而分爾我者，小人矣。大人之能以天地萬物為一

> 體也，非意之也，其心之仁本若是，其與天地萬物而為一也……故
> 夫為大人之學者，亦惟去其私欲之蔽，以明其明德，復其天地萬物
> 一體之本然而已耳。非能於本體之外，而有所增益之也。

形骸私欲之障蔽一旦去除，「明德」乃得以發明。「是乃根於天命之性，而自然靈昭不昧者也，是故謂之明德」，明德即靈魂靈昭不昧之本來覺性或梵性，也即陽明所謂「良知」，彼為中的智慧的源頭。此明德必施行於天地萬物之間，始能實現其與天地萬物一體之性。《大學問》云：

> 明明德者，立其天地萬物一體之體也，親民者，達其天地萬物
> 一體之用也。故明明德必在於親民，而親民乃所以明其明德也……
> 君臣也，夫婦也，朋友也，以至於山川鬼神鳥獸草木也，莫不實有
> 以親之，以達吾一體之仁，然後吾之明德始無不明，而真能以天地
> 萬物為一體矣。夫是之謂明明德於天下，是之謂家齊國治而天下平，
> 是之謂盡性。

明德親民，知行合一，致其良知，實際就是中庸之道的發揮。親民體現出一種根植於天命之性的奉獻和仁愛的情懷，其中隱涵了克己復禮的工夫，表現出無著之真諦。在這裡，倫常日用被用於心性的實踐和提升，而不再成為私我執著的根源，世間的踐行轉化為超世的智慧，超世的智慧落實為世間的踐行，即內在而超越，即超越而內在，此即儒家的天人合一之道，也是性情合一之道。知行合一、天人合一、性情合一，是為中庸之三合一。不過，與孔孟相比，陽明所謂「以天地萬物為一體」之「仁」，呈現為一橫攝平推的形態，而缺少天人間縱貫、逆轉的關係，故有內在的超越，而無外在的超越以綱維、攝持之，亦無法真正體現知人、事人與知天、事天一以貫之所具有的無限神聖、無限虔敬。盡心知性，存心養性，皆是從平常日用間修身踐行而來，亦皆貫注到修身踐行，而天命人性自然流行於其間，得以樹立於人世的禮樂文明之中。郭店竹簡《性自命出》篇云：「性自命出，命自天降；道始於情，情生於性」，以性貞情，以命定性，以人繫天，由情入道，實已奠定中庸之三合一架構。

清儒看到宋明儒過分強調天理的超越性，造成人情的僵固和虛偽，故此提出「達情逐欲」的主張。對清儒來說，理已經喪失了超越的含義，以禮教代替理學才合乎情理。但是，超越面的取消並未消解「道德嚴格主義」，弔詭之處在於，把禮教與超越的根源——天道、天命之性根本切斷，卻會產生更嚴重的後果。一方面固然不可避免地會導致「情識而肆」，另一方面，禮教的階層秩

序一旦失去來自超越維度的批判、超拔，變成純粹「內在」的人為施設，那就
只能助長權威體制的絕對性。其實，問題不在於超越性，而在於天道之縱貫維
度和人性維度之下墜，縱貫的天命消解為橫攝的天理，在一個「無情意、無計
較」（朱子語）的潔淨空闊的理的世界裏，性情無法得到昇華超化，成為天地
之情、超越之情，在神聖之愛中與天相感應，並於人倫關係裏面展開、表現其
分殊，此即《禮記》所謂「復情歸於太一」。就對性、情的認知而言，宋明儒
是性過而情不及，清儒則是情過而性不及，皆未能從天命之性開出天地之情，
而保有性情之合一。

中庸之天人合一、知行合一，乃開出儒家之無為而治。以堯舜為典範，《論
語》裏透露出這一儒家德治的最高理想：

子曰：巍巍乎！舜、禹之有天下也而不與焉。（《泰伯第八》）

子曰：大哉堯之為君也！巍巍乎，唯天為大，唯堯則之。蕩蕩
乎，民無能名焉。巍巍乎其有成功也，煥乎其有文章！（同上）

子曰：無為而治者，其舜也與？夫何為哉？恭己正南面而已矣。
（《衛靈公第十五》）

子曰：為政以德，譬如北辰，居其所而眾星共（拱）之。（《為
政第二》）

「恭己正南面」，正是「戒慎乎其所不睹、恐懼乎其所不聞」、「慎其獨也」
的傳神寫照，南面所對的恰是北辰，為太一上帝之所居。聖人順承天命，居中
和之位，效法天道之無為默運，使萬物各得其所、各得其情，故垂衣裳而天下
治。有天下而不與，則是「無著」智慧的高度呈現。

佛玄兩家都有基於知行合一而開出的即內在而超越的無為路數，所謂「遊
外以弘內，無心以順有」，所謂「當下即是」、「佛法出世間，不離世間覺」皆
是。但因為對人倫日用不能作出根源上的肯認，也不能肯定天地間生生不已之
天道之存在與發用，以及性之作為天命之性的本質，只能由俗諦的立場將人倫
日用當作方便施設來接受，或做消極的寬容順受，自然無法建中立極，化成天
下，造型出禮樂文章。儒家的縱貫性的天人合一、知行合一、性情合一在張橫
渠的《西銘》裏有絕好的表述：

乾稱父，坤稱母。余茲藐焉，乃混然中處。故天地之塞吾其體，
天地之帥吾其性。民吾同胞，物吾與也。

尊高年所以長其長，慈孤弱所以幼其幼。聖其合德，賢其秀也。

知化則善述其事，窮神則善繼其志。

富貴福澤，將厚吾之生也。貧賤憂戚，庸玉汝於成也。存吾順

事，歿吾寧也。

我的形體與天地萬物，都是一氣之聚；我的性就是我所得於「天地之性」者。尊高年，慈孤弱，是尊天的長，慈天的幼。窮神是窮天的神，知化是知天的化。人述天的未述之事，繼天的未繼之功。合天心者做此等事，亦如子繼其父之志，述其父之事。透過身心人倫契接至上（乾坤、天地），時時生活在至上裏面，把一切變化都視為至上的恩典。人與天地的關係猶如子之於父母，表現出同體之愛、事奉、順服、皈依、感恩，更使《西銘》的天人合一境界呈露出某種奉獻性或巴克提的特徵。在此，天地之情成了貫通天人、圓融知行的動力。這正是儒家與道玄禪相區別的根本點，後者更接近在理上覺悟「梵我一體」（相當於「渾然與天地萬物同體」）的非人格性解脫一路。然而，由於本體向非人格性的傾斜，天地之情在宋明道學裏並沒有得到充分的展開和釋放，因此宋明道學雖然在理上統一了極高明與道中庸的對立，卻未能在情的維度實現這種統一，反而落入道玄禪一味混同天人顢頇籠統的窠臼，終於無法完成從內聖開出外王的聖賢事業。可以說，理的同一性和超越性為打通天人提供了可能，但真正要在世間落實透顯天命，卻需要情所內涵的張力和強大動力。與宋明道學相比，原始儒家似乎對於情的昇華感通作用有更深刻的體悟，《孝經》云：「昔者明王事父孝，故事天明；事母孝，故事地察……天地明察，神明彰矣」，「孝悌之至，通於神明，光於四海，無所不通」。《論語》子曰：「禹，吾無間然矣。菲飲食，而致孝乎鬼神；惡衣服，而致美乎黻冕；卑宮室，而盡力乎溝洫。禹，吾無間然矣！"。孝，作為本於性命的愛敬之情，已經上升為天之經、地之義、人之行，具有了超越性的特徵，成為與天命之性合一的天地之情、超越之愛，故能上而逆轉與天地神明相感通，下則於人倫日用間作順成的表現。郭店楚簡《性自命出》篇提出「道始於情」，愛敬為情，孝事為道，正可與此相印證。推而廣之之於禮，《禮記》云：「禮負天地之情，達神明之德」，天地之上，還有神明的維度，成為超越之愛的對象和源泉，由此透顯出原始大道的全體和究竟。在戰國晚期的語境裏，神明指涉無所不包的宇宙至上本體，實際相當於太一。由此看來，僅僅從人世倫理一面來把握孝悌禮制，而沒有借倫常日用以彰顯天人合一之高明，誠可謂「人莫不飲食也，鮮能知味也」。

儒學的根基在三代乃至三代以前的「道術」，孔子明言「憲章文武、祖述

堯舜」。一旦與這個根基斷開，儒學便成了無源之水、無本之木，必然走向僵死。當今學者深受西方學術影響，乃盛讚所謂「軸心突破」，即春秋末期天人學說從神明世界向道—氣世界的嬗變，從而試圖以內在超越取消外在超越、以人心替代天命。這種說法固然有其合乎歷史的一面，但卻未能深入三代「道術」，看到「配神明」與「醇天地」或人格性的神明世界與非人格性的道—氣世界在本源處一體共存，並不相悖，反而相生相補。因此，毋寧說，這種嬗變更相應於莊子所說的」道術將為天下裂」，而非標誌著思想的進步或歷史的演化規律。華夏思想自此天人相斥、情理不諧，「道其不行也夫！」。

六、大知章

　　　　子曰：舜其大知也與！舜好問而好察邇言。隱惡而揚善。執其
　　兩端，用其中於民。其斯以為舜乎！

　　達斯按：孔子在此將實踐中庸之道的典範追溯至舜。朱子注謂「舜之所以為大知者，以其不自用而取諸人也」，故能發為「廣大光明」，以天下之知為知，以天下之善為善，不以己善而加諸人，不以己知而輕人知。按此即孔子所謂「毋意毋必毋固毋我」之意，也就是祛除我執我慢，此乃超入中和的入手工夫。作為上古聖王（Raja rishi），舜無疑穩處中和氣性，故而平等持心，於治平天下時能夠生起種種妙用，此即孔子所謂「大知」。

　　《薄伽梵歌》第五章第 7～13 頌講到斷除我執我慢在行動瑜伽之踐行中所起的作用，其言曰：

　　　　瑜伽妙用，潔淨其意，攝心御根，人我一體，斯人雖作，不受
　　業繫。

　　　　知真者自思：余惟妙用，了無所作。觸嗅聽視，言行食息；排
　　泄攝持，目開目閉；諸根觸塵，我則遠離。

　　　　棄執著以盡分，捐業果於太一，如是遠離罪業，蓮葉不受水滴。

　　　　棄執著而動乎根身心智，瑜伽士所作皆以淨心為務。

　　　　犧牲業果，成就清淨。貪執業果，必受報應。

　　　　於意念盡捨諸業，安居乎九關之城；有身者一無所作，亦不動
　　心使欲作。

　　理想的作為者不受其行為玷污，因為他行動的方式是瑜伽性質的，它是「行動瑜伽」。本節探討這類行動大師的內在覺知，其境界可概括為「我實際

並未做什麼」。寄於軀殼之中，他觀照被作用於感官對象的感官，彷彿在觀察外部的現象。如此，他明白，感官受感官對象的驅迫，或者，從更廣的視角來看，是受氣性的推動。第十頌將這個觀點又推進了一步：它不僅講到業行外於自我，而且提出一種行動卻不受業污的行為方式，也即通過為大梵而奉獻。此時，作為者已經不受我慢（對軀殼的認同）和我執（對我所擁有的情見或外物的執著）之牽引，不以主宰者和享受者自居，是以內心清淨，無有二見，亦不為外境諸塵所動，其行為獲得了高度的自由，能與宇宙的運行和節律相配合。瑜伽士的目標是內心的潔淨；為此他運用身體、靈魂，乃至一切當中之最兇險者——感官。他的努力和奉獻使他內心獲得了深刻的寧靜和喜悅；旨在純淨靈魂的瑜伽士所擁有的內樂之境，解釋了對外部世界的出離為何應得到瑜伽，或者說持續不斷的追求純淨的內在努力的支撐。如是，雖然單單出離需要對外部世界堅定的厭離心，得到行動瑜伽支持的捨離卻表現出一種踏實、自足的特徵。這種內在的境界讓瑜伽士於入世有為的同時，繼續保持無著、歡喜的瑜伽之境。

　　捨離與入世踐行看似是對立的兩端，但透過打破我執，以捨離心入世踐行，並將業行視為對梵的奉獻，如此一方面讓捨離得到了行動瑜伽的支持，另一方面，也使入世踐行成了提升心性、淨化靈魂的手段，而非長養貪執、追逐功利的罪業。無疑，這種菩提瑜伽的知行合一修煉方式可以說是「執其兩端，用其中於民」原則或中庸哲學的具體應用。

　　孔子對舜極為推崇。《論語》有言：「無為而治者，其舜也歟？夫何為哉？恭己正南面而已矣」，所謂「恭己正南面」，正是「潔淨其意，攝心御根」進而無我敬天的寫照，「正南面」意思是坐南朝北，朝向北極帝星，即天地萬物的根源和主宰，也即是大梵、太一。其結果是「無為而治」，由於中庸原則的巧妙運用，在舜的教化下，「萬物並育而不相害，道並行而不相悖」，而聖王本人也進入了無著、歡喜的瑜伽妙境。

　　龐樸先生指出，對立的統一，或對立者統合而為一物，也有三種形式，它們分別是：包、超、導。所謂包，是說對立著的兩個方面，以肯定的方式統合為一，組成一個新的有異於對立二者的統一體，比如莊子所謂的遊世，便是兼取入世、出世而得的第三種出世態度。所謂超，是說對立著的兩個方面，以否定的形式統合為一，構成一個新的統一體，那便是超，超越對立雙方而成的統一，比如佛家說非有非無，不生不滅。對立統一的第三種形式是導，即統一者

主導著對立的兩個方面，比如宋儒之「心統性情」說〔註18〕。舜之「執兩用中」屬於包，而《洪範》之「建立皇極」屬於導。佛道兩家解決對立，一般用超。《奧義書》多用雙非（neti neti）的形式表達對立統一，也屬於超的路子。劉咸炘先生評點中國古代學術思想時，曾說道：

> 人生態度不外三種：一曰執一，舉一費百，走極端者，諸子多如此。此最下。二曰執兩，此即道家。子莫、鄉愿似執兩，而非真執兩，何也？子莫執中，實是執一，鄉愿生斯世為斯世，是不能御變……然不得謂道，必流於鄉愿；果能執兩，則多算一著，當矯正極端，安得但以當時為是，而同流合污哉！既言御變，必有超乎變者，故道家之高者皆言守一。夫至於守一，則將入第三之高級，孔老之正道亦：老謂之得一，孔謂之用中，此即超乎往復者也。〔註19〕

執一者淺薄固陋。而真執兩者，實際上並不止於兩，雖執兩而知有超乎兩者在，故能循相對以求絕對，「入第三之高級」，得老孔之正道，超乎往復而得一用中，合其兩端而成為三極。如此則「不特可釋古人之爭，亦可以衡近世……東西學人之迷惘」，而「豁然知莊生所謂天地之純、古人之大體」。否則，亦不過子莫、鄉愿之執兩，因為喪失超越性維度，所以不懂權變，無法達到公、容、全的境界。故孟子曰：「子莫執中。執中為近之。執中無權，猶執一也。所惡執一者，為其賊道也，舉一而廢百也。」從老子之太一四位說來看，有位執一，無位屬於超，常位屬於包，太一位屬於導。

「執其兩端，用其中於民」，簡稱「執兩用中」，可以說是對中庸最為簡明的定義。「用」就是「庸」，用中就是中庸。由於有兩，故有中；捉住兩端，中就顯露出來，便有中可用了。龐樸先生將中庸概括為四種形態：

一、A 而 B。立足於 A 而兼及於 B，以對立的 B 來補 A 之不足。如《尚書·皋陶謨》有所謂「九德」：

> 皋陶曰：寬而栗，柔而立，願而恭，亂而敬，直而溫，簡而廉，
> 剛而塞，強而義，彰厥有常，吉哉！

二、A 而不 A。A 需要對立面來予以補足，以其達到中的狀態。如《左傳·襄公二十九年》，吳公子季札聘於魯，觀周樂，至歌頌王之聖德部分，歎曰：

> 至矣哉！直而不倨，曲而不屈，邇而不逼，遠而不攜，遷而不

〔註18〕龐樸著：《一分為三》，上海古籍出版社，2003 年版，第 9 頁。
〔註19〕龐樸著：《一分為三》，第 152 頁。

淫，復而不厭；哀而不愁，樂而不荒；用而不匱，廣而不宣；施而
不費，取而不貪；處而不底，行而不流。五聲和，八風平，節有度，
守有序，盛德之所同也。

三：不 A 不 B。不立足於任何一端，把毋過毋不及的主張一次表現出來，
因而最能顯示執兩用中的特色。如荀子《解蔽》論防止認知上之偏蔽：

聖人知心術之患，見蔽塞之禍，故無欲無惡，無始無終，無遠
無近，無博無淺，無古無今，兼陳萬物而中懸衡焉。

四：亦 A 亦 B。對立雙方互相補充，最足以表示中庸「和」的特色，舉例
如：

一張一弛，文武之道。（《禮記・雜記下》）

天下有道則見，無道則隱。（《論語・泰伯》）

以上四種形態，對過度、不及與中道作出了全面的釋讀和安排，足見華夏
先賢對中庸體認之高明精妙。

七、予知章

子曰：人皆曰予知，驅而納諸罟擭陷阱之中，而莫之知辟也。

人皆曰予知，擇乎中庸，而不能期月守也。

達斯按：「莫之知辟」，乃愚不肖者，我執熾盛，但只向外追逐，遂為外物
情見所纏縛；「不能期月守」，是指智者，高明有餘而易於務虛蹈空，是以能知
而不能守；前者入世而無捨離心以淨化，後者則一味超越而未實之以世間人倫
之踐行，故不能生發真實之受用。要之，二者皆未契合知行合一之中道。

阿諾德將西方文化在知、行兩方面的特徵歸結為「希臘精神」和「希伯來
精神」。他認為：「我們可以將這種至高無上的責任感、自持感和使命感，以及
這種傾己所有、果敢堅毅地前行的狀態，看作是一種力量。我們可以將旨在獲
得真義的悟性（歸根結底，這些真義是指導我們正確行動的基礎），將人類在
發展過程中伴隨著的、對這些真義形成的所有新穎且不斷變化的結合體的強
烈感覺，將不屈不撓地想要瞭解並整理這些真義的欲望，看成是另一種力量。
那麼，若用最顯著、最傑出地表明了這兩種力量的兩個民族來為它們命名的
話，我們便可以將其分別稱為『希伯來精神』和『希臘精神』之力」。以此為
參照，辜鴻銘先生對西方文化知、行之過與不及進行了批判，並稱之為「偽希
伯來精神」和「偽希臘精神」。前者表現為道德、情感或者信仰方面缺失平衡

而導致的種種禁慾主義或者狂熱主義；後者表現為現代知識人的半弔子智慧的狂妄與一無用處，他們只想用種種學術的、勞民傷財的、複雜而狡猾的計謀來從困境中脫身，卻無法掌控內心的欲望和情感，也根本不知道改變自身的性格、品行、感覺、思維方式以及生活方式，簡而言之，就是恢復自己的平和之性與冷靜的判斷力；回歸自己的真我，或者用孔子的話來說，找到自己道德本質中的核心線索和平衡，從而讓事態走上正規──即將其帶入宇宙萬物真正的秩序與條理中去。換言之，在一國之個人或者民眾開始實施某種改革方案，來改變個人生活和國家之前，個人或民眾首先必須著手改變自己的本質以及個人本身。道德改革必須先於其他所有改革才行。而另一方面，訓導式地踐行這些美德，可能會出現過分的情況，或者踐行方法會背離並危及這些美德所要達到的最終目標──至善人性，損害和摧殘而非提升性情與平和寧靜的心境。舉例來說，克己之行若是過度並帶有怨恨與蔑視之意，便成了古時的斯多噶學派；若是帶有激進的自負心態，就成了早期的基督教〔註20〕。可以說，直到今天，「偽希伯來精神」和「偽希臘精神」依然是給世界帶來衝突和災難的文化根源，各種原教旨主義、經濟技術至上主義都不過是其當代翻版。

　　《薄伽梵歌》第三章論述，儘管受到無所不在的氣性的拘限和纏縛，無知之徒卻相信他們可以獨立作為，然而，智者深知氣性對他們的全面控制。也許會有這樣的問題：瞭解氣性之作用的博學之人是否不受它們的影響？答案是否定的，因為博學之人也跟其他有情一樣，被迫隨順其天性作為。其文曰：

　　　　咸不得已而有為，雖剎那而不能息，為陰陽之所驅迫，孰得逃
　　離乎天地？

　　　　惑於氣化之三極，愚夫執滯乎功利，雖彼行齟而智陋，智者無
　　以智非議。

　　　　雖賢哲亦循其本性而行兮，眾生動而依乎習氣，雖強制不為兮，
　　抑又有何益？

　　究其根源，無論智與不肖，皆為產生於強陽氣性的貪欲（kama）所驅迫。在接下來的對話中，阿周那問，是什麼力量驅使人行惡，即使它違背了個人的意願或志趣。克里希那回答說，是盤踞在根（感官）、心、智（分別、決定之智）之內的貪淫。它遮蔽了靈魂的真正智慧，燃起彷彿永無饜足的慾火，驅迫人造作惡行。貪淫是內在於身心的大敵，必須通過節制感官加以摧伏。為此，

〔註20〕　參考辜鴻銘譯注：《中庸》，天津社會科學出版社，2015年版，第224頁。

必須修持行動瑜伽，或把踐行為氣性所賦的人倫職分當作一種瑜伽修煉，即外行王道，內修覺明。外在的人倫踐行將有助於內心的淨化，而只有憑藉內心的淨化，才能消滅真正的大敵——貪淫。如是，習性、身體、感官、心、智都得到了正當切實的運用，成為讓靈魂擺脫貪欲桎梏的助緣。與此同時，出離解脫、奉獻大梵也不再是飄渺抽象的玄思聖境，相反，它們在塵世的人倫踐行中觸手可得、當下即是，世俗與神聖、自然與超越、有限與無限、實際與真際、相對與絕對竟然奇妙地融合在當下的倫常日用之中。

西方文化傳統恰恰表現為這種智與不肖，也即理想與現實、超越與自然、神聖與俗世的相互隔絕、疏離。希臘哲學家就採取二分法，一邊是絕對存有，具有完滿價值；另一邊是絕對虛無，就是虛妄假相。希臘哲人的靈魂經過掙扎昇華，達到很高的境界，再回頭看現實世界，就認定它是個罪惡的場所，所以不願意下來了。如此一來，希臘人在價值方面，借用柏拉圖的話，上界與下界之間有一道鴻溝、一道隔閡。超昇到精神領域，則同下界脫節；生活在下界，則又與價值理想遠離。由此形成了巴曼尼底斯、蘇格拉底、柏拉圖的思想體系，甚至亞里斯多德想打通兩界也無法辦到。最後，哲學只有攀附宗教，成為神學，而科學的發展則完全失去了方向，最終演變出排斥一切價值的科學主義，把一切生命現象、精神現象、價值現象都還原為物質現象乃至數字。

這種思想也影響了希伯來宗教，造成宗教上的困惑。雖然基督教有「天國在地上實現」的理想，但是人類生活在塵世間，縱然形成一種智慧，也只是對上帝的偽智。這證明了在超自然的宗教世界與現實的人間世界之間的二元鴻溝無法消除，而真正的天國如要建立起來，大部分自然界是要毀掉的。神的世界與自然的人倫世界格格不入，耶穌說，「你們不要想我來是叫地上太平；我來並不是叫地上太平，乃是叫地上動刀兵說。因為我來是叫人與父親生疏，女兒與母親生疏，媳婦與婆婆生疏。人的仇敵就是自己的家裏的人」（馬太福音10：34-36）。在希伯來宗教看來，神之隱於無形就是他的至尊至聖之處，他的遙不可及之處，他的遠超塵世之外。見到神的人，必死無疑，《舊約》裏說：「我們是死定了，因為我們看見了神」。神之奧秘永遠是理性化的人類思想所無法度量、無法企及的。也就是說，神與人類、世界是完全相異、完全懸隔的。人被宗教之火焚化為灰燼，世界亦歸於虛無，只能作為灰盤。這造成了人與神、人與人，終至人與自我的疏離。人神關係發展到這樣極端的地步，自然只能讓人從天國退縮回來，滿足於倫理化的宗教，或者乾脆淪落為徹底的物質至上、

人類至上、欲望至上。

方東美先生區分「超越的」與「超絕的」兩個詞，認為「超絕的」具有「超自然的」意思，而「超越的」則是指它的哲學境界雖然由經驗與現實出發，但卻不為經驗與現實所限制，還能突破現實的一切缺點，超脫到理想的境界，再將高度的價值迴向到經驗的世界。從這點來看，中庸的哲學屬於「超越的形上學」，而非「超絕的形上學」：

> 也就是說，一切超越價值的理想不是只像空氣般在太空中流動，而是可以把它拿到現實的世界，現實的人生裏，同人性配合起來，以人的努力使它一步步實現。在這種情形下，形上學從不與有形世界或現實世界脫節，也絕不與現實人生脫節，而在現實人生中可以完全實現。〔註21〕

如何打通聖凡？這個令西方哲學家、宗教家絞盡腦汁的問題，看來只有在東方的中和智慧裏找到答案了。透過中西印思想的比較會通，答案正在浮出水面，並且變得越來越清晰可觸。

八、服膺章

> 子曰：回之為人也：擇乎中庸，得一善，則拳拳服膺，而弗失之矣。

達斯按：顏回能知亦能守，所以孔子推其為實踐中庸的理想君子。蓋顏回之修養，實已達到超越二元對待之中和定境。故能打通上下內外之懸隔，雖區區日常一善之小，亦以敬畏之心臨之，鄭重奉持，不敢稍有懈怠。對這樣的覺者而言，世俗與神聖已經打成一片，愛人即是敬天，敬天必須愛人，事人即是事天，事天必須事人，天人之際並無絲毫間隔。子曰：「回也其心三月不違仁，其餘則日月至焉而已矣」，仁者，常與天地萬物為一體；不違仁，即不受我執拘制，不與天地萬物相違離。在「仁」的覺知狀態下，顏回似乎已經進入無著、歡喜之定境，是以孔子曰：「賢哉回也！一簞食，一瓢飲，在陋巷，人不堪其憂，回也不改其樂」。

與之相對應，《薄伽梵歌》第五章19～25頌如此描述破除我慢我執、安住大梵的理想瑜伽士：

> 平等靜定，已斷生死，安立大梵，如梵無疵。

〔註21〕方東美著：《方東美文集》，武漢大學出版社，2013年版，第152頁。

得其所好弗欣，遇其所惡弗邅，悟菩提而堅穩，乃安立於大梵。

行不滯於外物，心獨造夫內樂，真人入乎梵境，無量妙喜充塞。

住形於世，堪忍貪嗔，斯人得樂，造乎至真。

獨得於內，妙樂自安，瑜伽修士，入梵涅槃。

罪業盡滅，斷除二見，則天去私，利樂世間，如是真人，證入
涅槃。

理想的瑜伽士，一方面，他摒棄外在的肉慾體驗，另一方面，他存養內心
的喜樂。外樂不同於內樂：外樂源出變化無常的感官體驗，因此只會滋生煩惱；
而內樂來自清淨、自制、冥合大梵。「梵涅槃」（Brahman Nirvana）這個詞並非
襲取自佛教，相反，它在《薄伽梵歌》的框架裏有其自身的邏輯。這個邏輯是，
誰若獲得了永恆的內在喜樂，與之伴隨而來的必定是世間存在的消融：不復生
死、不復造業、不復受制於氣性。這裡包涵了另外一個概念：即身解脫（jivan
mukta），即在此身、此世之內，就已經解脫的瑜伽士。這暗示，人可以活在世
間，踐行他的法所賦定的人倫職分，而同時又保持向內的瑜伽態覺知。

今之所謂修行者，但以打坐參禪誦經為事，閉目則超世自在，處事卻張皇
苟且，與凡夫俗子無異，此即未能將工夫、見地打成一片，尤有動靜內外之分
別，若顏子則弗失矣。故中庸至於極致，必由心地開出廣大和諧之境，造型為
無遠弗屆、天下大同之禮樂文明。

九、可均章

子曰：天下國家可均也，爵祿可辭也，白刃可蹈也，中庸不可
能也。

達斯按：是否契合中庸，不能僅僅從外表的事功來判斷。上述三者固然非
仁、知、勇不能辦到，但若我執我慢未除，以為自己是獨立自存的作為者、主
宰者、受用者，從而與天地萬物相隔絕，那未便不具備超越性價值，依然不出
血氣情見之私。要之，中庸之核心乃是純粹中和氣性引領下的天地人一體之內
在覺知，其中蘊涵了一套「一以貫之」的精神哲學，體現為天人合一、性情合
一、知行合一。如此高超通透的覺悟，當然稀有罕見，須通過長期的修煉存養
才能獲得，非徒逞一時之血氣剛勇、智辯聰慧乃至私德小道可以襲取。

在《薄伽梵歌》裏，俱盧之野，大戰在即，王子阿周那吹螺迎戰，隨後馳
車觀陣，目睹面前的對手，貌似仁、知、勇具足的阿周那陷入劇烈的價值衝突，

不覺已經癱作一團。一方面，對正法的承擔引導他走上武士之路，不惜背水一戰，而另一方面，出於不言自明的原因，戰似乎也是不可能的。自然，阿周那想要避免弒殺親師、毀滅社稷、悖法造業，這些行為不但會造成天下大亂，而且會讓他來世受苦。阿周那不想要勝利、國土或由此而來的快樂，也看不到殺戮親人的益處；顯然，即便勝利落到他這邊，或許也不會有親友活下來，跟他一起慶祝勝利了。因此，甚至贏得三界也不能當作為這樣一場屠殺辯護的充足理由，更不必說國土了。考慮到以上所列舉的原因，阿周那情願被他的敵手所殺，也不願殺他們。阿周那道出了他拒戰的論據，這樣一來，也為他與克里希那的對話打下了埋伏，正是這番對話構成了整部《薄伽梵歌》。他的論據可以分為四條：

看得出，阿周那明顯趨向了兩頭：入世與出世、倫常與超越、凡俗與性靈、罪業與救贖、個體與家國、外王與內聖。如此，無論戰與不戰，都將讓他痛苦不堪、永淪無明。看到阿周那的困境，克里希那為他講說了流傳千古的《薄伽梵歌》。克里希那並沒有直接回答朋友的問題，而是通過駁斥阿周那，將討論提到了更高的層面或維度，也即靈魂及其本來真性的高度，由此從天人之際突破名利道德、世出世間法設下的重重羅網，為靈魂和神明、自然和靈性、現實和天命的結合打開了通路。可以說，這也是一套「執兩用中」的智慧，菩提瑜伽與中庸之道不謀而合。最後，阿周那奮起作戰，面對同樣的天下國家、爵祿白刃，他已經有了完全不同的覺悟。

1. 實用的觀點：對得失的算計顯示戰是失而非得；這條論據可以進一步區分為簡單的實用主義和法的（dharmic）實用主義。前者直接計算得失，比如他說如果族人不在，就沒有人跟他一起慶祝勝利了。後者是在來世這一更廣延的語境裏來計算得失的，例如阿周那說，若悖法而戰，將使他來世受地獄之苦。

2. 造下罪業：若起而戰鬥，阿周那將造下罪業；罪業會附著在阿周那身上，而他將無法脫身，如是他於此生或來生都將不得不承受因果報應之苦。

3. 保護正法（dharma）：戰爭會弱化正法；法護持世界，法的弱化將造成種姓淆亂，從而引起社會秩序的惡化，世界將由此陷入混亂和苦難。

4. 出世的優越性：阿周那相信，他面臨兩個選擇；一種是積極入世，另一種是放棄積極入世，以便獨居內省、發明性靈。因為靈性之途優於塵世存在，阿周那寧願完全放棄戰鬥。